10.000 Schritte

in & um

Graz

Let's Go!

Elke Jauk-Offner

10.000 Schritte in & um Graz

Let's Go!

Mit Fotos von Lukas Elsneg

KNEIPP
VERLAG WIEN

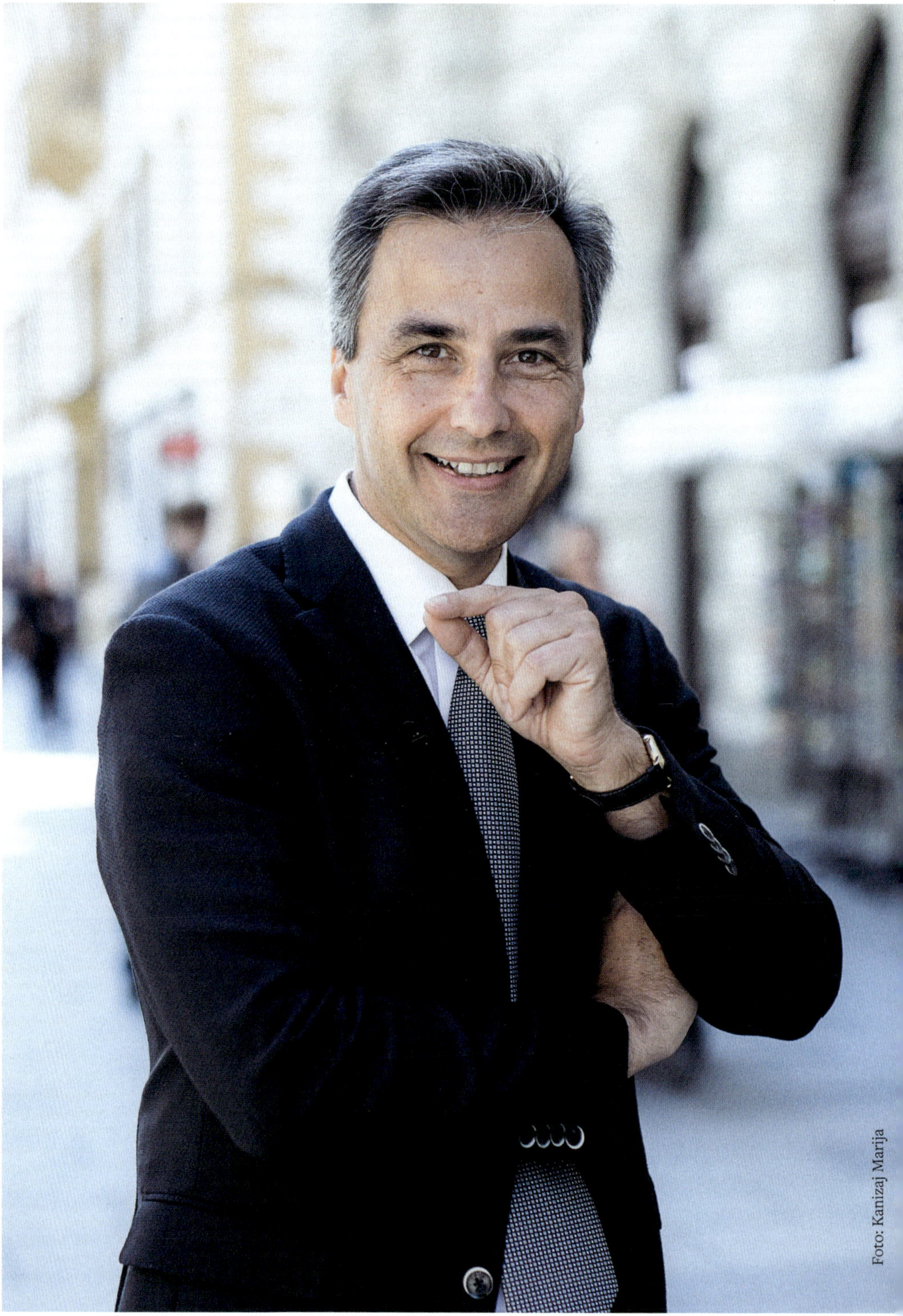

Foto: Kanizaj Marija

Liebe Grazerinnen und Grazer! *Liebe bewegungsfreudige Gäste!*

Wir alle wissen, dass wir Bewegung brauchen, damit wir gesund älter werden können und unsere Lebensfreude erhalten bleibt. „Gesundheit ist nicht alles, aber ohne Gesundheit ist alles nichts“, meinte schon der große Philosoph Arthur Schopenhauer.

In Graz dreht sich 2021 alles um den Sport! Ab 2022 werden wir als „Global Active City“ das große Ziel weiterverfolgen, die Stadt mit den sportlichsten Bewohnerinnen und Bewohnern zu werden.

Graz ist auch eine Stadt mit großartiger Architektur, mit wunderschönem Naturraum, Parks und seit neuem viel Platz entlang der Mur. Deshalb haben wir für Sie in diesem Buch Routen zusammengestellt, in denen Sie einerseits das Notwendige für Ihre Gesundheit tun und andererseits Graz mit allen Sinnen erleben können.

Ich wünsche Ihnen beste Gesundheit und viel Freude mit den Eindrücken, die Sie während Ihrer 10.000 Schritte machen!

Siegfried Nagl

„Nur wo du zu Fuß warst, bist du wirklich gewesen“

Diese Worte aus der Feder von Johann Wolfgang von Goethe kann man in der Tat am besten nachvollziehen, wenn man sich Schritt für Schritt auf ein neues Erkunden von gut Bekanntem einlässt. Zum Beispiel auf die eigene Stadt. Sie zu erwandern steht selten auf der Tagesordnung, birgt aber so viele Möglichkeiten, Orte bewusst und intensiv zu erleben. Nicht allein das: Touren mit 10.000 Schritten wirken sich nachweislich positiv auf Körper und Geist aus. Sie verstehen sich dabei nicht als strenges Korsett, sondern lassen immer auch Freiheiten – zum Verweilen, zum Genießen, zum Nachspüren, zum Ausdehnen, zum Abkürzen. Mal sind es ein paar mehr, mal ein paar Schritte weniger.

150 Minuten an Bewegung pro Woche empfiehlt die Weltgesundheitsorganisation. Allerdings erreichen nur die Hälfte der Menschen hierzulande diese Vorgabe. Dieses Buch soll Lust auf neue Wege, auf neue Entdeckungen und auf neue Gewohnheiten machen – im Dienste der Gesundheit, der Lebensfreude, der guten Laune. „Sobald sich meine Beine bewegen, beginnen meine Gedanken zu fließen“, konstatierte der amerikanische Schriftsteller Henry David Thoreau. Von Norden bis Süden und von Osten bis Westen warten in Graz und über die Stadtgrenze hinaus noch unbetretenes Terrain, versteckte Ecken, unbekannte Kleinode, überraschende Ein- und Ausblicke.

In diesem Sinne: Gehen geht immer. Kommen Sie also einfach mit!

Elke Jauk-Offner

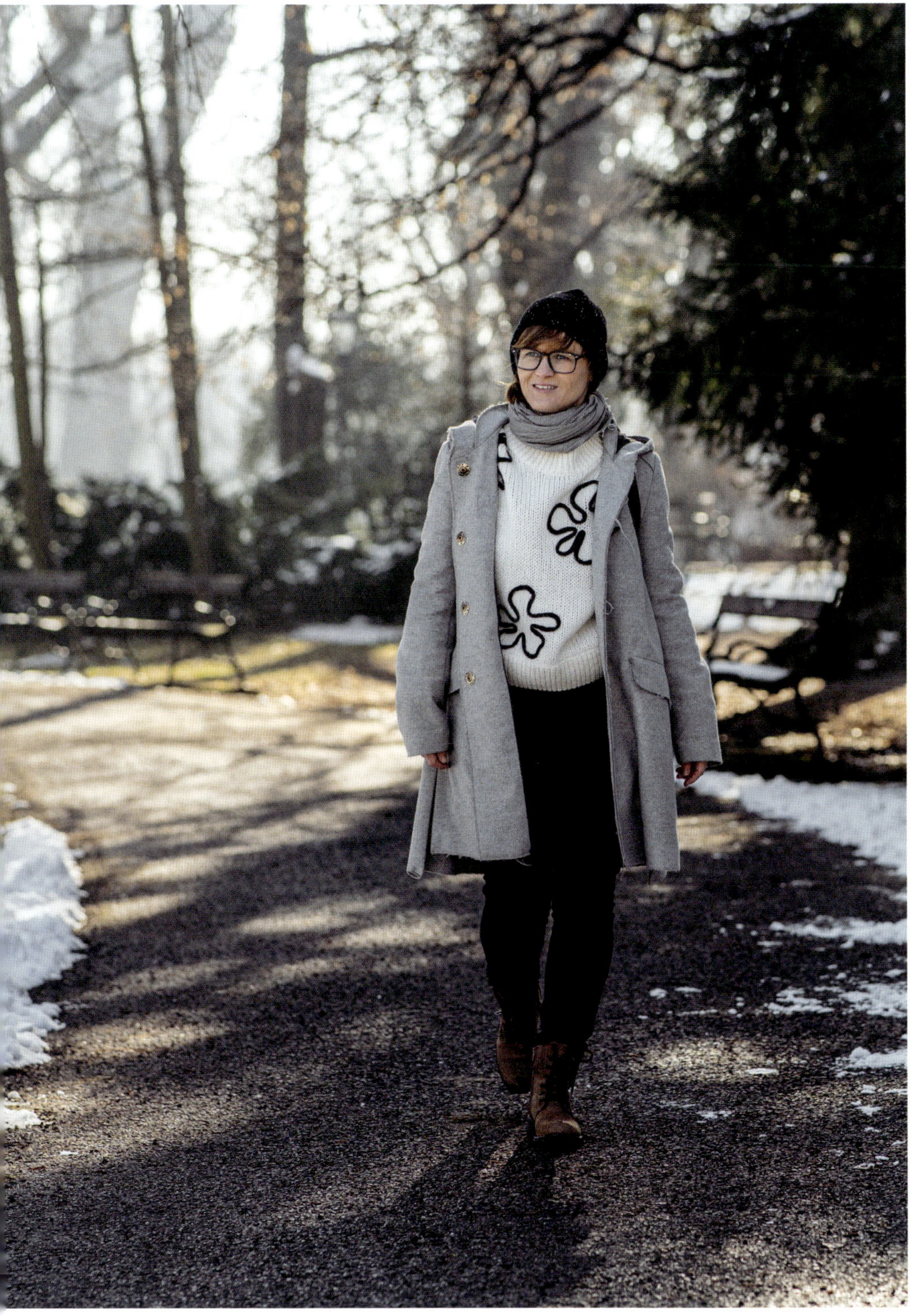

Die Touren
im Überblick

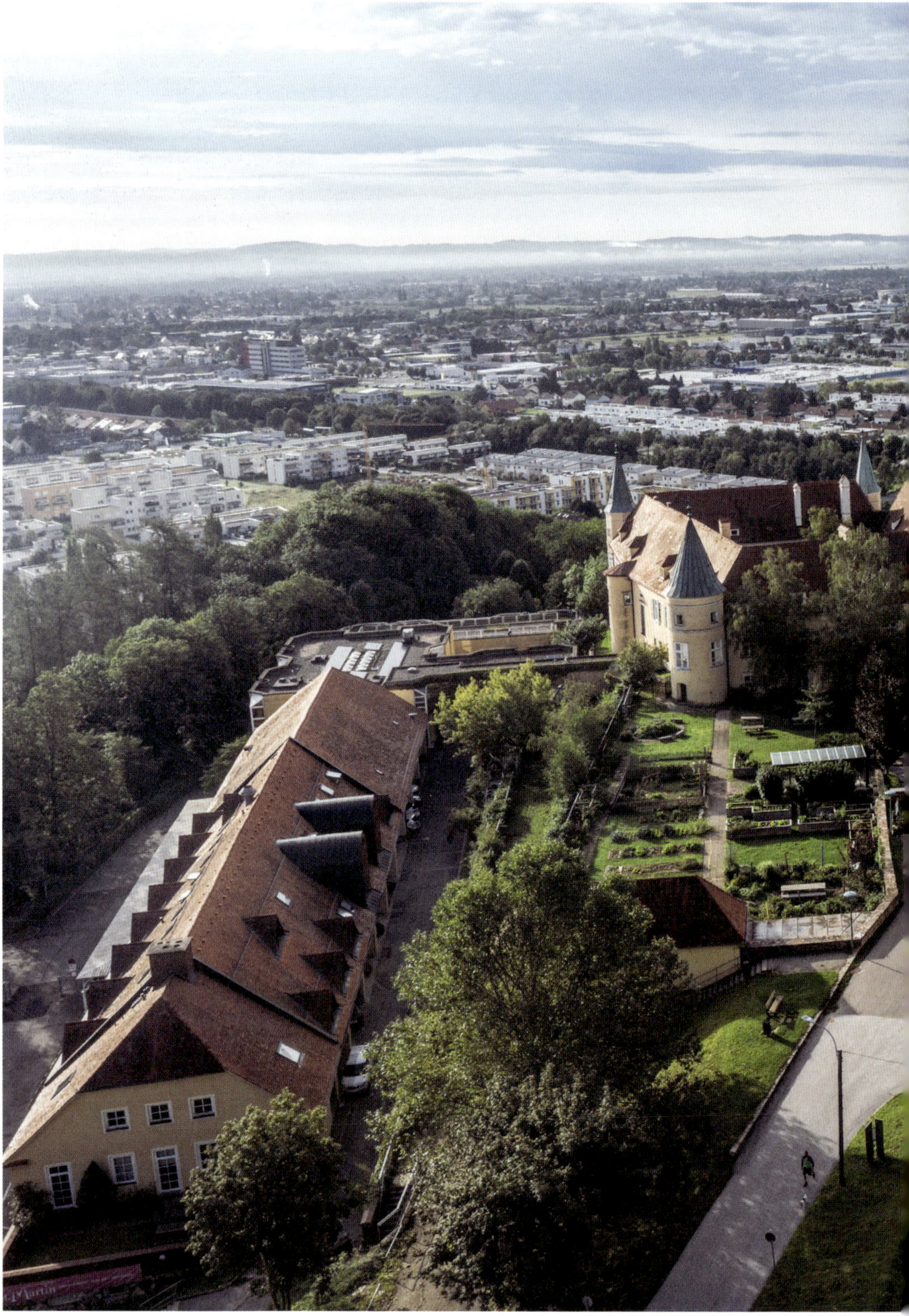

01

Von Schloss St. Martin nach Straßgang

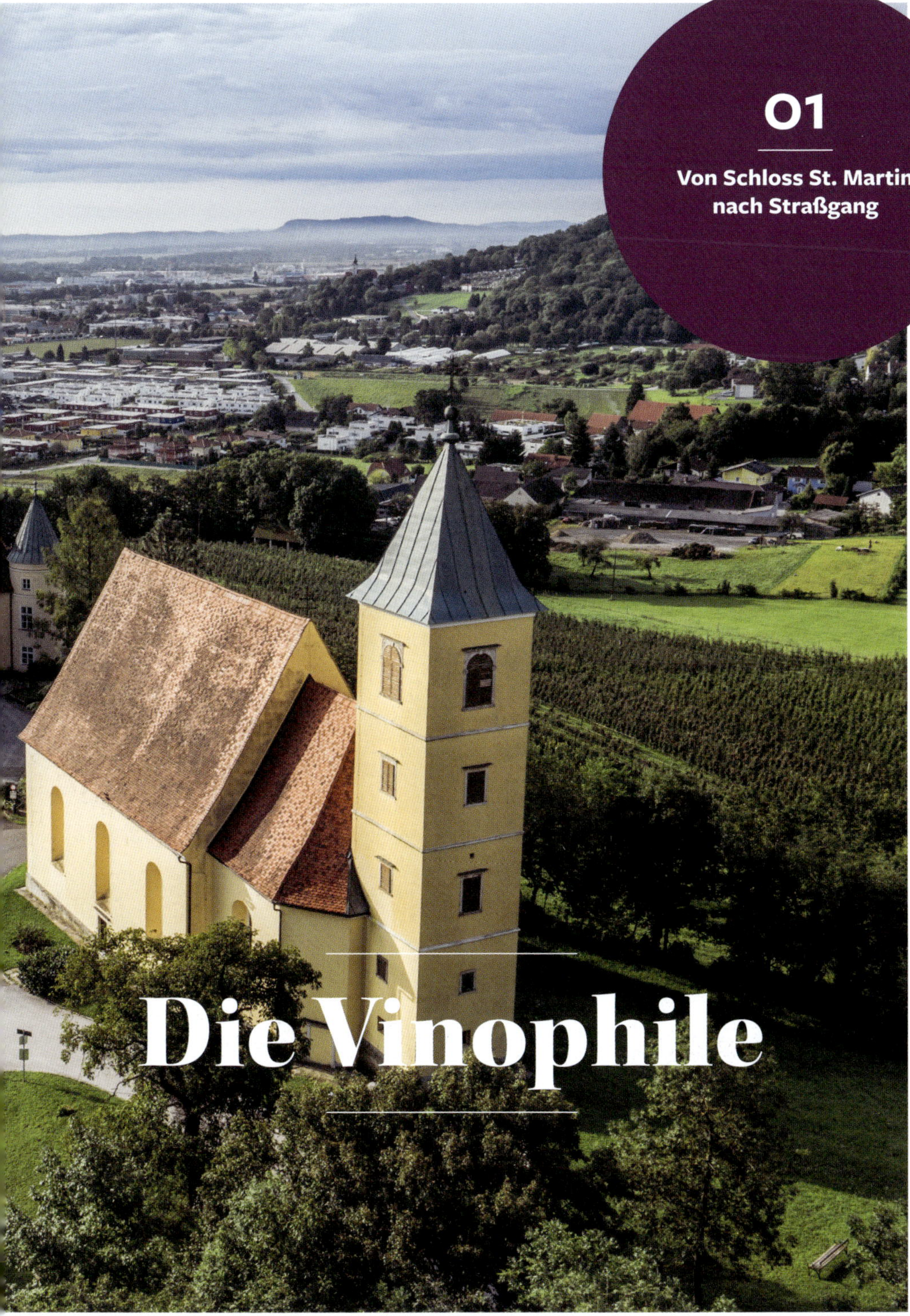

Die Vinophile

01

Wachgeküsste Böden. Heikle Falter. Besondere „Lackn“.

Charakter der Tour
Eine zumeist gemütliche, von ein paar Anstiegen geprägte Wanderung – auf den Spuren alter Traditionen, mit einem Naturschauspiel und reizvollen Aussichtspunkten.

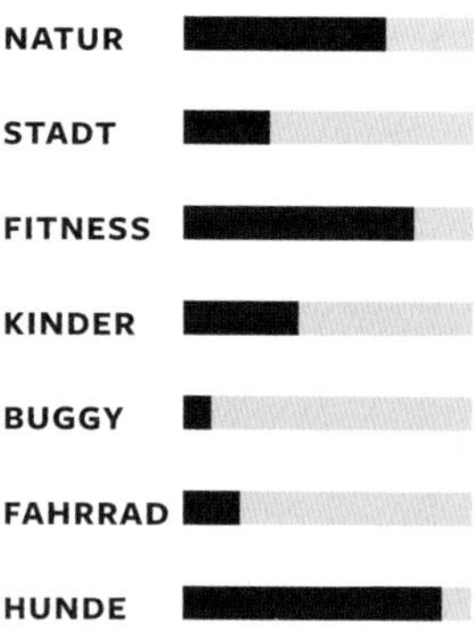

STARTPUNKT
Haltestelle Ankerstraße
Bus: Linie 31

Um unsere Tour mitten durch das Weinbaugebiet der Murstadt zu starten, heißt es: Leinen los in der Ankerstraße. Die gleichnamige Bushaltestelle ist der Ausgangspunkt unserer Wanderung. Die Ankerstraße mündet direkt in die Martinhofstraße, wir biegen rechts ab und kommen bald zum St.-Martin-Steig, über den wir das Areal rund um Schloss St. Martin erreichen. Der Pfad durch den Wald wurde 1982, als sich der Geburtstag von Erzherzog Johann bereits zum 200. Mal jährte, von der Steiermärkischen Berg- und Naturwacht neu errichtet. Die baulichen Wurzeln von **SCHLOSS ST. MARTIN** ❶ reichen übrigens bis ins 11. Jahrhundert zurück. 500 Jahre später wurde der ab 1144 im Besitz von Stift Admont befindliche Bau zum Renaissanceschloss umgebaut. Seit 1919 wird das Gebäude als Volksbildungshaus genutzt, 1936 ging es in den Besitz des Landes Steiermark über.

Wir lassen das Schloss dieses Mal allerdings links liegen. Der Weg führt uns rechts an der Schlosskirche vorbei. Schon die Straßenbezeichnung „Am Weinhang“ verheißt, was uns weiter oben erwarten wird. Bevor es beherzt bergauf geht, noch ein nicht unwesentliches Detail der Stadtgeschichte: St. Martin ist wohl die älteste urkundlich erwähnte Kirche von Graz. Ein erster Sakralbau wird bereits im 9. oder 10. Jahrhundert vermutet, erstmals genannt wird die Kirche im Jahr 1055. Für die heute bestehende Schlosskirche erteilte das Stift Admont 1642 den Bauauftrag. Ein Blick durch die Eingangstür offenbart: Der Hochaltar ist ein Unikum

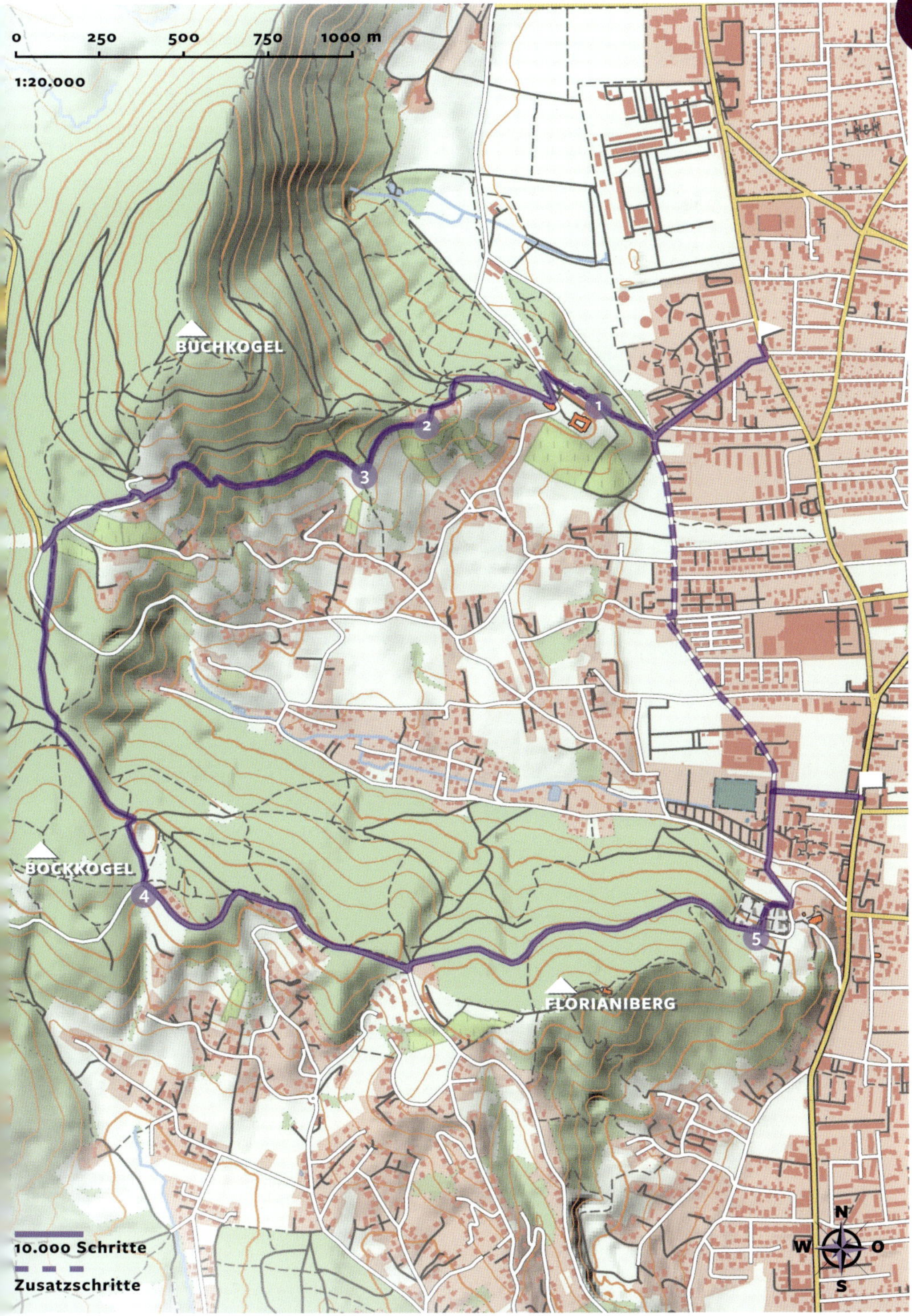
0
250
500
750
1000 m
1:20.000
BUCHKOGEL
BOCKKOGEL
FLORIANIBERG
1
2
3
4
5
10.000 Schritte
Zusatzschritte
N
W
O
S

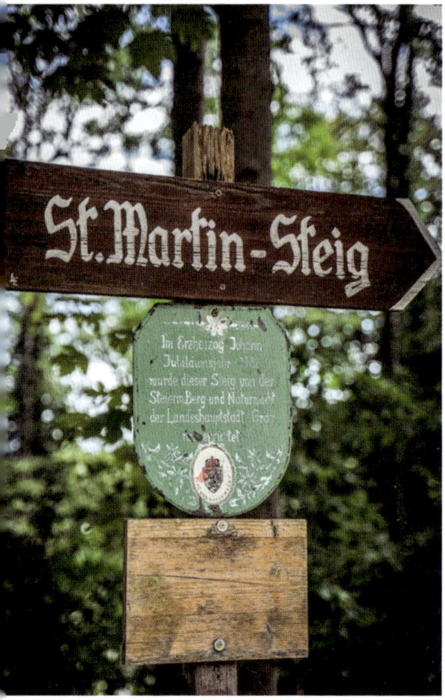

Pfad durch den Wald im Gedenken an Erzherzog Johann: der St. Martin-Steig

Qualitätsrebensaft anno 1957

Stolze 57 Schilling (heute rund 21 Euro) kostete eine Flasche Morillon der Familie Harter vulgo Hochkofler bereits im Jahr 1967. Er war aber stets schnell ausverkauft.

der barocken Altarbaukunst. Josef Stammel hat hier den Heiligen Martin samt drei lebensgroßen Pferden geschaffen.

Der Anstieg auf asphaltierter Straße wird bald mit einem besonders reizvollen Ausblick belohnt – nur Geduld. Die erste bildliche Begegnung mit dem Stadtwein „Falter Ego“ ist zugleich jene Stelle, an der wir links in den Wiesenweg einbiegen, um den Grazer Weinreben beim Wachsen zusehen zu können. Viele Jahrzehnte sind die Weingärten brach gelegen, 2014 wurden sie nach fast einem halben Jahrhundert Dornröschenschlaf von der Familie Blaschitz in Kooperation mit dem südsteirischen Winzer Hannes Sabathi wachgeküsst. Heute wachsen hier Sauvignon Blanc, Gelber Muskateller und Grauburgunder. Der Blick in die Geschichte zeigt, dass auf dem anno dazumal als „Kleingrinzing von Graz“ bekannten Areal des **KEHLBERGS** **2** Anfang des 20. Jahrhunderts noch 20 Most- und Buschenschänken angesiedelt waren. Mehr als 190 Hektar groß war einst das gesamte Grazer Weinbaugebiet, allein 37 Hektar umfasste der Kehlberg. Kultiviert wurden Sorten wie Weißer Heunisch, Morillon und Traminer. Kleines Detail am Rande: 1925 kostete der Liter Rotwein 1,40 Schilling, der Liter Weißwein 1,20 Schilling.

Bereits nach wenigen Schritten eröffnet sich die Aussicht auf die Weingärten und den Süden von Graz. Im Sommer säumen Glockenblumen den Weg, Efeu rankt sich hier und da, zur Erntezeit kann man von Brombeersträuchern naschen. Die Buchen formen in den wärmeren Monaten ein lauschiges Blätterdach. Nach dem kleinen Waldstück, das auch Bankerl zum Verweilen, Sinnieren und In-die-Ferne-Blicken bereithält, wartet eine Lektion in Sachen Flora und Fauna auf die Wandernden. Der gefährdete **OSTERLUZEIFALTER** **3**, der Namensgeber des Stadtweins, hat hier wieder einen gesicherten Lebensraum gefunden. Der prachtvolle Schmetterling kommt nur in wenigen, klimatisch begünstigten Gebieten Österreichs vor.

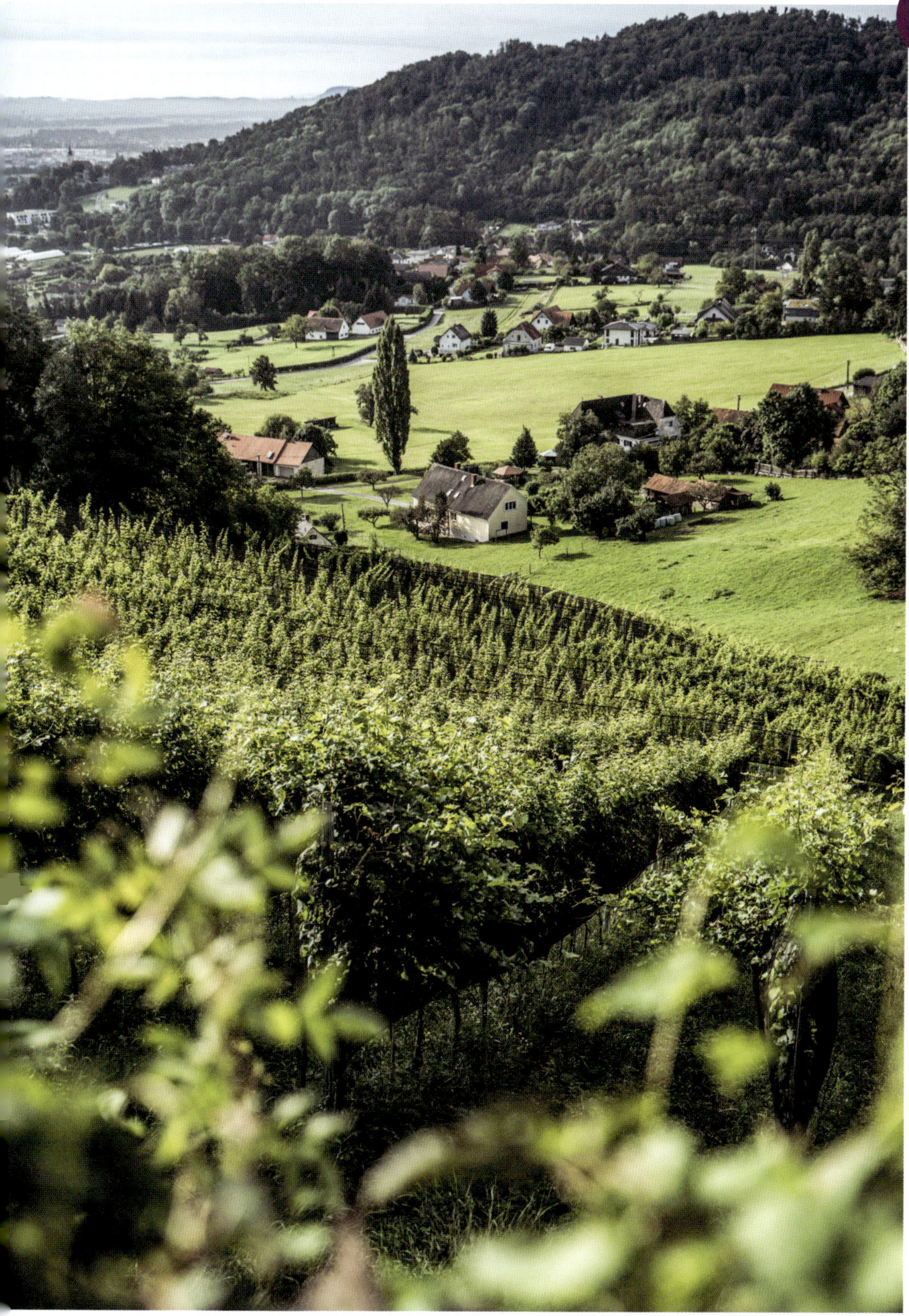

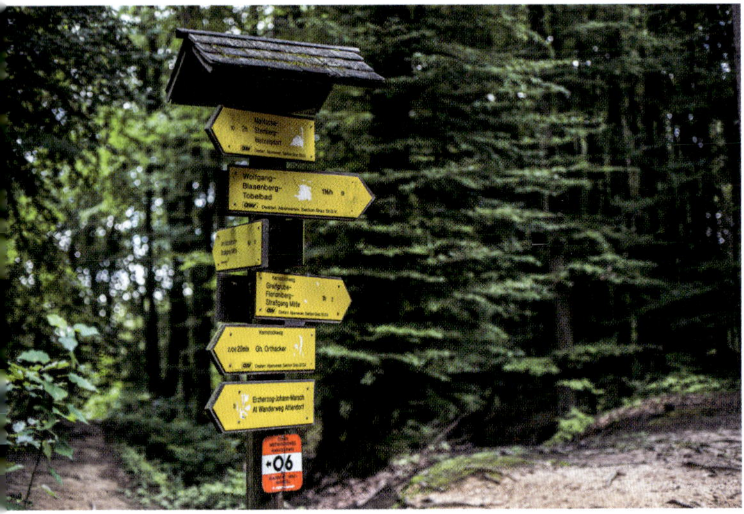

Die Raupe ist in ihrer Nahrungswahl extrem wählerisch: Sie ernährt sich nämlich ausschließlich von der Gewöhnlichen Osterluzei. Daher wird das Vorkommen der gelb blühenden Pflanze unter anderem an Weingartenrändern gezielt gefördert. Mit einer guten Portion Glück kann man zur rechten Jahreszeit einen Blick auf den auffällig gemusterten Falter erhaschen.

Viele Wege führen über den Buchkogel und den Florianiberg

Auf lehmigem Tonboden, der auf Grazer Kalk und Dolomit aufbaut und auf dem die Reben so vortrefflich gedeihen, geht es weiter des Weges „Am Buchkogel". Ein schmaler Pfad führt schließlich durch den Buchenwald. Nach dem zügigen, befestigten Anstieg via „Oacherlsteig" lichten sich die Laubbäume und geben den Blick auf den Gasthof Orthacker frei. Der höchste Punkt der Wanderung lädt zur gemütlichen Einkehr ein – außer dienstags und mittwochs, da ist nämlich Ruhetag.

Unterwegs auf dem Kernstockweg

Der Kernstockweg lädt seit dem Jahr 1925 zum Wandern ein und führt über die Berge, Hügel und Kogel am westlichen Stadtrand. Mit seinen 16 Kilometern vom Plabutsch in Gösting bis zum Florianiberg in Straßgang ist er der längste offizielle Grazer Wanderweg.

Hier verläuft auch der Kernstockweg, der die Stadtbezirke Gösting, Eggenberg, Wetzelsdorf und Straßgang miteinander verbindet. Er wurde 1925 als Wanderweg angelegt. Für uns geht es jetzt lockeren Schrittes bergab, die Waldwege entlang. Dabei kreuzen wir auch die Straße „Mantscha-Wald-Weg". Wir sollten nicht zu streng mit uns sein, es gibt mehrere Varianten durchs Unterholz, die wir nehmen können. Hauptsache die Richtung stimmt, der Kernstockweg ist weiterhin unsere Wahl. Ein dicht bestückter Wegweiser macht

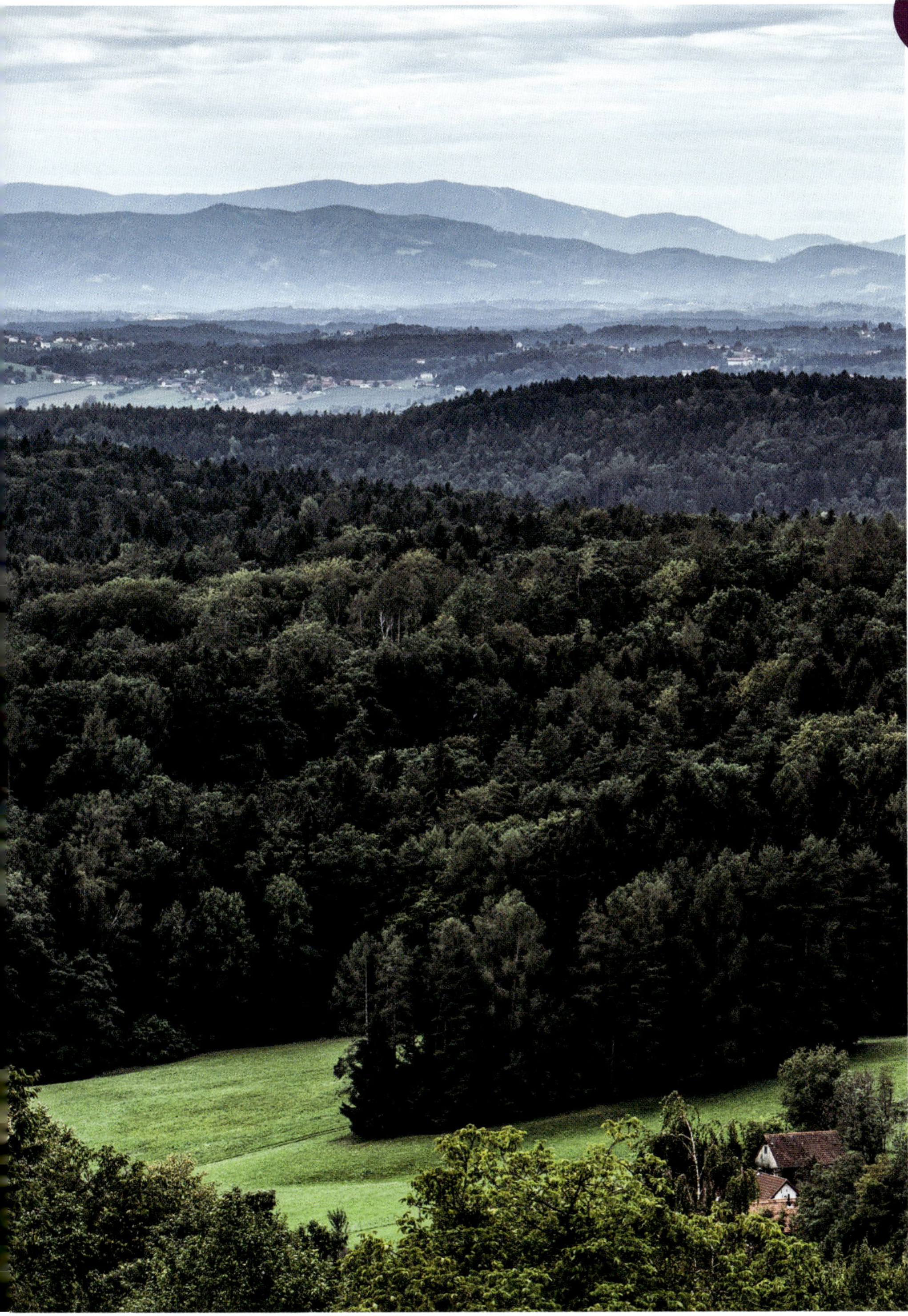

uns sicher, dass wir über den Florianiberg Richtung Straßgang Mitte unterwegs sind.

Der Waldweg führt uns schließlich direkt zur Straße, an der die **BATL-LACKN** **4** auf einer Seehöhe von exakt 502 Metern liegt. Das Biotop im Besitz von Franz Meyer dient gefährdeten Tier- und Pflanzenarten als Lebensraum. Daher: Augen auf für dieses Kleinod am Wegesrand. Wir nehmen links den Wolfgangweg aufwärts und ergötzen uns bei entsprechender Fernsicht am Ausblick bis nach Slowenien. Ab jetzt geht es komfortabel die Straße entlang, die auch Feuersalamander ab und an queren. Wir wandeln entlang der Grenze zu Seiersberg-Pirka mit dem Ortsteil Gedersberg und werfen im Vorbeigehen einen Blick in idyllische Privatgärten. An der kleinen grünen Verkehrsinsel könnte man einen Abstecher nach rechts machen: Immer sonntags besteht die Möglichkeit, im Hofladen des Lienhofs Gemüse, Obst und Kräuter zu erwerben oder anderntags an Workshops oder Führungen teilzunehmen.

Ansonsten gehen wir weiter die Florianibergstraße hinunter, zwischendurch tut sich ein paar Mal der Blick auf Schloss St. Martin auf. Langsam schließt sich der 10.000-Schritte-Kreis. Bevor wir den Fuß des Florianibergs erreichen,

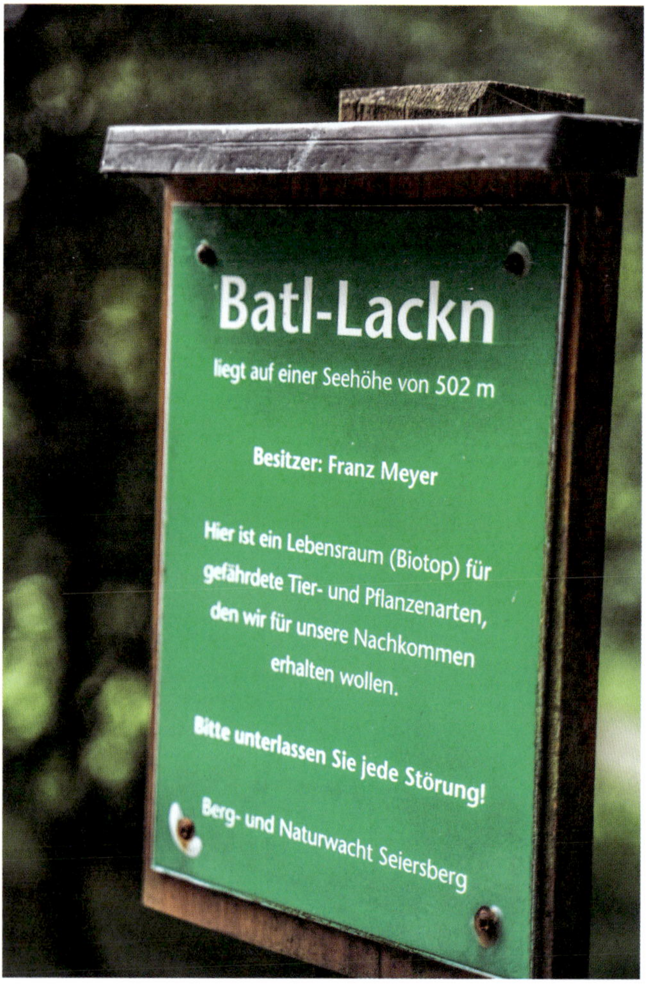

Kleine Lackn mit großer Aufgabe: Biotop für gefährdete Tierarten am Wolfgangweg

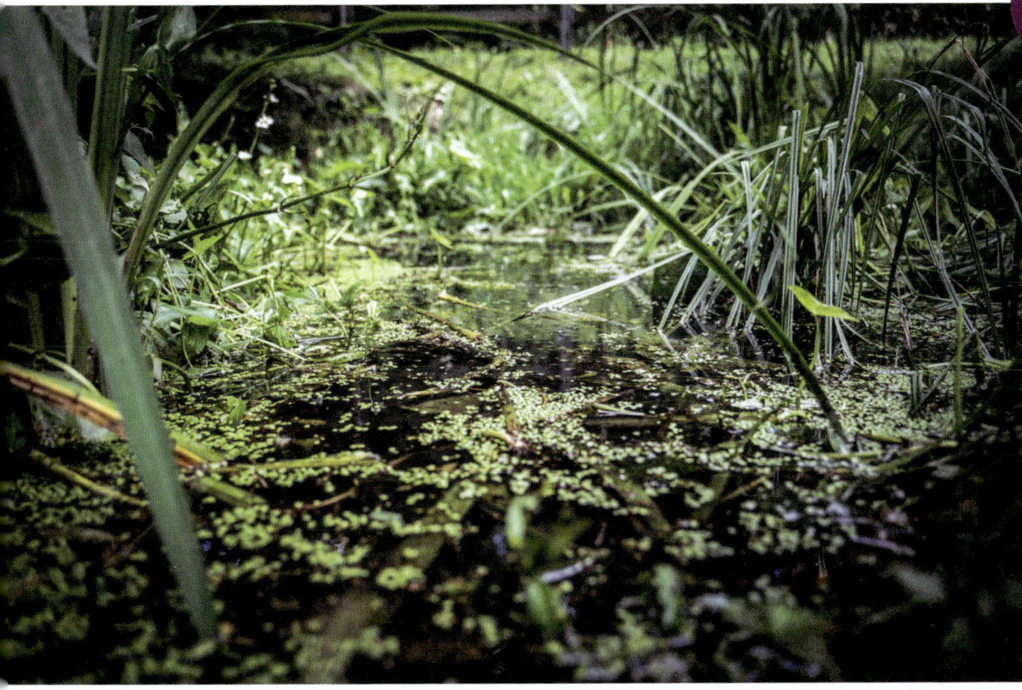

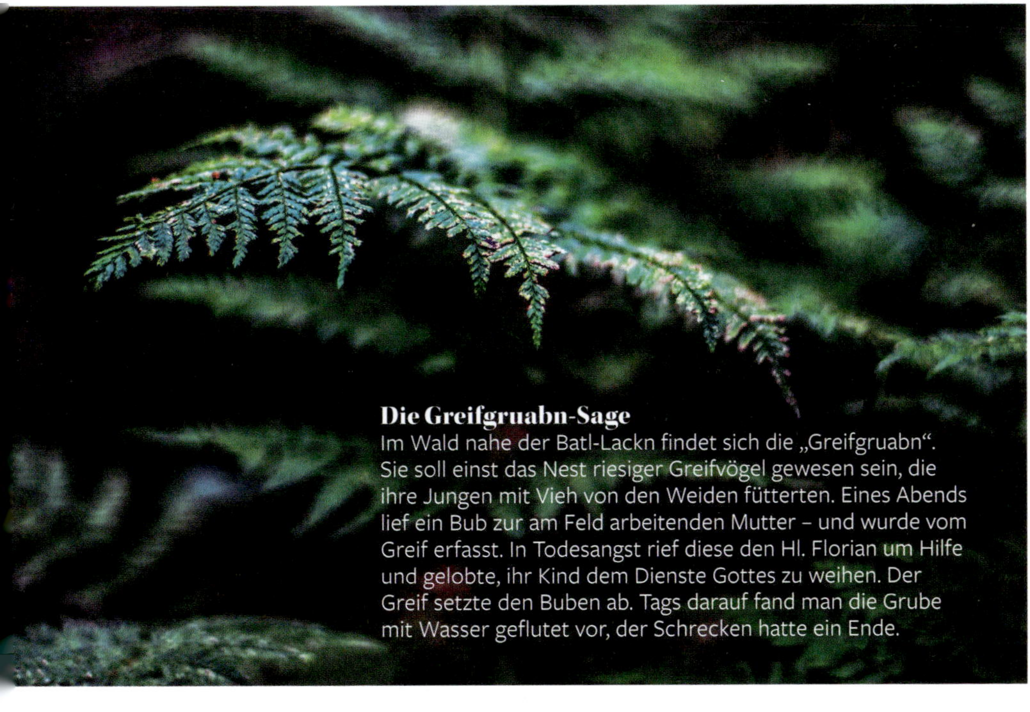

Die Greifgruabn-Sage

Im Wald nahe der Batl-Lackn findet sich die „Greifgruabn“. Sie soll einst das Nest riesiger Greifvögel gewesen sein, die ihre Jungen mit Vieh von den Weiden fütterten. Eines Abends lief ein Bub zur am Feld arbeitenden Mutter – und wurde vom Greif erfasst. In Todesangst rief diese den Hl. Florian um Hilfe und gelobte, ihr Kind dem Dienste Gottes zu weihen. Der Greif setzte den Buben ab. Tags darauf fand man die Grube mit Wasser geflutet vor, der Schrecken hatte ein Ende.

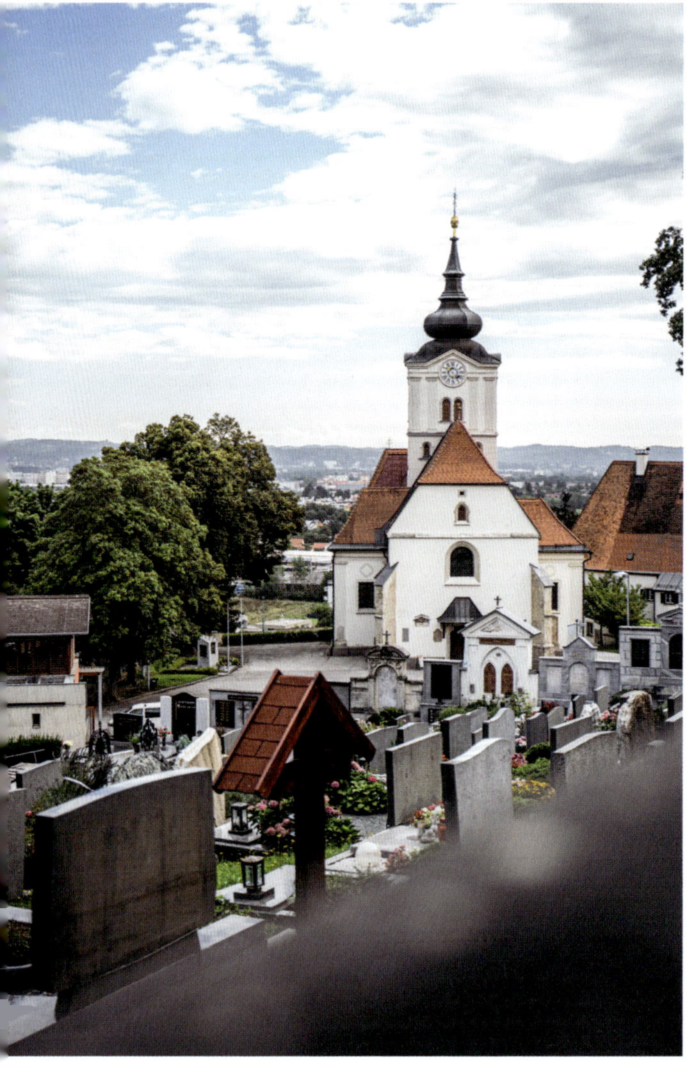

weisen Schautafeln auf einheimische Laubbäume und geschützte heimische Tiere wie die Würfelnatter und die Erdkröte hin.
Vom **FRIEDHOF STRASSGANG** **5** hat man einen wahrhaft schönen Blick hinunter auf die Stadt, die Grabsteine erzählen so manche Geschichte. Schneidermeister, Oberlehrer und Weinbauinspektoren haben hier eine letzte Ruhestätte gefunden. Vorbei an der Pfarrkirche Maria Elend und dem Straßganger Bad nehmen wir die Hans-Hegenbarth-Allee als Direttissima zur Bushaltestelle in der Straßganger Straße. Well done!

Straßgang: Gotteshaus mit Zwiebelhaube und Ruhestätte in Aussichtslage

Top 5 auf dieser Route

01. Schloss St. Martin

Die Geschichte St. Martins reicht bis ins 9. Jahrhundert zurück. Seinen 100. Geburtstag als Bildungshaus hat das Schloss 2019 gefeiert. Den Grundstein zur Volksbildung legte einst der Geistliche Josef Steinberger.

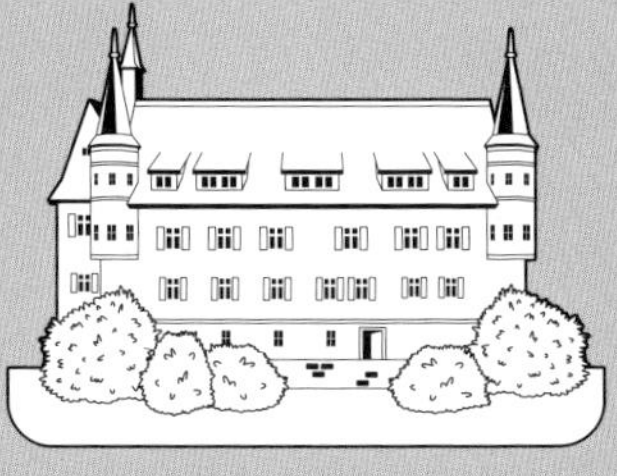

02. Kehlberg

Der lehmige Tonboden verleiht dem Grazer Stadtwein kühle Würze. Die prägnante Säure rührt vom hohen Kalkanteil im Boden her, wärmende Aufwinde von der Stadt sorgen für eine samtige Note.

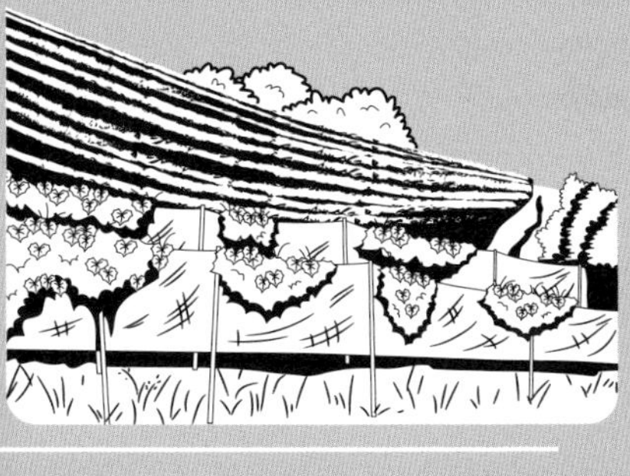

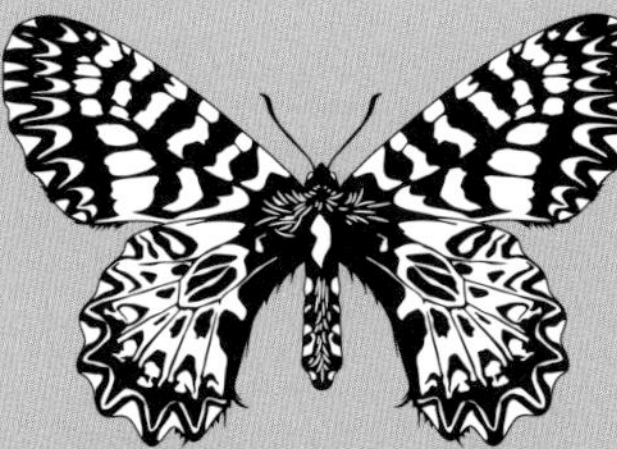

03. Osterluzeifalter

Hellgelb in der Grundfarbe, mit schwarzer und roter Zeichnung, am Rande der Flügel ein Wellenmuster – so sieht der hübsche Schmetterling aus. In der Steiermark zählt er zu den geschützten Arten, die vom Aussterben bedroht sind.

04. Batl-Lackn

Seinen Namen hat das Biotop vom einstigen Besitzer, dem „Batlbauer“ in Mantscha. Er besaß bis 1930 einen Weingarten, den ein „Weinzierl“ (Winzer) für ihn gegen Logis bewirtschaftete. Bei großer Trockenheit war die Lackn eine willkommene Wasserstelle.

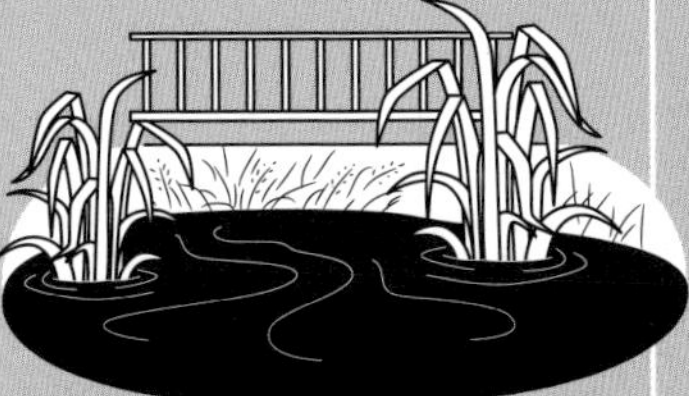

05. Friedhof Straßgang

Am Waldrand hinter der Straßganger Kirche liegt in Hanglage der Friedhof der Pfarre. Die Pfarrkirche Maria Elend am Fuße des Florianibergs zählt zu den ältesten Pfarrgründungen der Steiermark.

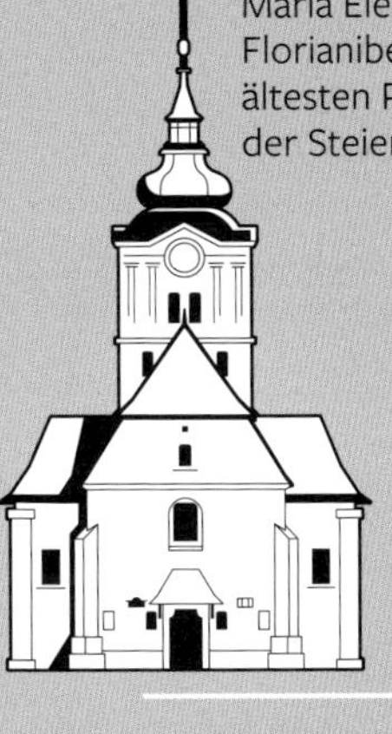

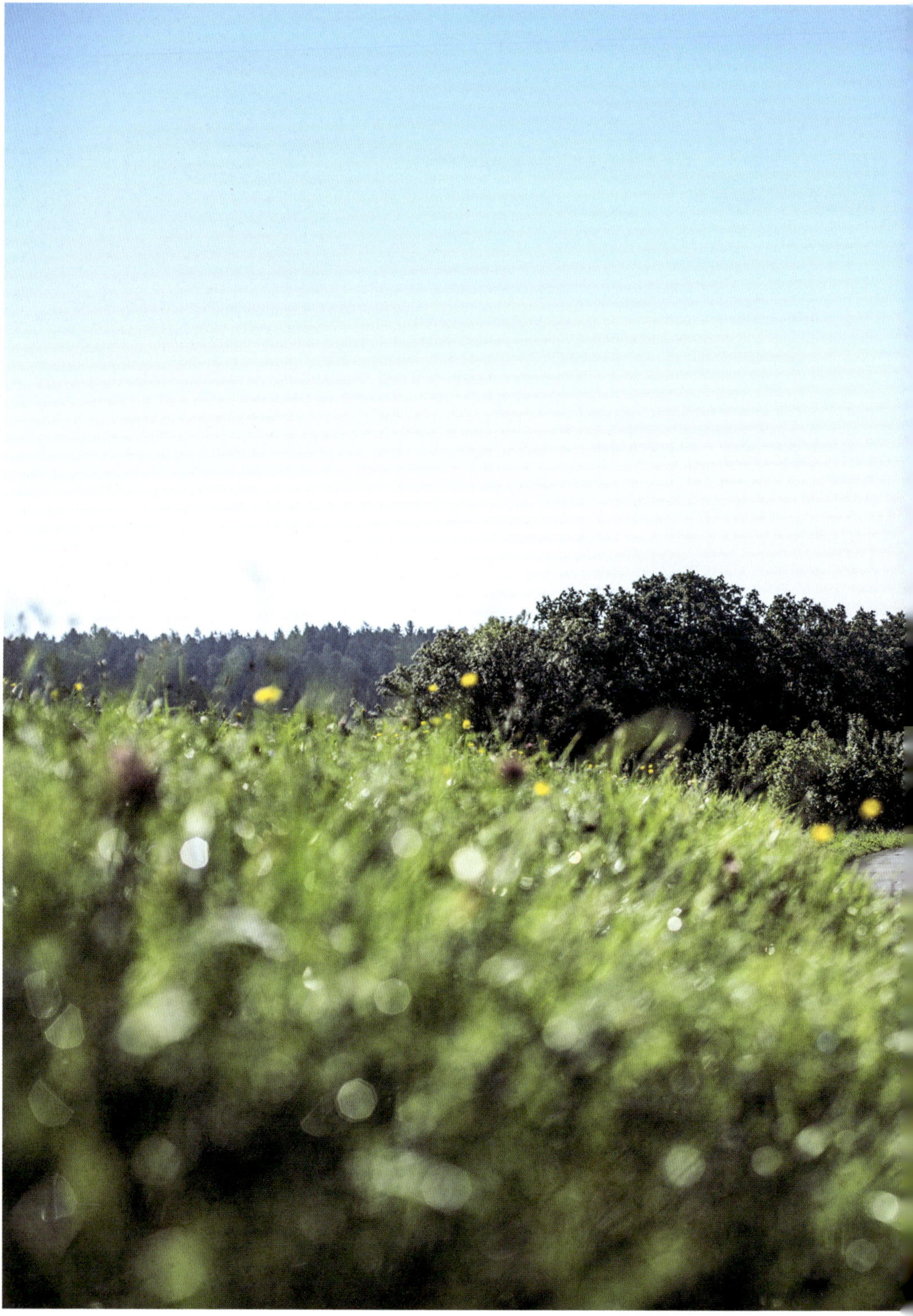

02

Von Schloss St. Veit in den Alpengarten Rannach

Die Blütenreiche

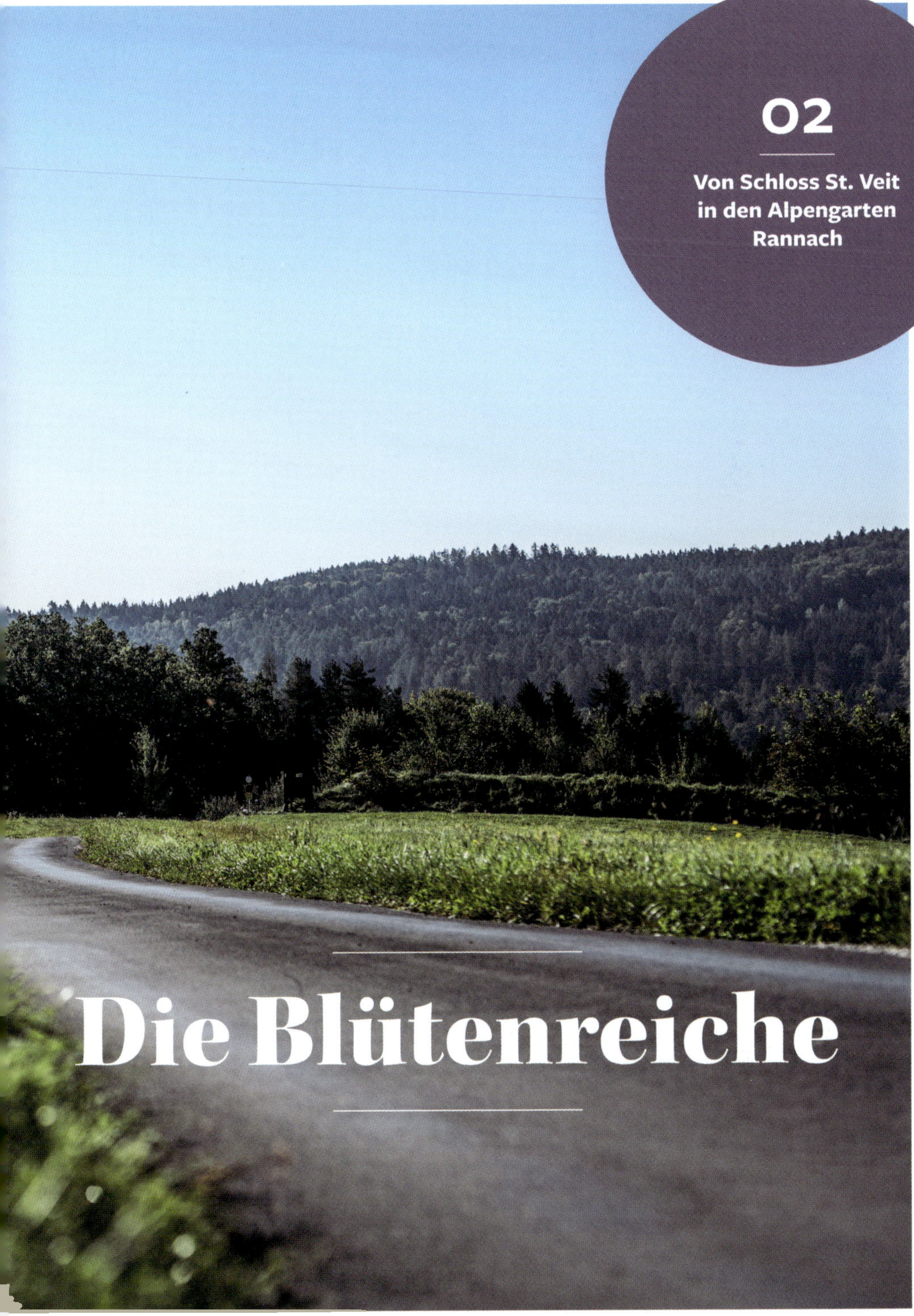

02

Heiraten mit Geschichte. Edelweiß auf der Rannach. Jause mit Kultur.

Charakter der Tour
Der Weg zum Alpengarten Rannach führt zu großen Teilen bergauf, Schotterwege wechseln mit ruhigen, abgeschiedenen Straßenstücken und Strecken durchs Unterholz.

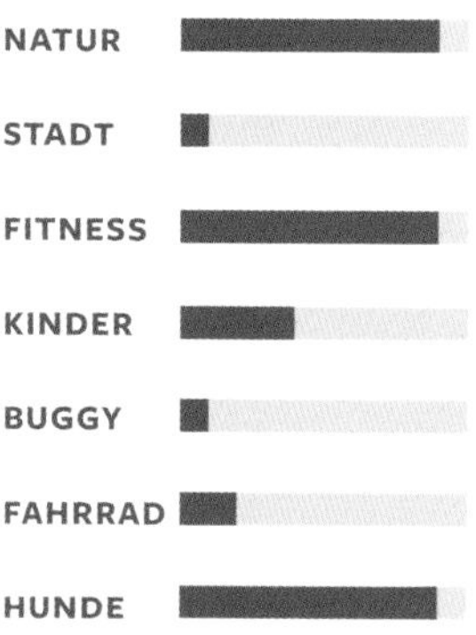

STARTPUNKT
Haltestelle St. Gotthard
Bus: Linie 53

Das **ST. VEITER SCHLÖSSL** (1), von dem aus man dank einer sanften Anhöhe über den Golfplatz hinweg auf die so nah und doch so fern wirkende Innenstadt blickt, bietet die imposante Kulisse für den Start einer Tour in gewissermaßen alpine Sphären. Heutzutage werden dort Hochzeiten und andere Feste gefeiert, Gäste tafeln im Wirtshaus. Und wo die Sankt-Gotthard-Straße in die Andritzer Reichsstraße mündet, findet sich auch die gleichnamige Bushaltestelle.

Wir passieren das St. Veiter Schlössl und biegen in den Falkenweg ein. Das Schloss St. Gotthard liegt etwas verborgen links des Weges. Familie Dennig hat sich hier der Angusrind-Zucht verschrieben. Die Handschrift des zum Schloss erweiterten Gutshofs stammt aus der Renaissance. 1673 war Kaiser Leopold I. Gast – vor seiner Hochzeit mit Erzherzogin Claudia im Schloss Eggenberg. Lange befand sich das Anwesen, welches das Areal des als „Villa Eckhofen“ errichteten St. Veiter Schlössls umfasste, im Besitz des Benediktinerstifts St. Lambrecht. Die Schlosskirche wurde 1808 abgetragen.

Vorbei an Lindenbäumen und Streuobstwiesen geht es den Falkenweg bergauf, eine Markierung weist uns bald die Richtung links in den Wald hinein. Laub- und Nadelbäume spenden im Sommer Schatten auf breiteren und dann immer schmäleren Pfaden, schon ist der erste Anstieg geschafft. An der Gabelung halten wir uns rechts, das Schild verheißt bereits den Weg zum Bogenhof. Jetzt geht es eben dahin, zur Erntezeit können wir von wilden Himbeeren, Brombeeren und Walderdbeeren naschen. Nach nur 15 Minuten Fuß-

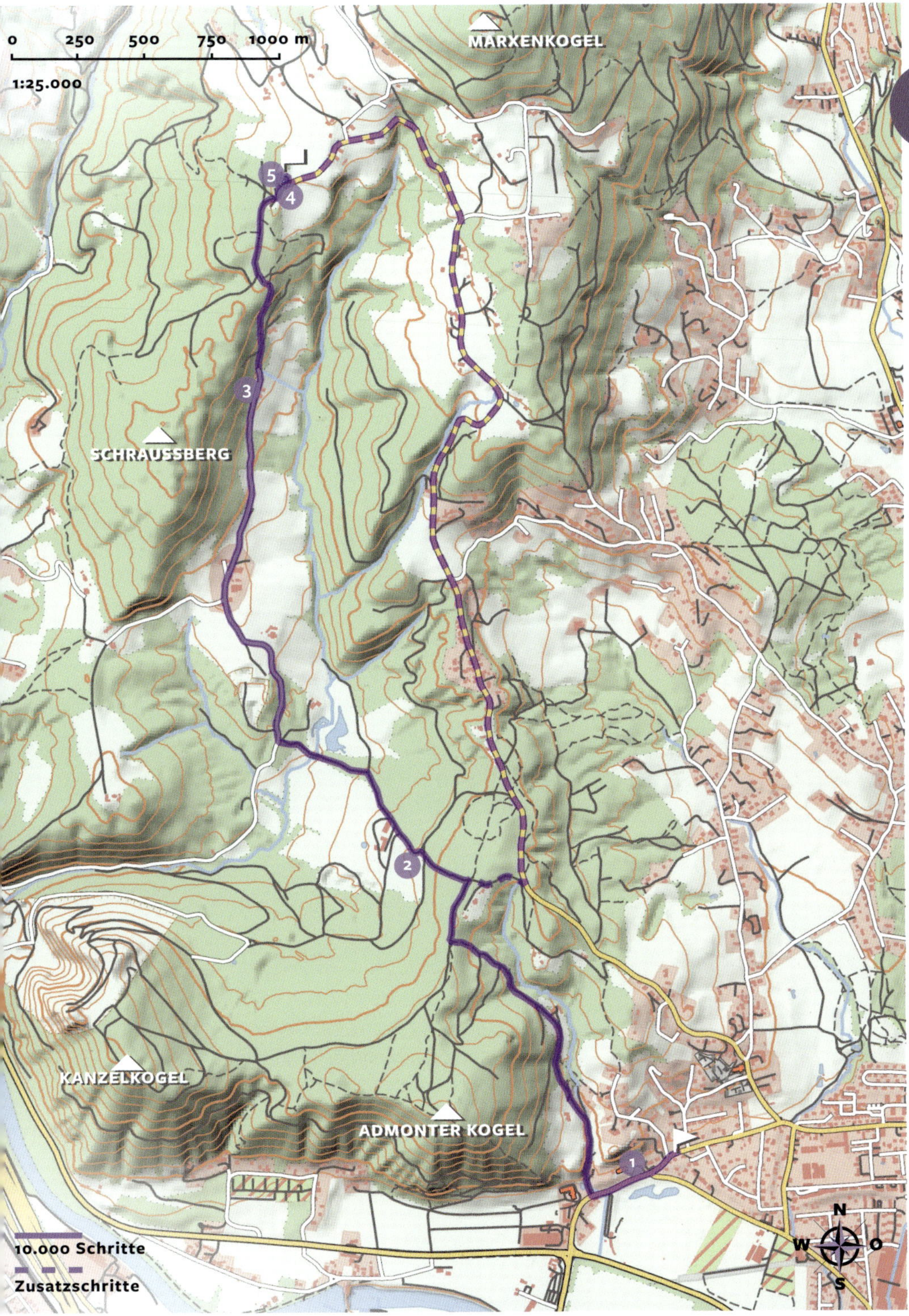
0
250
500
750
1000 m
1:25.000
MARXENKOGEL
SCHRAUSSBERG
KANZELKOGEL
ADMONTER KOGEL
1
2
3
4
5
N
W
O
S
10.000 Schritte
Zusatzschritte

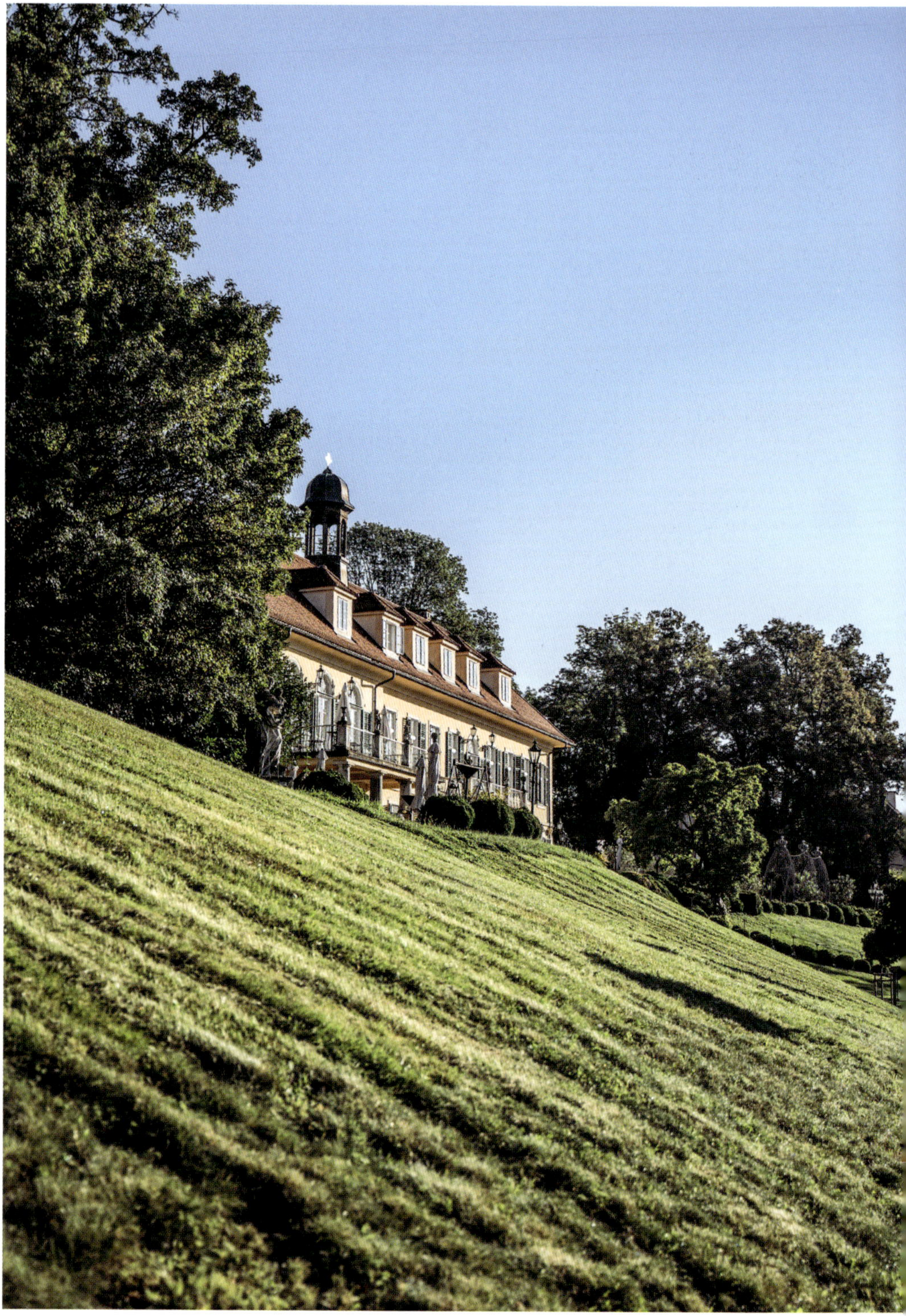

marsch ist die Stadt gefühlt schon ziemlich weit weg.

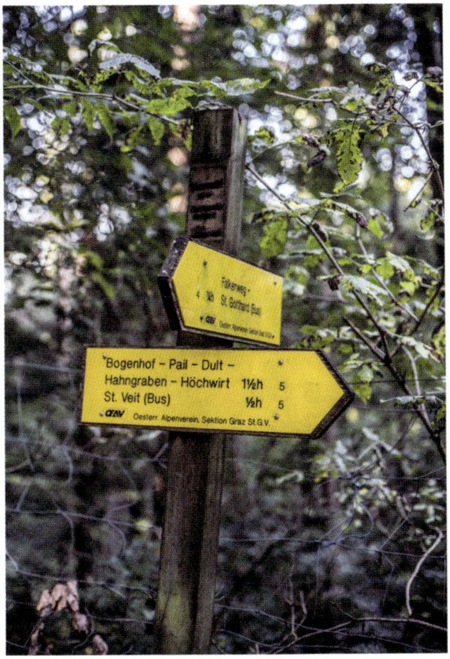

Über den Falkenweg
Richtung Bogenhof rückt das städtische Treiben schnell in die Ferne

Sonnengelb strahlt uns die nächste Hinweistafel des Österreichischen Alpenvereins entgegen. Wir biegen nach links Richtung Pail ab. Es geht bergab durch den Wald, den wir unter anderem mit Weinbergschnecken und Grashüpfern teilen, Ameisen machen sich auf ihren Hügeln zu schaffen, **ANGUSRINDER 2** weiden im Sommer in der Nähe. Die hornlosen Aberdeen Black Angus Rinder werden hier seit 1990 gezüchtet. Der Wald liegt nach kurzer Zeit hinter uns, wir passieren den Bogenhof und kehren dann auf eine asphaltierte Straße zurück, die zügig ansteigt. Um uns herum: Wälder. Dann Wiesen. Viel Himmel. Ruhe. „Wo sich dein Herz wohlfühlt, ist dein Zuhause“, lässt uns die dekorative Tafel eines schmucken Domizils in Pail wissen.

Wir gewinnen auf dem Weg in Richtung Alpengarten weiter an Höhenmetern. Bald nach einem rundum dekorierten Haus biegen wir am rot-weiß-rot markierten Baum vom Schotterweg links in den Wald hinein. Warum nicht ein Bad im Wald nehmen? Die Waldluft bewusst inhalieren, den Naturgeräuschen lauschen, alle Sinne aktivieren. Verantwortlich für den positiven Effekt des **WALDBADENS 3**, das als „Shinrin Yoku“ in Japan wurzelt, sind in erster Linie Terpene – Moleküle, die von Bäumen abgesondert werden. Man geht davon aus, dass der Körper die Botenstoffe entschlüsselt und positiv für sich nutzt. Es besteht kein Grund zur Eile: Laut japanischen Ärzten soll man beim Waldbaden nicht mehr als einen guten Kilometer pro Stunde zurücklegen.

Weiter oben könnten wir nach Gratkorn abbiegen, hier verläuft auch ein Teil der UCI-Mountainbike-Marathon-Weltmeisterschafts-Strecke 2009, wir

St. Veiter Schlössl
Vom „aiola im Schloss Sankt Veit“, heute Hochzeitskulisse und Event-Location samt Wirtshaus, überblickt man den Golfplatz Andritz, eine 9-Loch-Anlage.

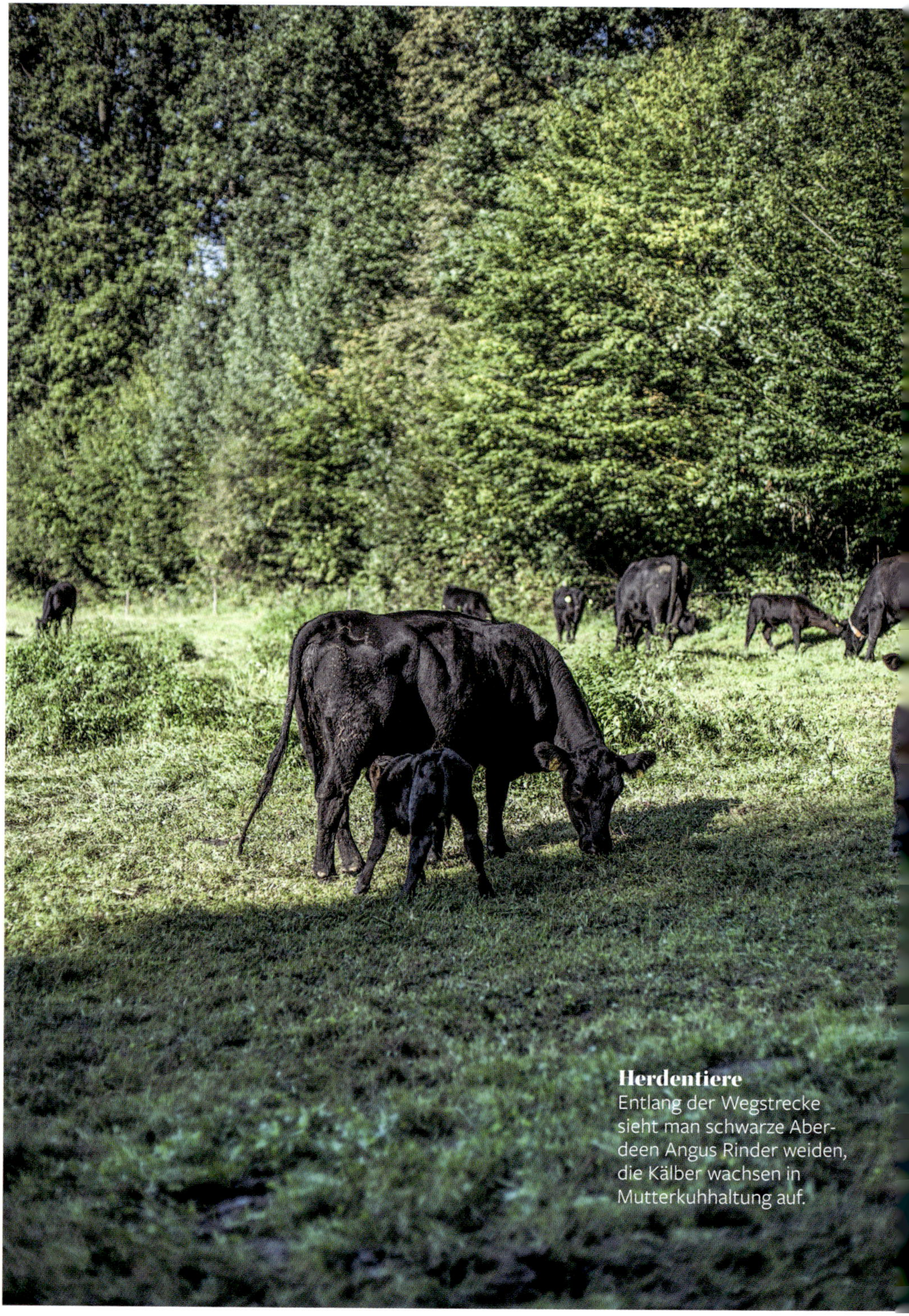

Herdentiere
Entlang der Wegstrecke sieht man schwarze Aberdeen Angus Rinder weiden, die Kälber wachsen in Mutterkuhhaltung auf.

Tipps

Zum Gehen geboren

Wie viel Gehen ist gesund?
Wir Menschen bewegen uns immer weniger. Unser Körper ist jedoch darauf ausgerichtet, dass wir unsere Muskulatur fordern. Je mehr Schritte, desto besser. Das gilt für alle Altersstufen, gerade auch für Ältere. Wir wissen aus zahlreichen Studien, dass ein Ausmaß von 10.000 Schritten zur Reduktion von Herz-Kreislauf-Erkrankungen führt und die Schlafqualität um ein Vielfaches verbessert. Der Wert ist gut zur Orientierung, da es leichter fällt, sich an gewisse Vorgaben zu halten.

Welche Systeme des Körpers werden auf diese Weise trainiert?
Das Herz-Kreislauf-System wird aktiviert, ebenso die Muskulatur, die unsere Gelenke schützt. Die Knochendichte wird gestärkt. Unsere Koordinationsfähigkeit und Gedächtnisleistung werden gefördert, Stresshormone abgebaut.

Wie wirksam ist moderates Gehen bei verschiedenen Erkrankungen?
Gerade bei Zivilisationserkrankungen wie Kreuz- und Knieschmerzen kann moderates Gehen zur deutlichen Besserung der Schmerzsymptomatik führen. Nach Herzinfarkten und Schlaganfällen führt kontrollierte Bewegung, am besten mit ärztlicher Begleitung, zu einem wesentlich besseren Outcome.

Wie kann man sich selbst den Alltag nicht zu bequem gestalten?
Mehrmals täglich spazieren gehen, immer wieder aufstehen und Arbeiten erledigen, mit Enkelkindern spielen, mit dem Hund hinausgehen, im Garten arbeiten, mit Freunden wandern oder sich beim Turnen treffen. So wichtig geistige Arbeit für unsere Gedächtnisleistung ist: Ebenso wichtig ist die Kombination zwischen Bewegung und Gedächtnistraining für ein gesundes Älterwerden.

KRISTINA KÖPPEL-KLEPP, Allgemeinmedizinerin
Sportmedizin, Ernährungsmedizin und Akupunktur; ehemalige Teamärztin des SK Sturm

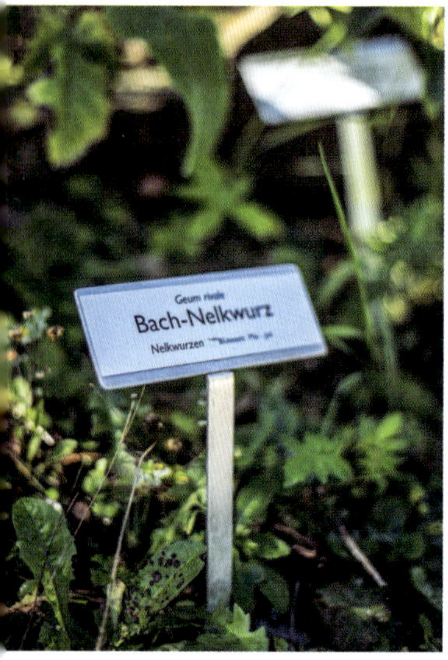

Alpenblumen säumen die letzten Schritte, Schilder geben Aufschluss über ihre Namen

Pfeil und Bogen

Der Verein „Die Olmjaga" betreibt auf der Rannach eine Bogensportanlage samt Verleih. Durchschnittlich zwei bis drei Stunden sind Geübte auf dem 3-D-Parcours unterwegs.

bleiben aber per pedes auf der Linie gen Alpengarten. Wenn Frischlinge neben Hasen reglos und gänzlich unbeeindruckt von Vorbeikommenden im Gras verharren, dann ist der Bogensportparcours der „Olmjaga" erreicht. Unweit davon beginnt auch der **ALPENGARTEN** **4**, der sich auf einem Quarzgeröllfeld befindet. 11 Kilometer sind wir jetzt vom Grazer Hauptplatz entfernt, 650 Meter Seehöhe haben wir erreicht, vor uns breitet sich ein kleines Idyll aus.

Um die Alpenflora, deren Blüte sich von Jänner bis Juni entfaltet, kümmert sich heute der Verein Alpengarten Rannach. Vom Königs-Seidelbast über den Kochschen Enzian bis zur Schneeheide gibt es je Blütensaison allerlei zu entdecken, so manches Täfelchen hilft bei der Identifizierung. Die Idee zur Umsetzung geht auf die 1950er-Jahre zurück, die Gründung erfolgte im Gedenken an Erzherzog Johann. Der Visionär hatte leidenschaftlich gerne Pflanzen gesammelt und kultiviert, Alpenpflanzenanlagen erfreuten sich zu seinen Lebzeiten zunehmender Beliebtheit.

Die Gründungsväter des Alpengartens Rannach waren Josef Ebner, pensionierter Volksschuldirektor von St. Veit und Obmann des Gartenbauverbandes, sowie Wilhelm Kriechbaum, Garteninspektor des Botanischen Gartens. 1951 wurde eröffnet, 1954 die Jausenstation errichtet. Die Geschichte ist eine bewegte, immer wieder gab es personelle, finanzielle und infrastrukturelle Herausforderungen zu bewältigen. Als Attraktion für Besucher wurde im Laufe der Jahre sogar ein Gehege für Murmeltiere geschaffen, allerdings hatten die Tiere bald das Weite gesucht. Von 1979 bis 2005 wurde das Areal von der Abteilung Botanik am Landesmuseum Joanneum verwaltet.

Heute gehört das Areal der Gemeinde Stattegg. Immer wieder finden Live-Konzerte statt, auf Vorbestellung werden in der urigen **JAUSENSTATION** **5** bodenständige Gerichte wie Schwammerlgulasch, Schweinsbraten und Hirschragout serviert – mit einer Portion Glück, wie bei unserer Einkehr, auch spontan.

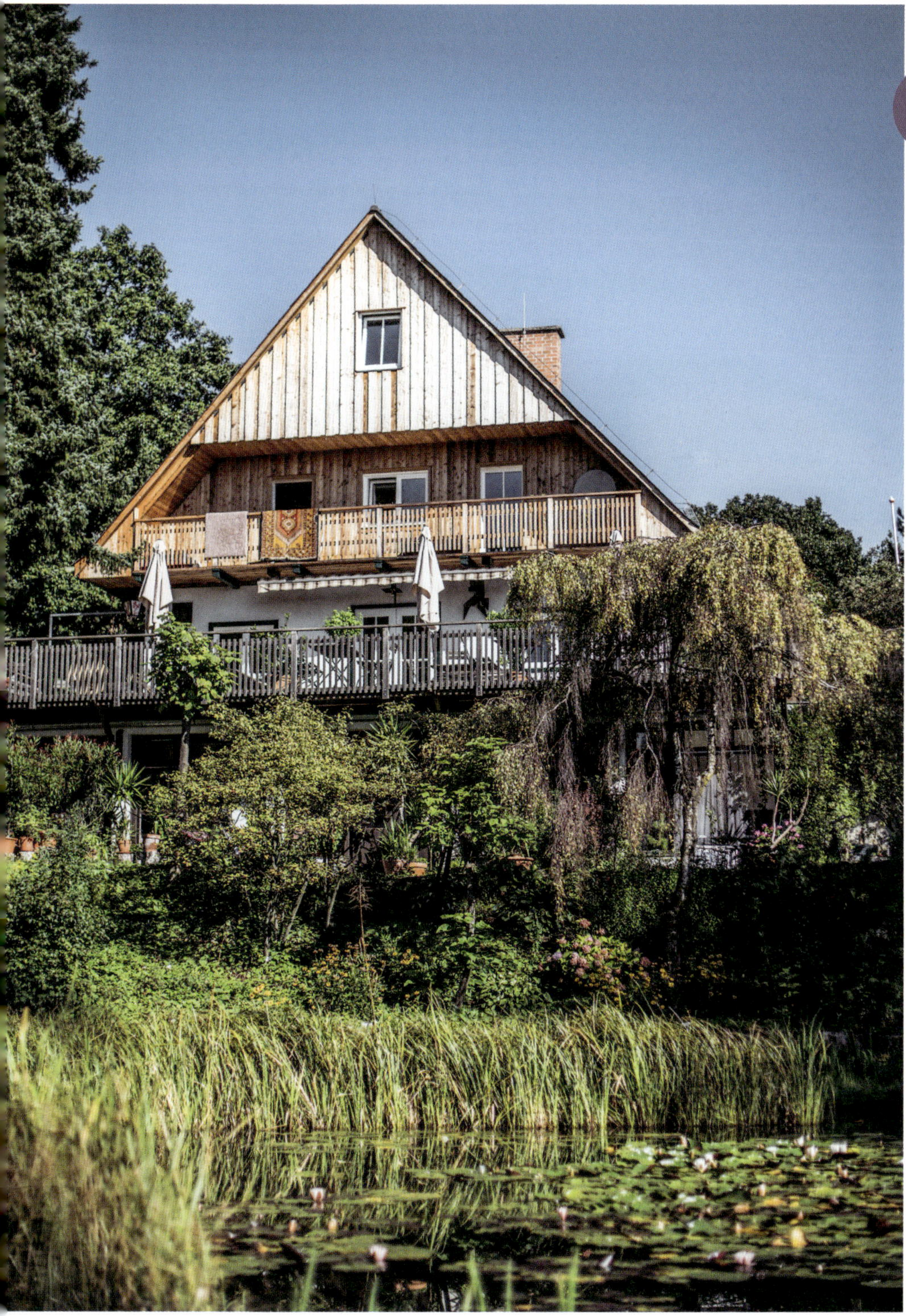

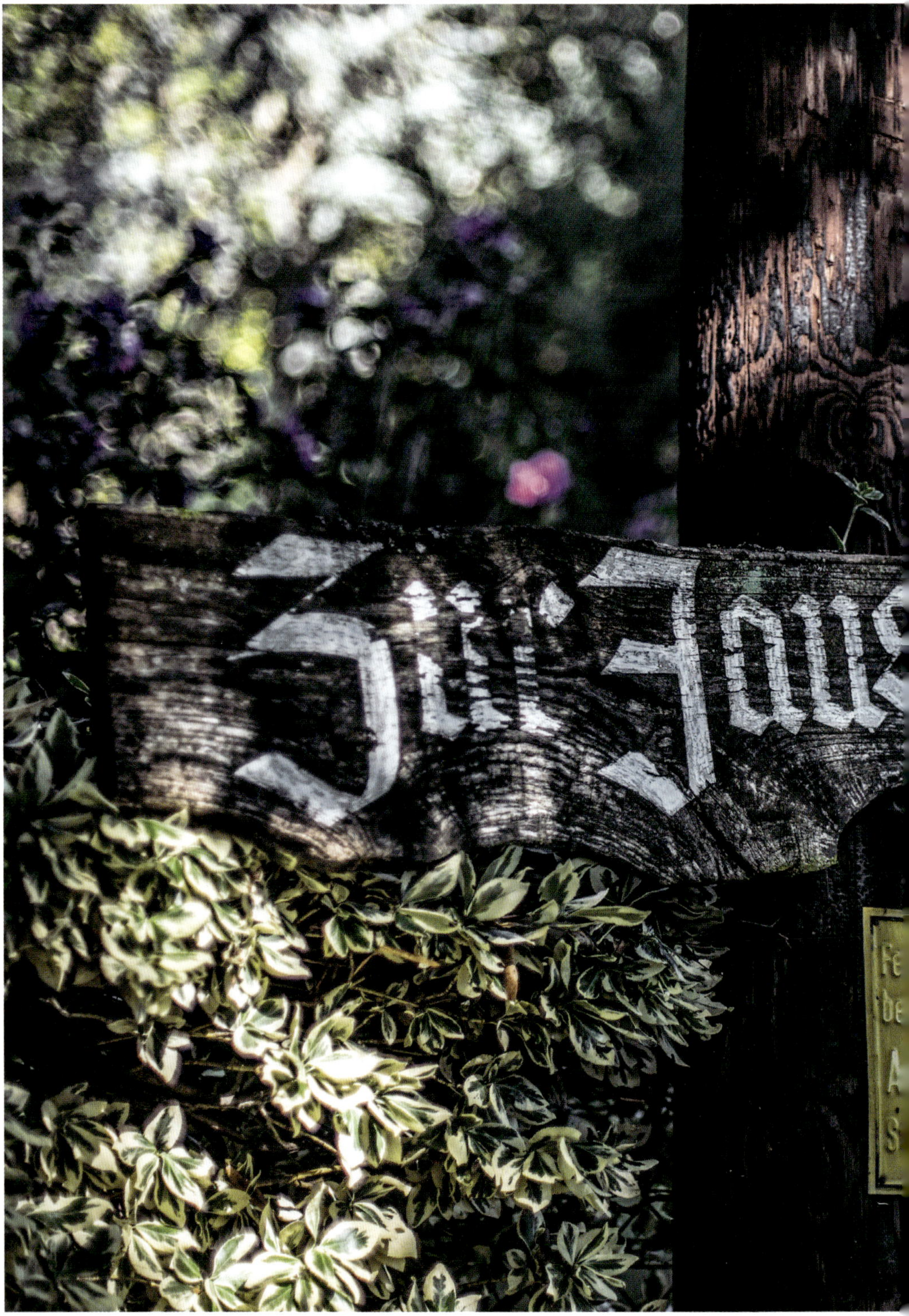

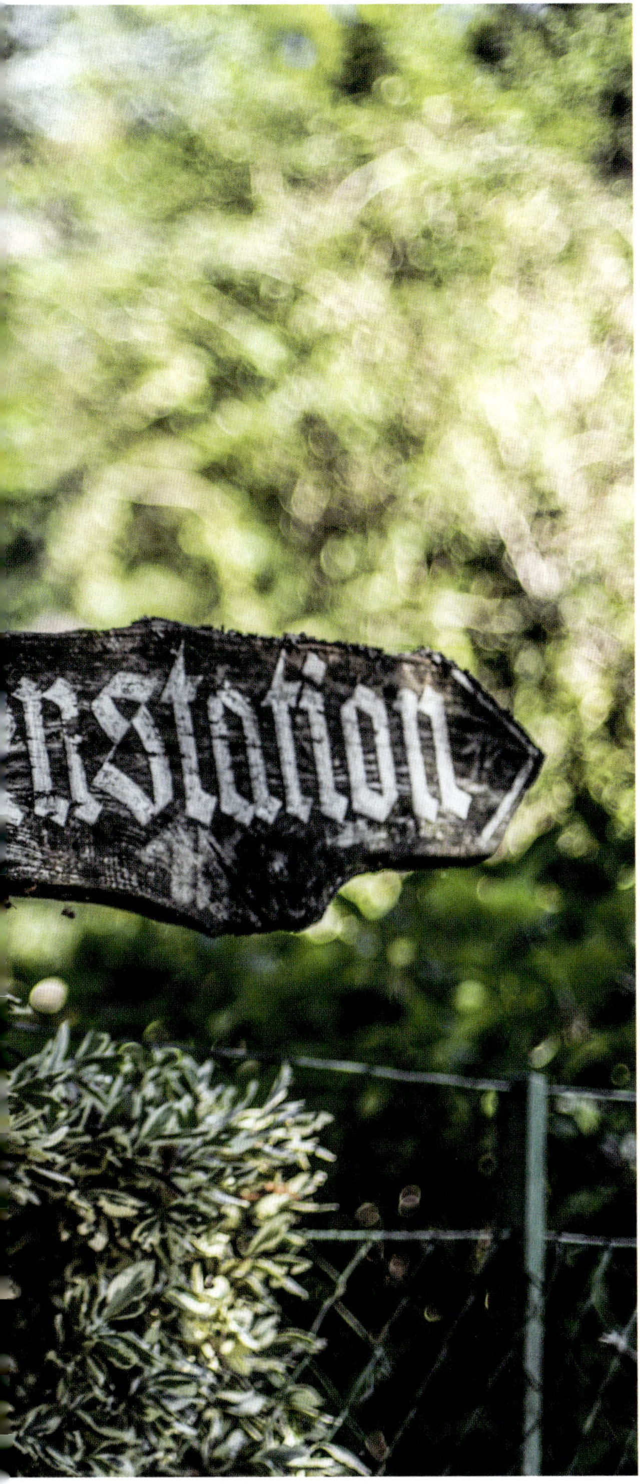

Eintausender
Es braucht Stärkung, wenn man die Tour nicht im Alpengarten beenden, sondern sich auf den Weg zur Hohen Rannach machen will. Sie erhebt sich mit 1018 Metern im südlichen Grazer Bergland. Die Gemeindegrenze von Stattegg und Gratkorn verläuft genau über den Gipfel. Kleine Karstquellen am Südosthang haben lange die Wasserversorgung im LKH-Universitätsklinikum Graz gesichert.

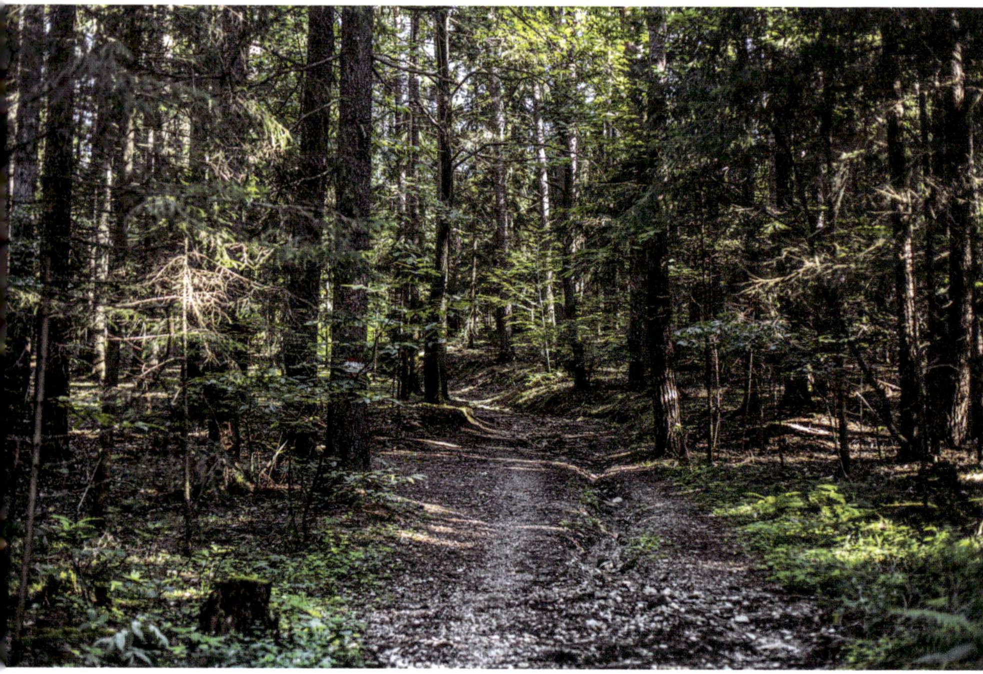

Terpene tanken, alle Sinne aktivieren: Den Wald bewusst erleben stärkt Körper und Geist

Von der charmanten Terrasse hat man einen wunderbaren Blick auf den Seerosenteich und ins umliegende Grün – ein kleines Paradies. Den Raum prägt nicht allein die Natur – es sind auch künstlerische Interventionen nach einem Projekt von Kunst://Abseits vom Netz, die sich gemäß dem Titel in die Landschaft „einschmiegen".

Wer jetzt nach den bereits absolvierten 10.000 Schritten noch besonders munter in den Beinen ist, der kann den Heimweg beispielsweise über St. Veit zu Fuß antreten. Ist aber kein Muss. Die Busverbindung von anno dazumal direkt ins Grazer Zentrum besteht zwar längst nicht mehr, aber das GUSTmobil fungiert in puncto öffentlicher Verkehr als günstiges Taxi zurück in die Stadt.

Top 5 auf dieser Route

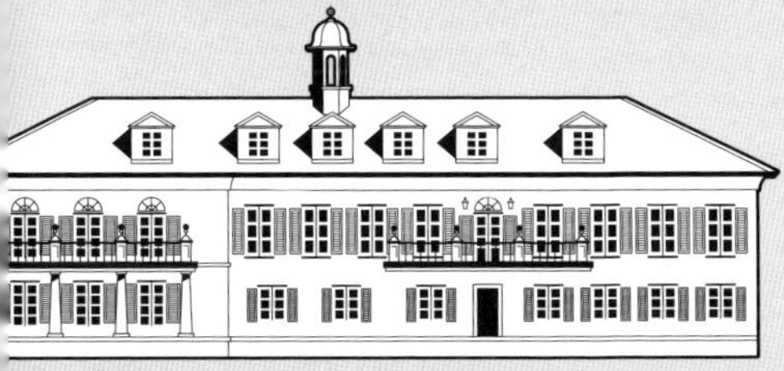

01.
St. Veiter Schlössl
Das Areal, auf dem das als „Villa Eckhofen“ erbaute St. Veiter Schlössl liegt, war einst Teil der Flächen von Schloss St. Gotthard nur wenige Meter weiter stadtauswärts. Dessen Wurzeln reichen bis ins 16. Jahrhundert zurück.

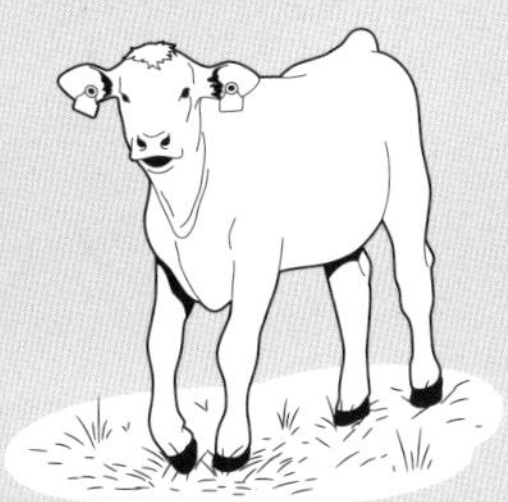

02.
Angusrinder
Die schwarzen, hornlosen Aberdeen Angus Rinder, eine urtümliche und genügsame Rasse, werden in Graz-Andritz seit 1990 gezüchtet. Sie grasen auf den Weiden im Pailgraben – oder auf der Gleinalm.

03.
Waldbaden
Eine Fülle an Studien beweist die regenerierende Wirkung des Waldes für Körper und Geist. In Japan gilt Waldbaden als Medizin. Nichts überhören, alles befühlen, Natur im Detail wahrnehmen – kurzum: die Sinne aktivieren.

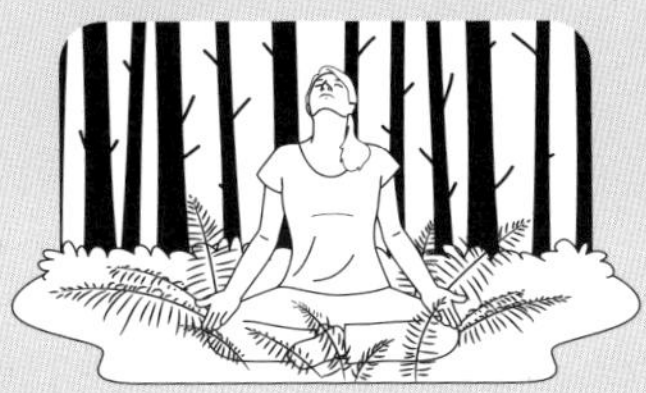

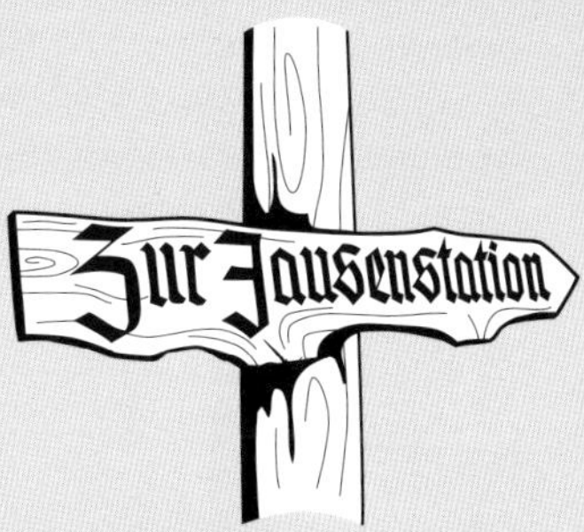

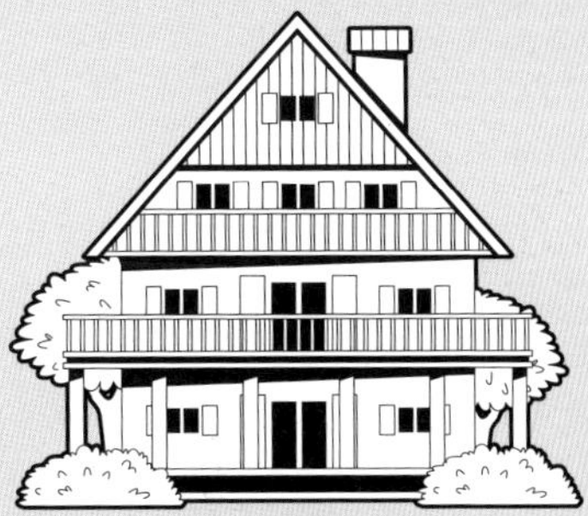

04.
Alpengarten
Von Jänner bis Juni entfaltet sich die Blütenpracht des Alpengartens, dessen Gründungsväter 1951 Josef Ebner, Obmann des Gartenbauverbands für die Steiermark, und der Garteninspektor des Botanischen Gartens, Wilhelm Kriechbaum, waren.

05.
Jausenstation
Der familiär geführte Betrieb setzt auf regionale Produkte, saisonale Früchte und Kräuter ohne künstliche Aromen – und auf Live-Konzerte. Die Musiker kommen aus Nah und Fern in die Jausenstation „Alpengarten Rannach“.

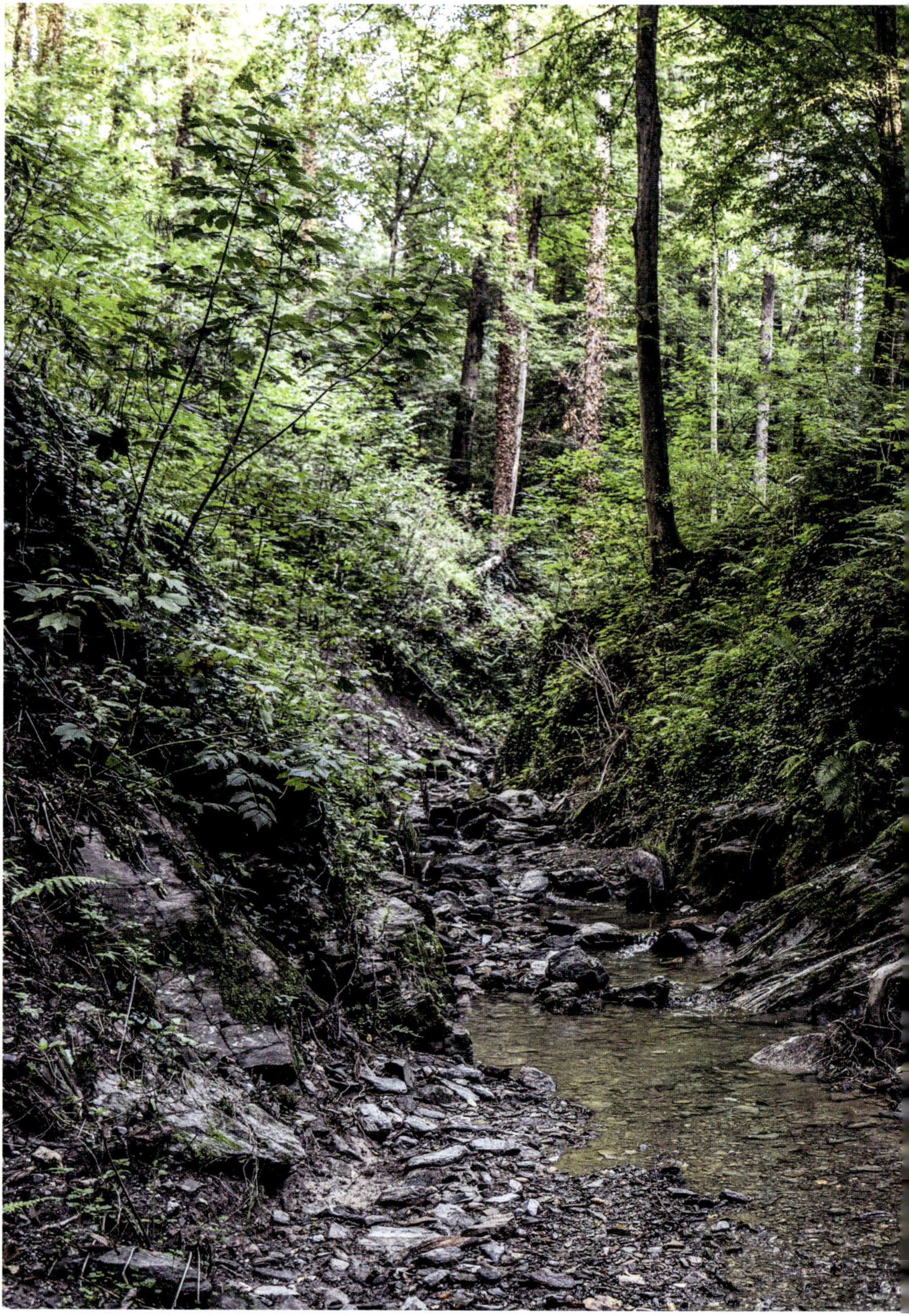

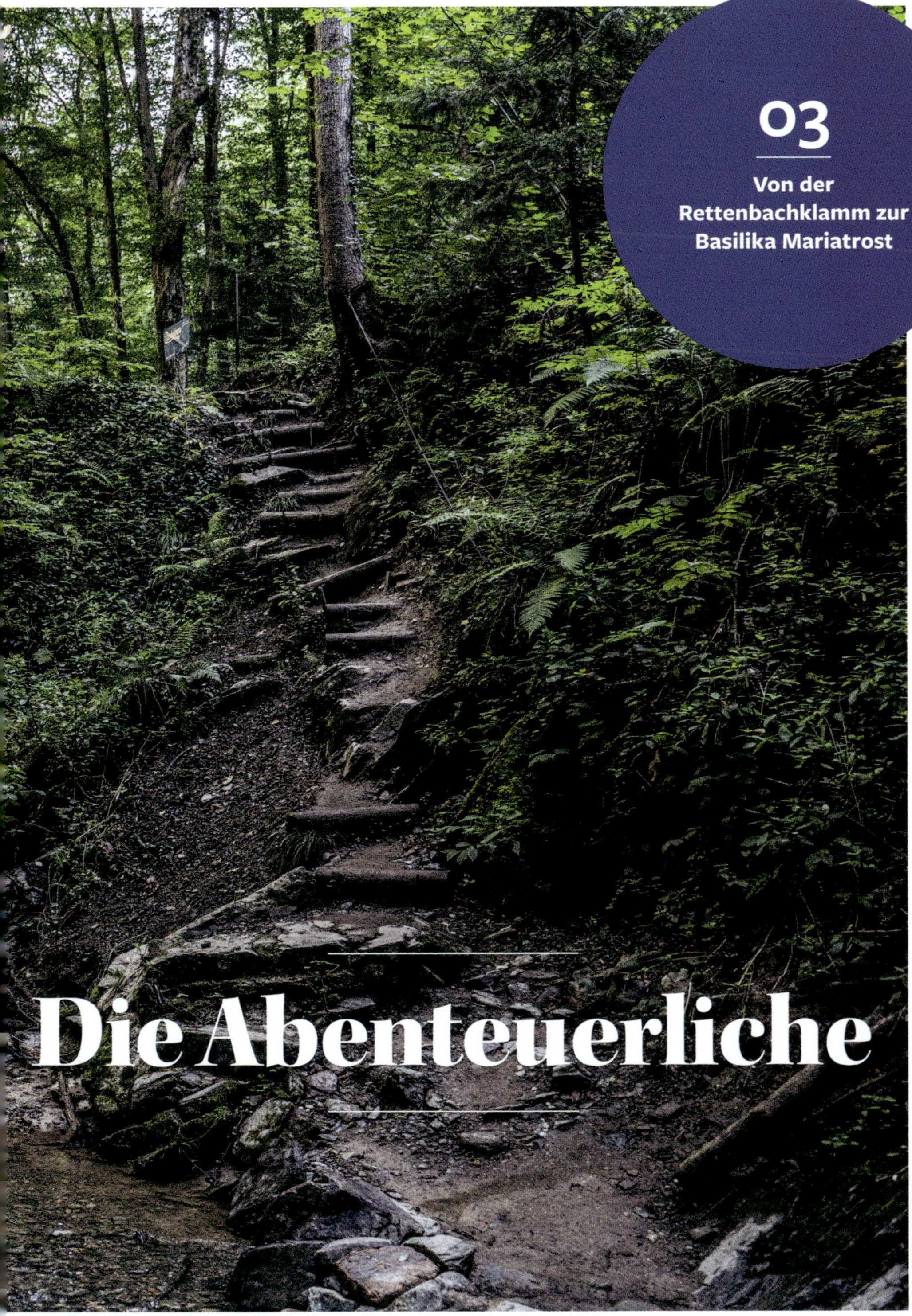

03

Von der Rettenbachklamm zur Basilika Mariatrost

Die Abenteuerliche

03

Eine Klamm in der Stadt. Ins Himmelreich und zurück. Eine Basilika auf dem Berg.

Charakter der Tour
Die ersten Höhenmeter werden einem Klammabenteuer völlig gerecht, auch später spürt man es in den Beinen – auf der Angelus-Stiege. Dazwischen: Zeit zum Durchschnaufen.

NATUR
STADT
FITNESS
KINDER
BUGGY
FAHRRAD
HUNDE

STARTPUNKT
Haltestelle Waldhof
Bim: Linie 1

Eine enge Schlucht im Stadtgebiet? Auch damit kann die Mur-Metropole aufwarten. Die **RETTENBACHKLAMM** (1), die einzige ihrer Art in Graz, ist unser heutiges faszinierendes Begehungsobjekt. Festes Schuhwerk versteht sich von selbst, denn freilich ist die Umgebung feucht. Öffentlich ist das Naherholungsziel gut zu erreichen – mit der Straßenbahnlinie 1, der romantischsten der Graz Linien, fährt man bis zur Station Waldhof. Von dort erreicht man in Nullkommanichts die Mariatroster Straße, quert diese und wählt den Steingrabenweg, über den der Einstieg in die Klamm erfolgt.

2010 hatte man sie aus Sicherheitsgründen gesperrt, die Sektion Graz des Alpenvereins übernahm die Sanierung, 2012 wurde schließlich die Wiedereröffnung gefeiert. Das Naturerlebnis ist als mittelschwerer Wanderweg ausgeschildert. Schon kurz nach dem Eingang wähnt man sich weit weg vom städtischen Verkehr. Die Natur verschafft sich auf wohltuende Weise Gehör, der Straßenlärm weicht dem gemächlichen Plätschern des Wassers, Vögel zwitschern. Der Rettenbach, der hier entspringt, schlängelt sich über 600 Meter durch das naturbelassene Mischwaldgebiet und fällt in mehreren Stufen 50 Meter in die Tiefe.

Von Menschenhand geschaffene Lärchen-Stiegen und kleine Brücken fügen sich harmonisch in die Landschaft und machen die Tour auch gehtechnisch abwechslungsreich. Zwischendurch quert man den Wasserlauf über Trittsteine, kleine Wasserfälle schaffen reizvolle Mikrouniversen. Hier wachsen Farne und Moose, Hainbuchen und Grauerlen. Die enge Schlucht

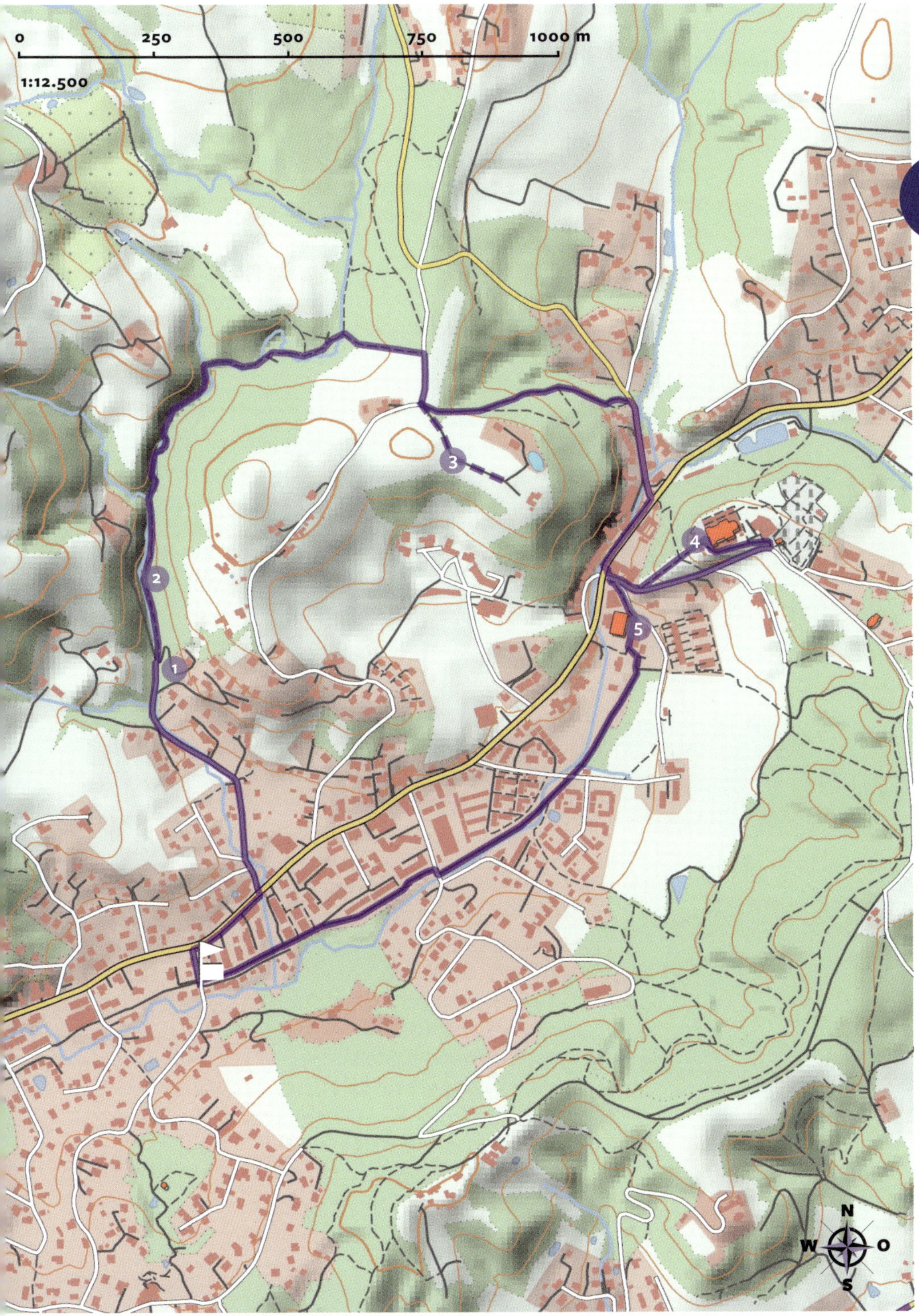
0
250
500
750
1000 m
1:12.500
1
2
3
4
5
N
W
O
S

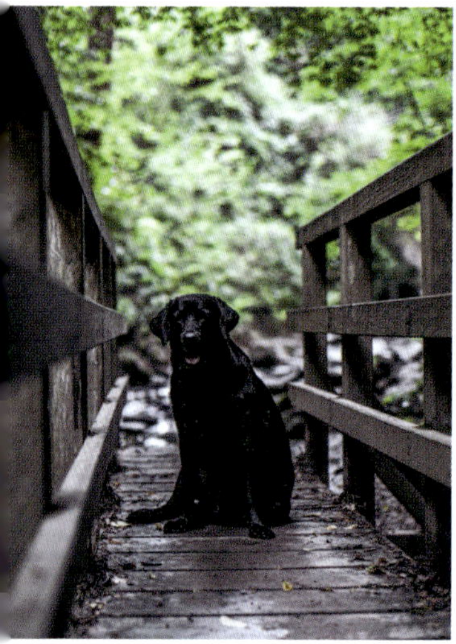

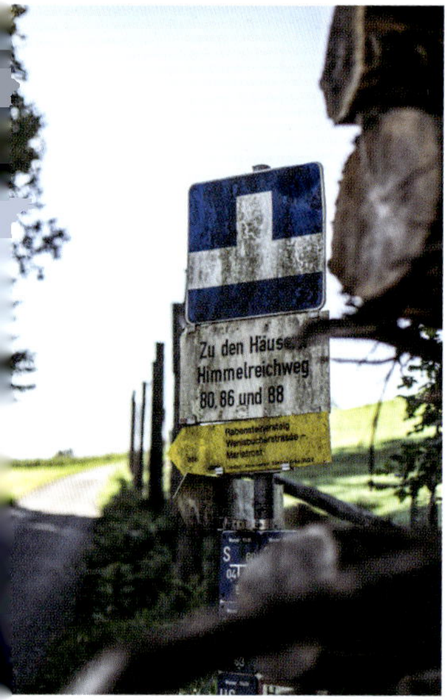

zeichnen neben schwarz geschieferten Gesteinen auch **DIABASE** ② aus. Mit einem Alter von rund 300 Millionen Jahren, ihrem vulkanischen Ursprung und ihrer grünen Farbe sind sie vor allem an den kleinen Wasserfällen Besonderheiten. Darüber hinaus beinhalten die Diabase braune Komponenten – Eisenerze, die in früheren Zeiten in der Rettenbachklamm abgebaut wurden, wie eine Schautafel informiert.

Bankerl laden auf dem Weg zum Verweilen ein. Es ist ein abgeschirmter Rückzugsort im urbanen Raum, ein Spielplatz im Grünen, den Familien mit Kindern genauso schätzen wie Hundebesitzer. Es ist aber auch ein Lebensraum für Mauswiesel, Feuersalamander, Krebse und zumindest sechs Fledermausarten. Die Sonne dringt ab und an durch das Geäst und zaubert wunderbare Licht- und Schattenstimmungen. Man steigt über einiges an Wurzelwerk und sucht sich den Weg einmal auf der linken, dann wieder auf der rechten Seite des Wassers. Hie und da ist die Aufgabe mit ein wenig Klettern verbunden. Falls es die Temperaturen geradezu herausfordern, kann man den Füßen hier angenehme Abkühlung verschaffen.

Die Klamm lässt sich relativ zügig in rund einer halben Stunde durchwandern, bachaufwärts verliert das Gelände zunehmend an Steigung, die Schlucht öffnet sich langsam zu einem flachen Waldbereich. Hier trennen sich die Wanderwege – nach links geht es der Nummer 85 entlang über die Platte zur Stephanienwarte. Unsere Wahl, der Weg 85b, führt uns dagegen über den Rabensteinersteig. Wir gelangen schließlich auf eine asphaltierte Straße mit reizendem Namen: **HIMMELREICHWEG** ③. Eine Option nach Lust und Laune: Ein kleiner Abstecher in die Sackgasse hinein führt uns an einem privaten Wildgehege vorbei. Von hier oben – die Hochfläche trägt nach einem alten Flurnamen die Bezeichnung Himmelreich – werfen wir einen ersten kurzen Blick auf die Basilika.

Danach kehren wir um und gehen zurück bis zu dem Schild, das uns den Weg nach Mariatrost verheißt.

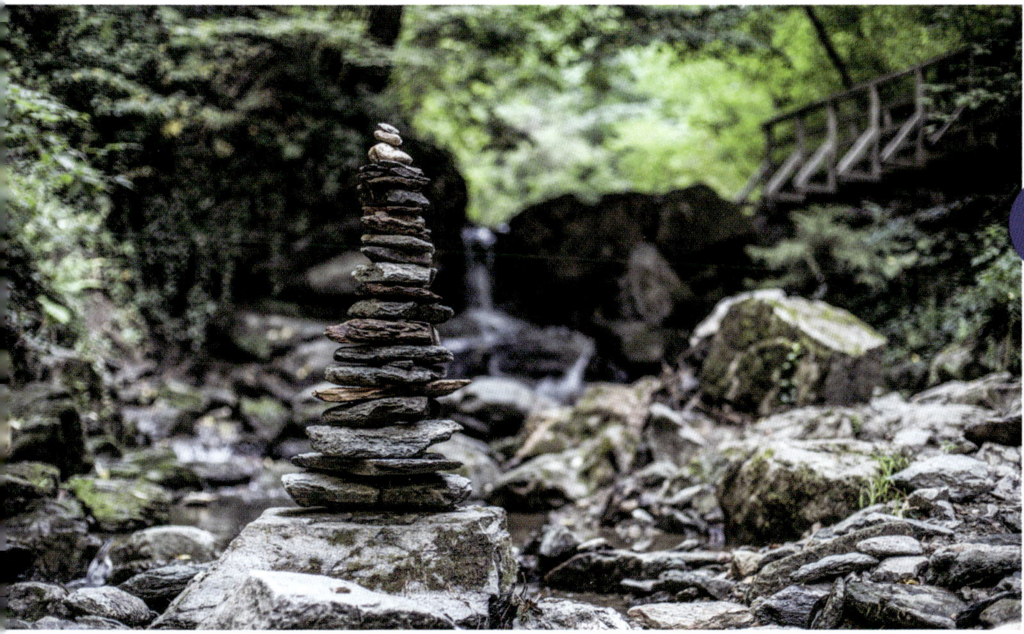

Für gehtechnische Abwechslung ist zwischen Klamm und Himmelreichweg gesorgt

Durch ein Waldstück geht es nun munter bergab. Nach nicht allzu langer Zeit landen wir schon in der Wenisbucher Straße. Der dicht bewaldete Purberg, hier am Nordostrand von Graz, baut sich bereits vor uns auf, darauf thront die **BASILIKA MARIATROST** **4** – eine der berühmtesten Wallfahrtsstätten in der Steiermark.

Am Fuße des Berges liegt nicht nur die Endstation der Straßenbahnlinie 1, sondern auch das Grazer Tramway Museum. Zuerst wollen wir aber in jedem Fall die 216 Stufen über die Angelus-Stiege hinauf zum Kirchplatz erklimmen. Oben empfängt die Pilger eine Inschrift über dem Portal: „Gehet in das Haus Eurer Mutter!" Das Herzstück des zweitürmigen Baus, dessen Grundsein 1714 gelegt wurde, bildet eine Marienstatue. Die Gnadenmutter verweilt auf einer Wolkenbank. Der graue Marmor des Altars wurde direkt am Purberg gebrochen.

Die Historie von Mariatrost als Wallfahrtsort soll ihren Ursprung im 17. Jahrhundert haben. Der einstige Schlossherr des Purbergschlössls, das auf diesem Platz stand, habe eine Marienstatue aus dem Zisterzienserkloster Rein in seine Kapelle gebracht. Seit seine schwer kranke Tochter sich mit der Bitte um Heilung

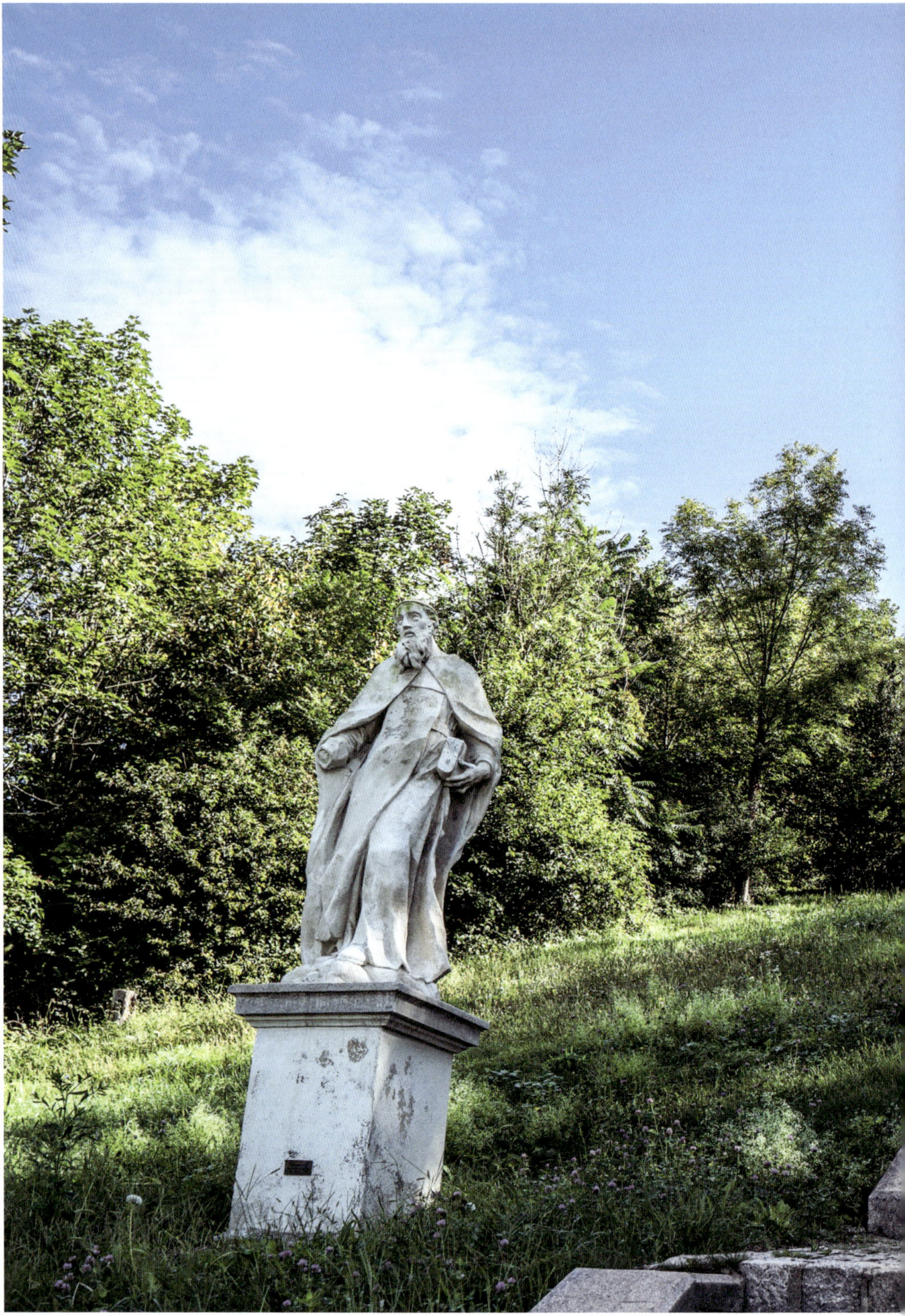

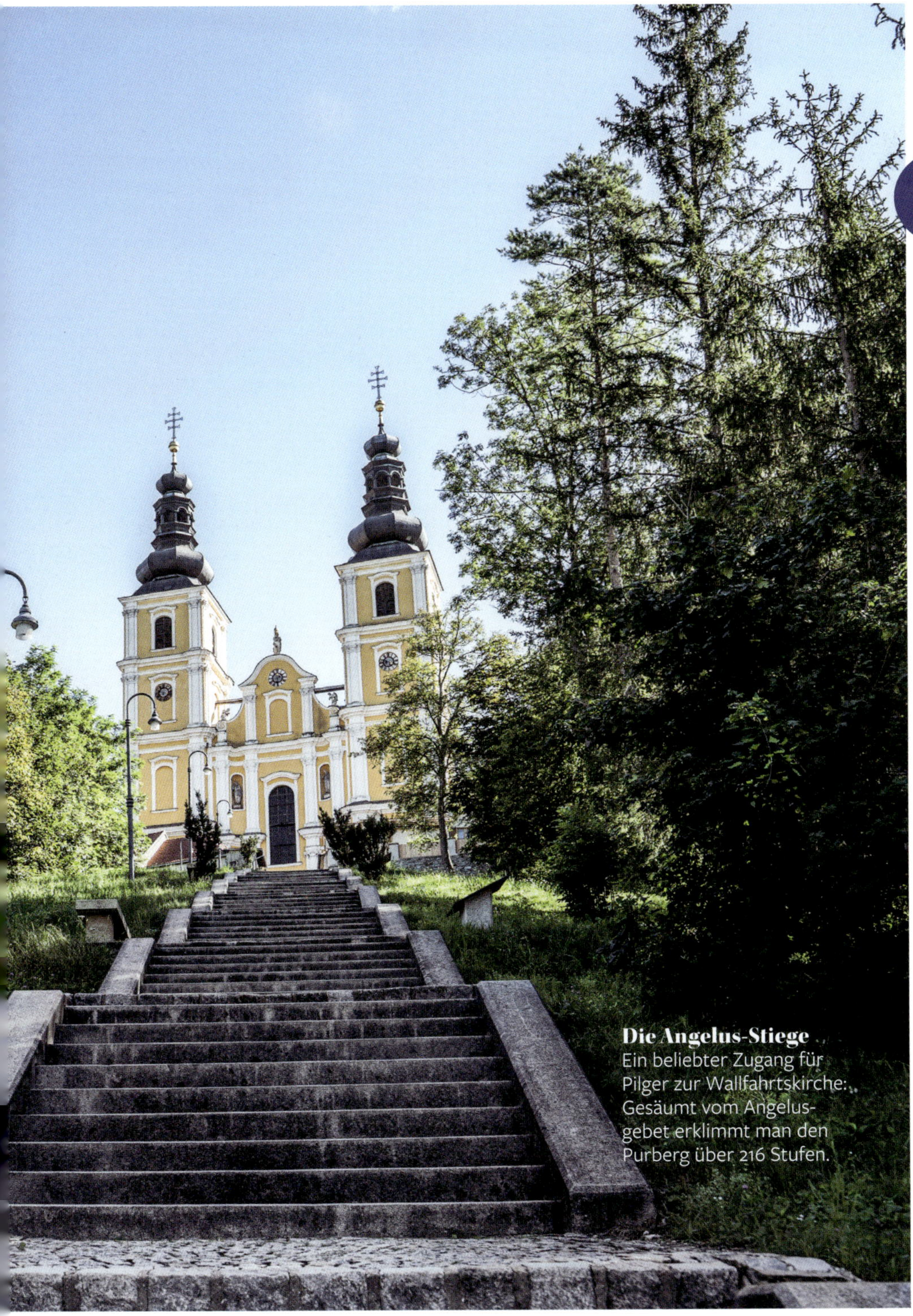

Die Angelus-Stiege
Ein beliebter Zugang für Pilger zur Wallfahrtskirche: Gesäumt vom Angelusgebet erklimmt man den Purberg über 216 Stufen.

an die Figur gewandt hatte und alsbald gesund wurde, so erzählt die Legende, finden Menschen bei Maria Trost. 1999 hat Papst Johannes Paul II. Mariatrost den Ehrentitel „Basilica minor" verliehen.

Wir verlassen den Purberg nun über die Hinterseite und gehen vorbei am lauschigen Gastgarten – wo eine Kirche ist, da findet sich freilich auch ein Kirchenwirt. Über die steil abfallende Kirchbergstraße kommen wir zum **TRAMWAY MUSEUM GRAZ** **5**. Abbildungen von anno dazumal rufen Grazer Straßenzüge längst vergangener Zeiten in Erinnerung. Zu den Exponaten des Museums gehört auch ein Pferdebahnwagen. Ab den 1860er-Jahren hatte es in Graz Bemühungen gegeben, eine Pferdetramway einzuführen. 1878 war es dann schließlich so weit. Die Linien waren anfangs mit Symbolen und Farben gekennzeichnet, erst 1911 wurden die Ziffern eingeführt.

Wir können nun entweder gleich an der Endstation in die Straßenbahn einsteigen oder in beschaulicher Umgebung ein Stück entlang der Gleise flanieren und die 10.000 Schritte komplett machen. Gewissermaßen im Vorbeigehen erfahren wir am Wegesrand mehr über die Hochwasserproblematik in Graz – am Mariatrosterbach sind im Falle von Überschwemmungen 150 Gebäude in Gefahr. Naturkräfte gilt es aber auch im positiven Sinne zu entdecken: Eine Schautafel inspiriert zu generationenübergreifenden Experimenten – etwa die Fließgeschwindigkeit mit Hilfe von Rindenschiffchen zu messen. Wir dürfen hier gerne die Zeit ein wenig vergessen ...

Auf dem bewaldeten Purberg thront erhaben die weithin sichtbare Wallfahrtskirche

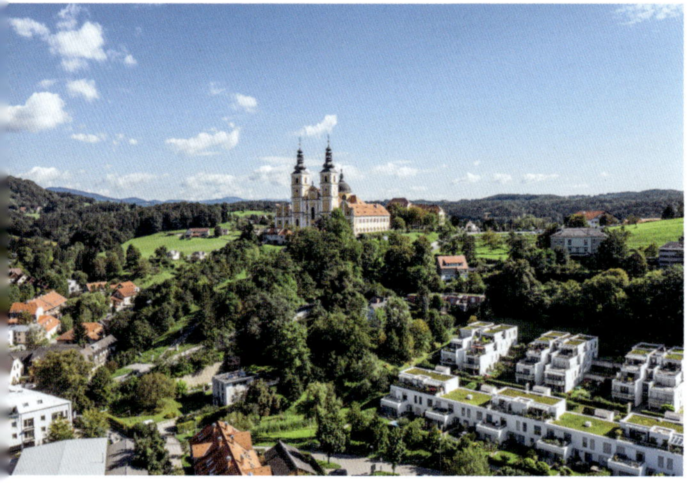

Top 5 auf dieser Route

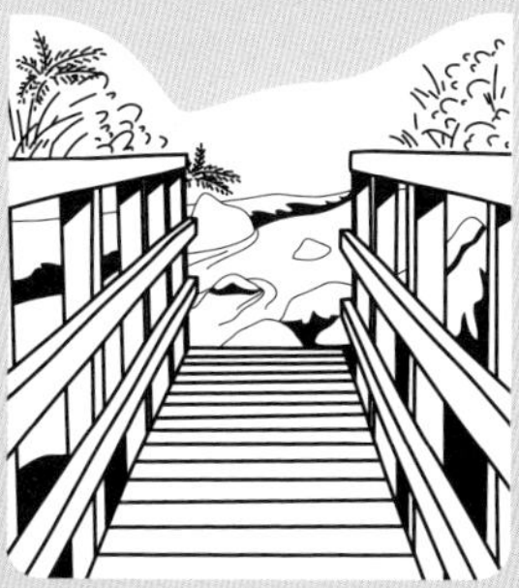

01.
Rettenbachklamm
Die naturbelassene Klamm durchwandert man in rund einer halben Stunde. Der alpine Wanderweg ist, außer bei starken Regenfällen und Hochwasser, für durchschnittlich trittsichere Personen gut begehbar.

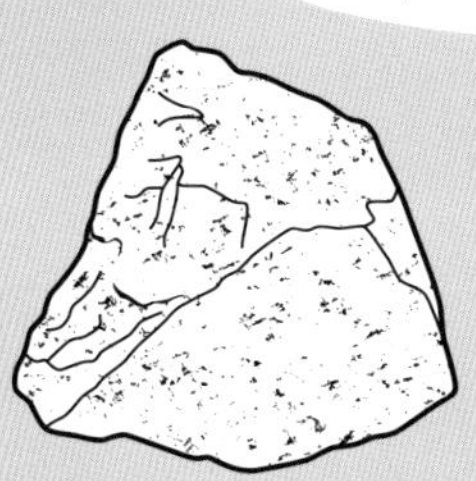

02.
Diabase
Rund 300 Millionen Jahre Geschichte im Blick: Diabase kommen in der Klamm vor allem an den kleinen Wasserfällen vor. Das Gestein hat vulkanischen Ursprung und ist grünlich gefärbt. Die braunen Komponenten sind Eisenerze.

03.
Himmelreichweg
Der Marsch in die Sackgasse am Kogelberg erlaubt einen ersten Blick auf die imposante Basilika Mariatrost. Man passiert ein privates Wildgehege, das zum Beobachten der Tiere einlädt.

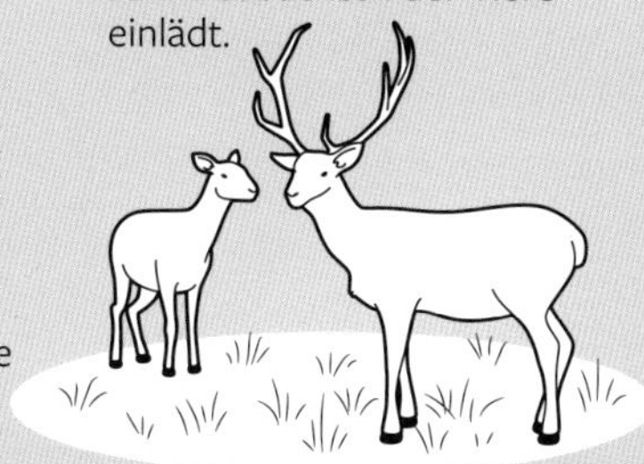

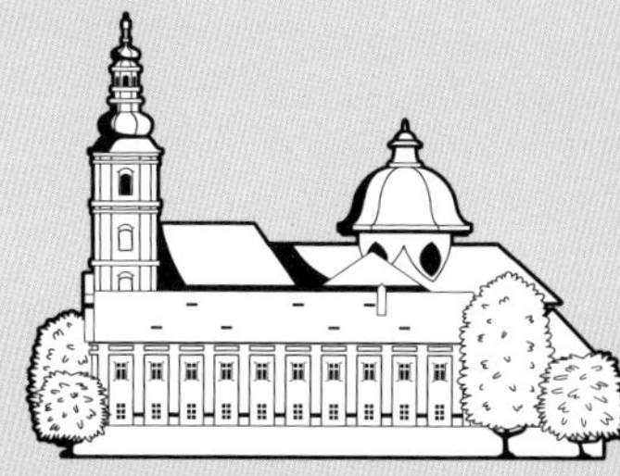

04.
Basilika Mariatrost
Der Grundstein der Kirche im Stil des Kaiserbarocks geht auf das Jahr 1714 zurück. 1999 hat sie Papst Johannes Paul II. zur „Basilica minor“ erhoben. Mit Mariazell, Stift Rein, der Abtei Seckau und der Kirche am Weizberg gibt es fünf Basiliken in der Steiermark.

05.
Tramway Museum Graz
Am 16. Jänner 1971 endete die Ära der Ringlinie 2. Seit damals besteht das Tramway Museum Graz. Gegründet wurde es vom Urenkel des Erbauers der Kleinbahn Graz-Mariatrost, der ersten elektrischen Straßenbahn in Graz.

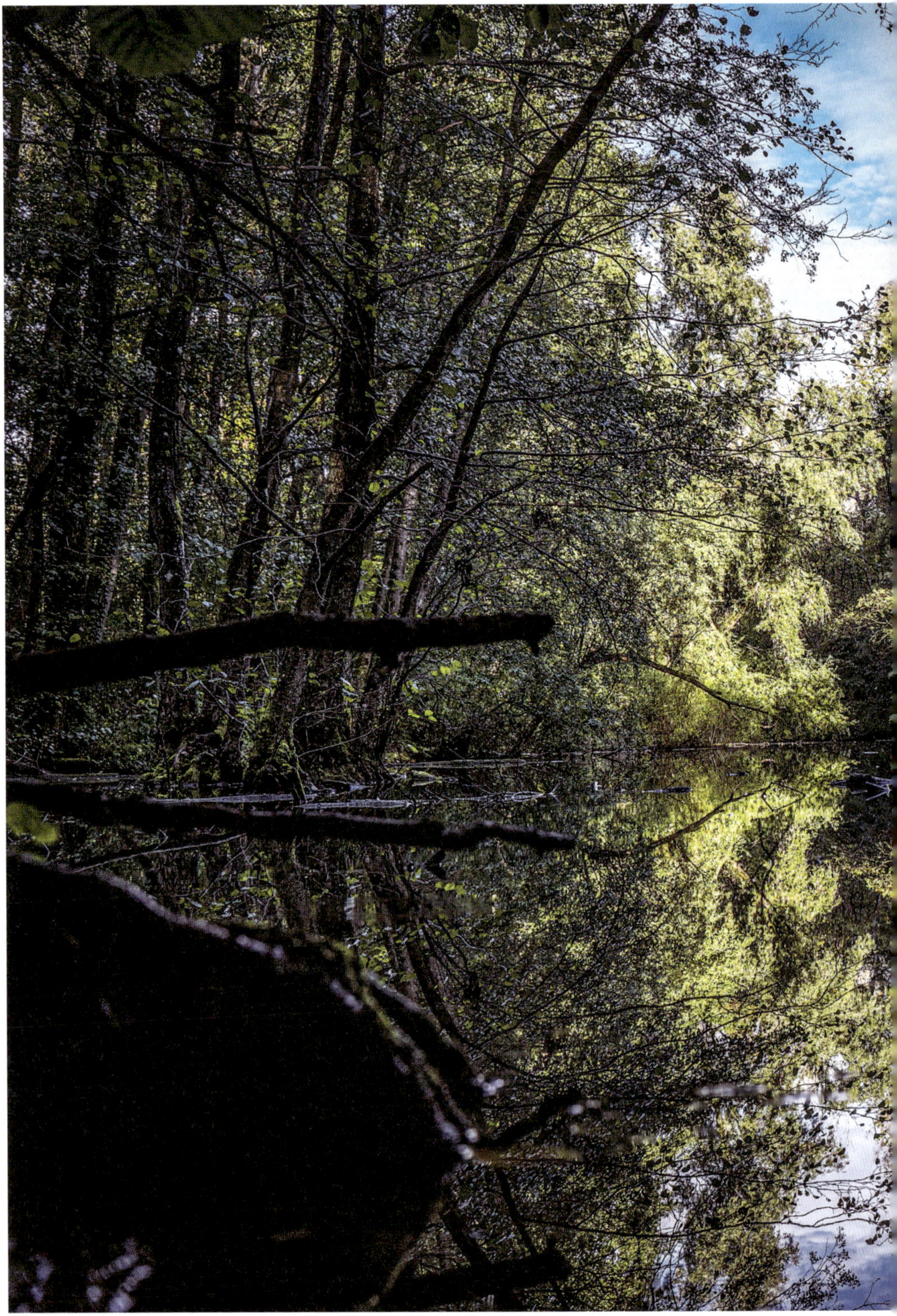

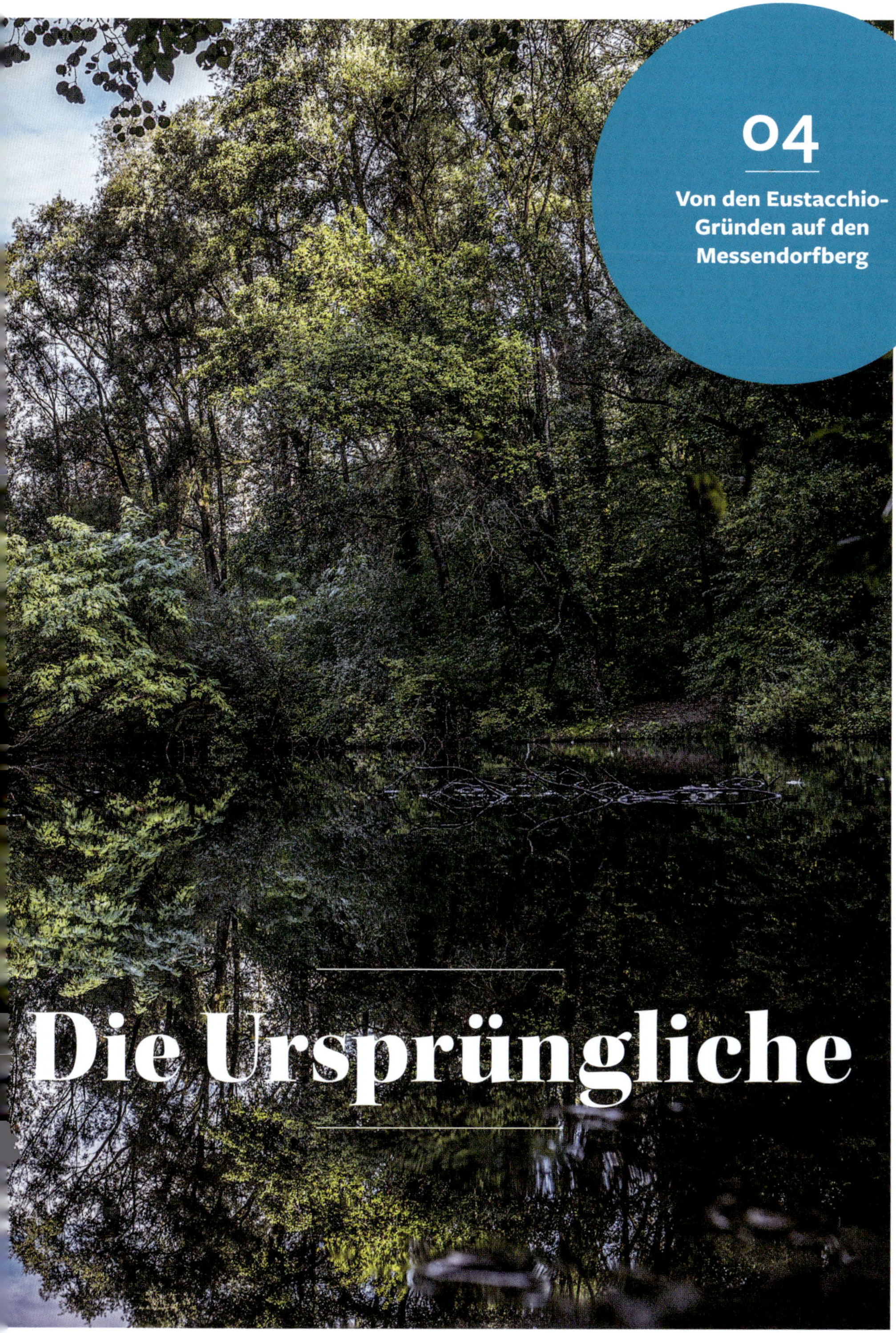

04

Von den Eustacchio-Gründen auf den Messendorfberg

Die Ursprüngliche

04

Natur aus zweiter Hand. Mammutbäume im Grazer Urwald. Giovanni als Wächter.

Charakter der Tour
Die Tour verbindet zwei üppig grüne, reizvolle Naherholungsoasen. Dafür startet man relativ gemächlich, marschiert später zügig bergwärts – und am Ende mühelos bergab.

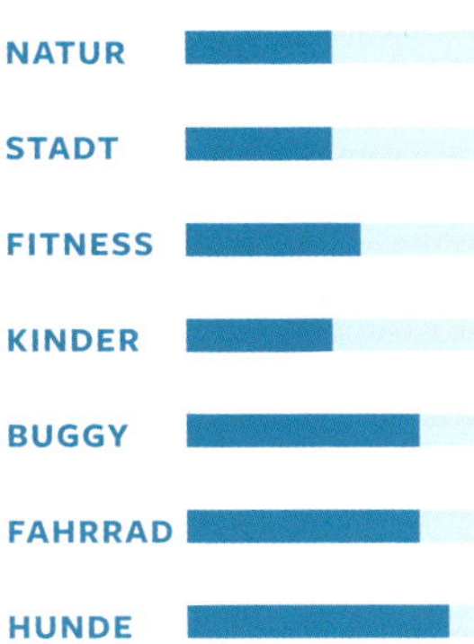

STARTPUNKT
Haltestelle Breitenweg
Bim: Linie 6

Das kleine grüne Paradies beginnt direkt an der Haltestelle Breitenweg der Straßenbahnlinie 6. Wir gehen quer über den **BEZIRKSSPORTPLATZ** (1), auf dem man Skatern, Hobbyfußballern, Beachvolleyballern und Street-Workout-Affinen zusehen kann, wie sie sich bei ihren Leidenschaften verausgaben. Mit Graffitis versehene ziegelrote Mauerüberreste mit schönen Torbögen weisen dekorativ darauf hin, was hier vor Jahrzehnten stand: ein Ziegelwerk. Gegründet wurde es von der italienischen Familie Eustacchio, die während der Habsburgerzeit aus dem Friaul in die Steiermark übersiedelt war. Auf einer Fläche von insgesamt 70 Hektar fanden drei Ziegeleien Platz. Der letzte Betrieb wurde in den 1960er-Jahren stillgelegt. Stattdessen errichtete man auf dem Areal unter anderem den ersten Großwohnkomplex Österreichs: Die Werkgruppe Graz erdachte in den 1970ern die Terrassenhaussiedlung Graz St. Peter. In rund 520 Wohneinheiten leben heute mehr als 1.000 Menschen, in Spitzenzeiten waren es fast doppelt so viele. Die Industrielandschaft wurde damit zum reinen Wohngebiet umstrukturiert.

Um den Grünraum zu sichern, gab es ein finanzielles Tauziehen zwischen der Unternehmerfamilie und der Stadt Graz. Schlussendlich konnte ein Gebiet von 5,7 Hektar Fläche als Naturschutz- und Naherholungsgebiet bewahrt werden. Den gut überschaubaren Park

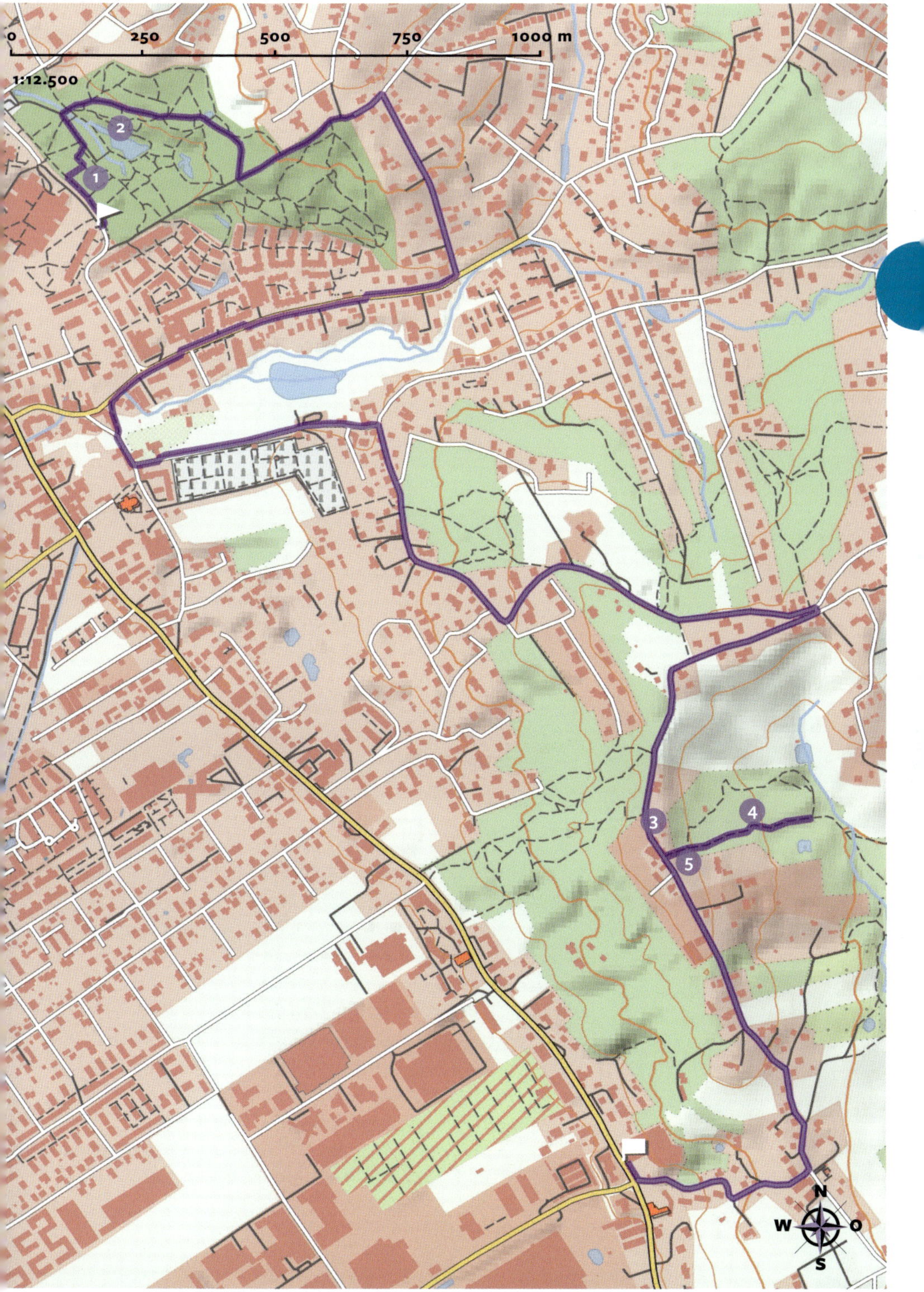
0
250
500
750
1000 m
1:12.500
1
2
3
4
5
N
W
O
S

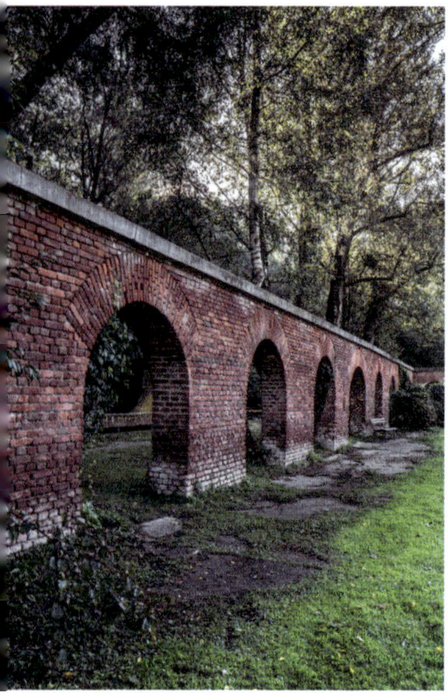

Zeugnis vergangener Tage: Mauerüberreste der einstigen Ziegelfabrik

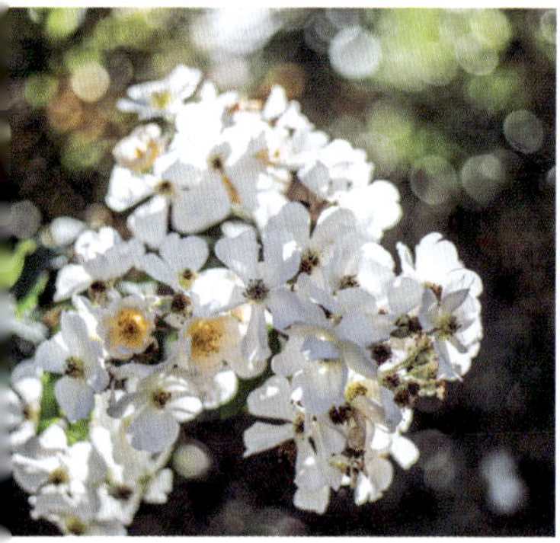

Der Achte
In St. Peter, früher Zentrum eines landwirtschaftlich geprägten Gebietes, hatte die Ziegelherstellung Tradition. Anfang der 1930er-Jahre gab es Pläne, den Flughafen hier anzusiedeln. Es scheiterte am Geld.

dürfen wir ruhig auf eigene Faust entlang kleinerer und größerer Wege entdecken. Erstes Etappenziel: die ehemaligen **ZIEGELTEICHE** **2**. Sie sind einst im Zuge des Lehmabbaus für die Ziegelindustrie entstanden und stellen heute ökologisch wertvolle Feuchtbiotope dar – kleine, fast verwunschene Naturjuwele. Nehmen wir uns ruhig Zeit, genauer hinzusehen: Hier wachsen das Ährige Tausendblatt, das Kleine Laichkraut, der Breitblättrige Rohrkolben und die Wasser-Schwertlilie. Ganz zuhause fühlen sich zudem Ringelnattern, Gelbbauchunken und die seltene Sumpfgrille.

Wir gehen quer durch die urbane Grünzone und wählen den asphaltierten Rad- und Fußweg am Rande des Parks, der an einem Bambushain vorbei den Hang hinauf führt. Nun folgen wir dem Straßenverlauf des Unteren Breitenwegs bis zur Weggabelung und halten uns rechts. Dem Auf folgt ein Ab. Der Untere Breitenweg geht nahtlos in die Peterstalstraße über, wir halten uns abermals rechts. Die Straße entlang lässt sich im Vorbeigehen das architektonische Sammelsurium der Einfamilienhauskultur verschiedener Jahrzehnte unter die Lupe nehmen. Rechter Hand kommen wir an der dörflich strukturierten Wienerberger Siedlung vorbei, weiter vorne erreichen wir über eine schmale Querverbindung die weiter stadtauswärts liegende Petersbergenstraße.

Von hier aus wollen wir den Messendorfberg erklimmen, rund 3.000 Schritte haben wir bislang absolviert. Vorbei am Ortsfriedhof St. Peter geht es jetzt in länger gezogenen Kurven den Berg hinauf, vorbei an Wald und Wiesen, an Villen und Warnschildern vor Wachhunden und Videoüberwachung. Der Blick auf den Schöckl tut sich auf. Bei der Haltestelle Messendorfberg biegen wir scharf nach rechts ab, kommen linker Hand an einer Kuhweide vorbei und genießen auf der anderen Straßenseite bald einen wunderbaren Ausblick auf Graz.

Ein Stück weiter vorne treffen wir auf ein Naturdenkmal, einen **MAMMUTBAUM** **3**. Er stammt

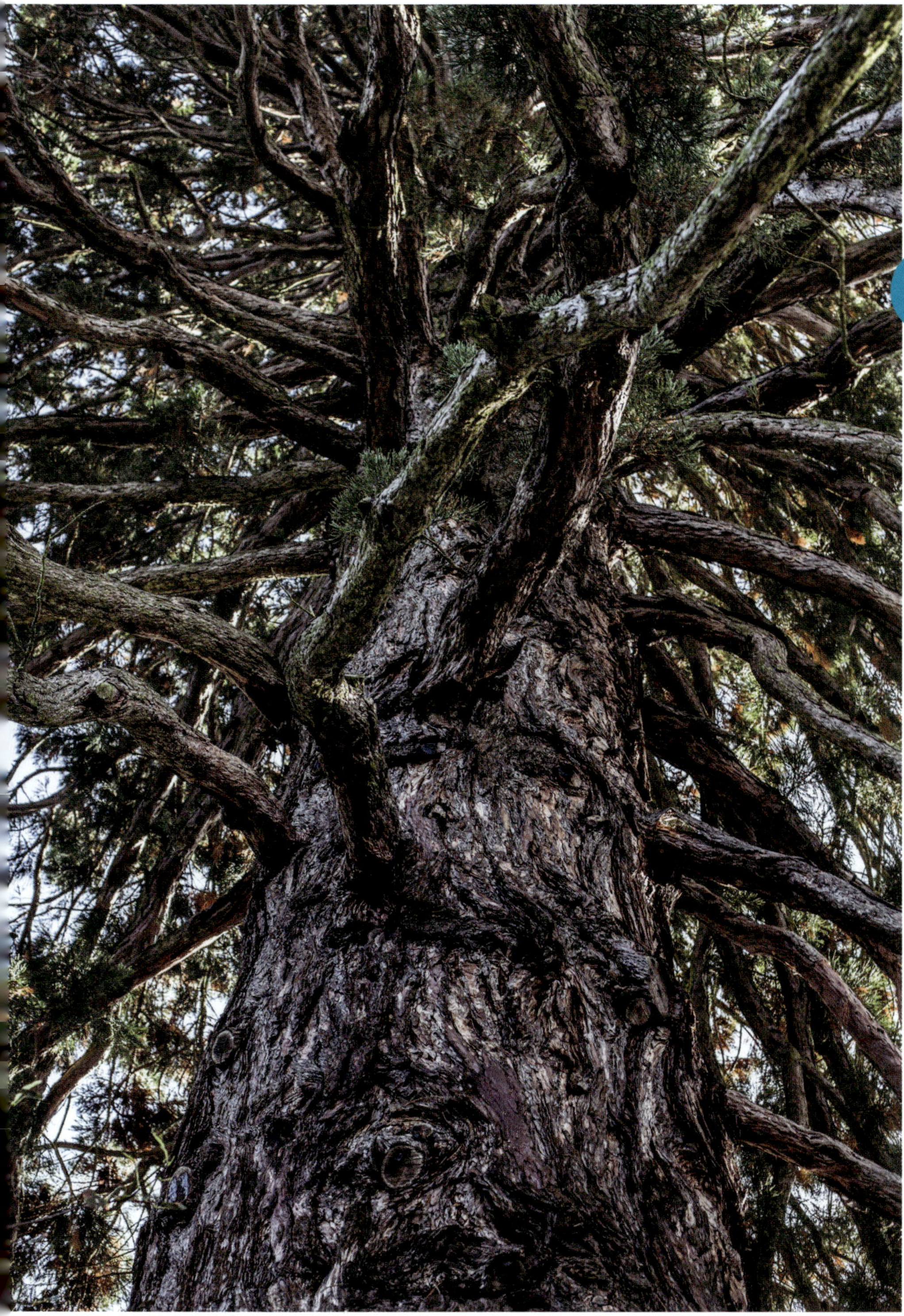

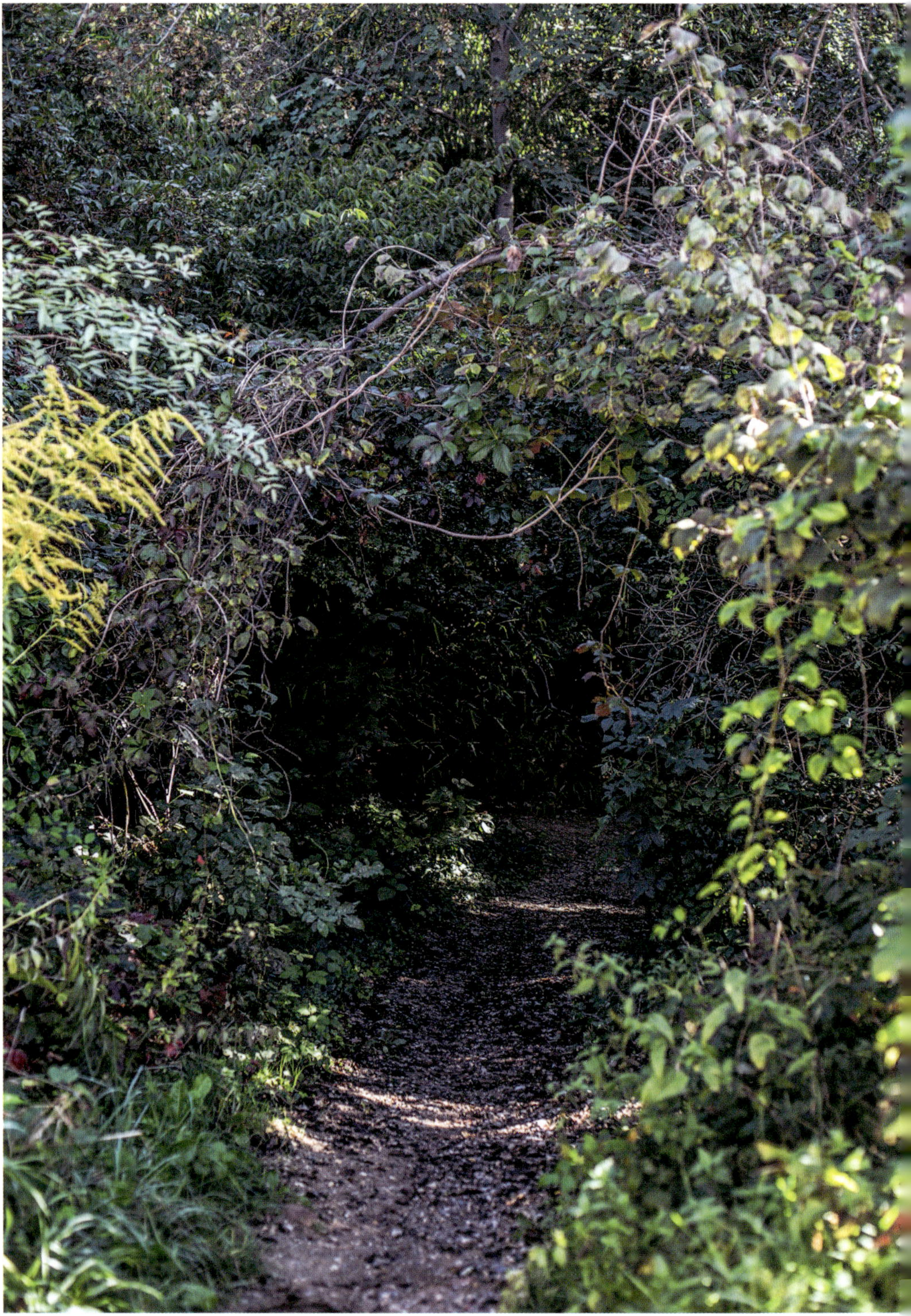

ursprünglich aus der Sierra Nevada und hat eine Höhe von 27 Metern erreicht. In der nordamerikanischen Heimat werden die größten Exemplare bis zu 100 Meter hoch und erreichen ein Alter von ungefähr 3.000 Jahren. Das Grazer Original wurde im Jahr 1904 gepflanzt, wie man einem Schild am Zaun entnehmen kann. Zum Schutz des Wurzelbereichs wurden eigene Vorkehrungen getroffen.

Nur wenige Schritte weiter vorne, konkret an Hausnummer 61, können wir in den **GRAZER URWALD** **4** eintauchen. Auch hier bewacht ein Mammutbaum gewissermaßen den Eingang. Probeweise können wir testen, wie viele Vervielfältigungen unserer selbst es brauchen würde, um den Baum umarmen zu können. Es sind ganz schön viele! Mehr als 8 Meter beträgt sein Umfang nämlich. Seit 1993 besteht diese Öko-Insel im Privateigentum der Naturschutzjugend Steiermark. Die Historie des Areals entbehrt nicht einer gewissen Kuriosität: Der rund 3 Hektar große Grund ist eine ehemalige kaiserlich und königliche Baumschule, die allerdings noch zu Kaisers Zeiten wieder aufgelassen wurde. Heute finden sich hier mehr als 30 teils heimische, teils exotische Baumarten von der Berg-Ulme bis zum japanischen Ahorn. Höchst an der Zeit, das Gelände nach Belieben zu entdecken und verschiedene Baumgattungen zu studieren, viele Bäume sind mit entsprechenden Schildchen markiert. Nach diesem kleinen Waldabenteuer kehren wir auf die Straße des Messendorfbergs zurück.

Unweit des Urwalds befindet sich **GIOVANNIS-GARDEN** **5**, ein Gärtnereibetrieb der besonderen Art. Der über 2 Hektar große botanische Schaugarten ist zugleich eine Lebensaufgabe für mehrere Generationen der Familie Kotzmuth. Er wurde auf einer vormals grünen Wiese mit ein paar alten Zwetschkenbäumen ab 1995 von den Zwillingsschwestern Eva Kotzmuth und Sonja Grinschgl geschaffen. Zwischen 2015 und 2019 lag er für die Öffentlichkeit im Dornröschenschlaf, bis Schwiegertochter Katharina Tripold-Kotzmuth und

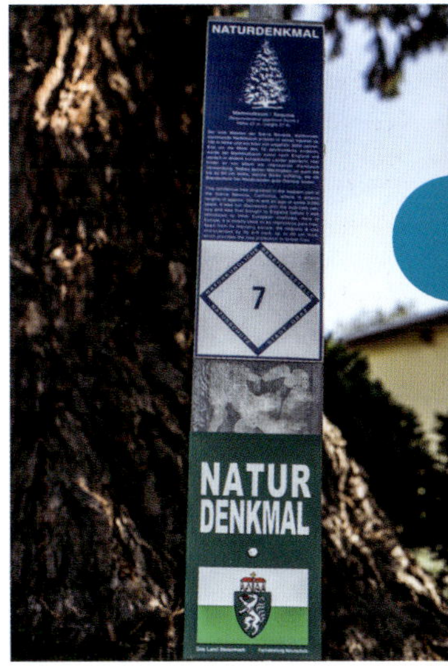

Hölzerner Riese am Wegesrand: markiertes Naturdenkmal mit besonderem Wurzelschutz

Öko-Insel für Groß und Klein

Naturpädagogik für Kinder wird auf dem rund 3 Hektar großen önj-Privatareal groß geschrieben. Spaziergänger und Familien sind willkommen, den Grazer Urwald zu besuchen.

Sohn Robert Kotzmuth ihn zu neuem Leben erweckten und nun etwa auch Waldbaden-Führungen und Kräuterwanderungen, Rosenspaziergänge und Hundstage anbieten. Spontan kann man Pfauenthron und Baumkreis, Rosensammlung und „Free Hug Station" aber nicht besuchen, dafür ist eine Terminvereinbarung erforderlich. Namensgeber des Gartens ist übrigens eine Skulptur namens „Giovanni", welche die Gründerinnen von Künstler Rudolf Slamar Ende der 1990er-Jahre geschenkt bekamen.

Vorbei am Reitstall Pikl biegen wir schließlich rechts in den Moosbrunnweg ab und machen erst wieder unten an der St. Peter Hauptstraße Halt, wo der Bus auf Fahrgäste wartet.

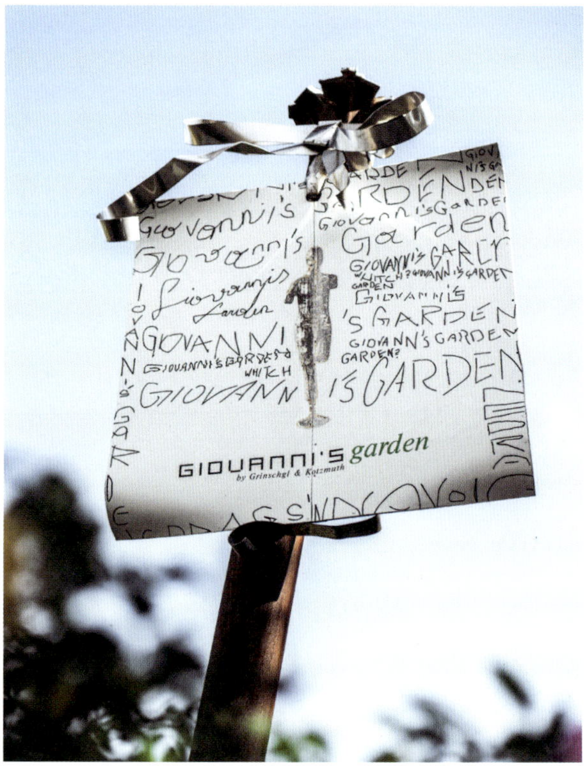

Der Garten von Giovanni. Ein Schild verheißt: „You're now entering a stressfree zone."

Tipps

Gehen, aber richtig

Wie viel Bewegung braucht unser Bewegungsapparat?
Wichtig ist Regelmäßigkeit. Dauer und Intensität sind je nach Trainingsniveau individuell. Bewegung unterstützt die Erhaltung des Muskelkorsetts, das Bewegungsapparat, Wirbelsäule und Extremitätengelenke stützt und entlastet. Auch der Gelenksknorpel gehört belastet, sonst wird er weich und degeneriert.

Welche Art von Training ist wirkungsvoll?
Bewegung trainiert die Koordination und ist besonders im Alter wesentlich. Vor allem Gehen auf unebenem Gelände wie Wiese, Sand und Waldboden ist wichtig. Heute gehen wir hauptsächlich auf glatten, harten Böden. Die Fußmuskulatur wird so einseitig belastet und braucht kaum auszugleichen. Wir verlieren damit zunehmend auch die Koordination. Wird die Fußmuskulatur ausgewogen trainiert, reduziert dies Beschwerden und Erkrankungen.

Wie geht man richtig?
Man setzt die Ferse bei gestrecktem Kniegelenk auf den Untergrund auf und rollt über den äußeren Fußrand und den Zehenballen – vor allem des ersten und fünften Strahles – ab. Mit dem Vorfuß drückt man sich in erster Linie über die große Zehe wieder vom Untergrund ab. Zur Unterstützung der Arm- und Rumpfmuskulatur und des aufrechten Ganges kann man beim Gehen Walkingstöcke verwenden.

Was verursachen falsche Bewegungsmuster?
Ist die Abrollbewegung gestört, führt das zu einer Ausweichbewegung. Es kommt zu einer Fehlbelastung des Fußes, in weiterer Folge des Sprung- und Kniegelenkes, der Hüfte und letztlich der Wirbelsäule bis hinauf in die Halswirbelsäule und das Kopfgelenk. Dort werden die Fehlbewegungen ausgeglichen, um den Kopf stabil zu halten. Der Gang beeinflusst unser gesamtes Bewegungssystem.

ARNULF PASCHER,
Facharzt für Orthopädie und Orthopädische Chirurgie
Sportarzt, Manualmediziner

Top 5 auf dieser Route

01.
Bezirkssportplatz
Rodelhügel, Volleyballfeld, Tischtennistisch, Pumptrack, Joggingstrecke, Basketball- und Skateranlage, Beachvolleyballplatz, Streetworkout-Parcours und zwei Fußballplätze sind auf 30.000 Quadratmetern versammelt.

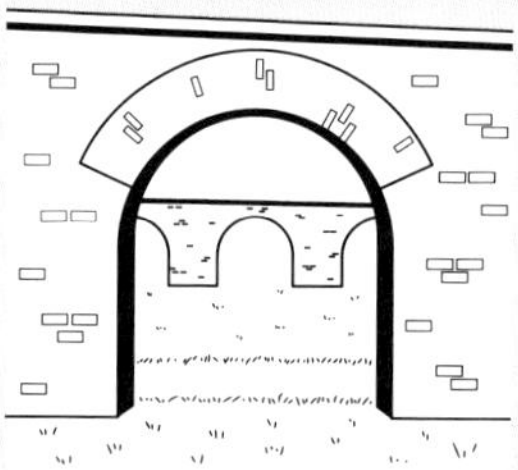

02.
Ziegelteiche
Die Feuchtbiotope auf den Eustacchio-Gründen sind gewissermaßen „Natur aus zweiter Hand“, denn sie haben ihren Ursprung im Lehmabbau für die Ziegelindustrie. Heute kann man eine artenreiche Flora und Fauna bestaunen.

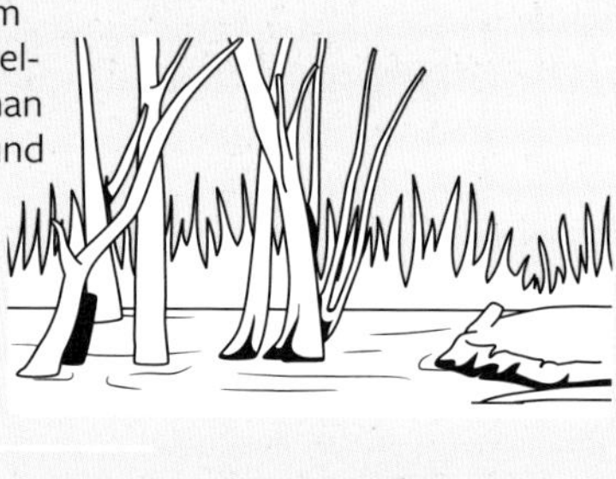

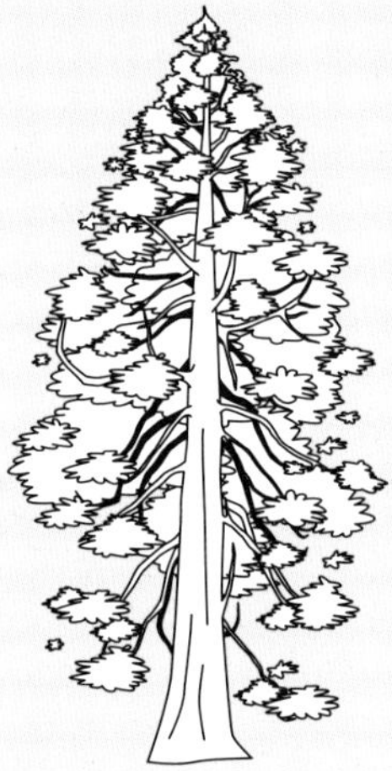

03.
Mammutbaum
Die Mammutbäume Nordamerikas sind die ältesten und höchsten Bäume der Welt. Sie nehmen es in ihrer Heimat in ihren Ausmaßen mit 25-stöckigen Hochhäusern auf. Das Exemplar am Messendorfberg ist immerhin stattliche 27 Meter hoch.

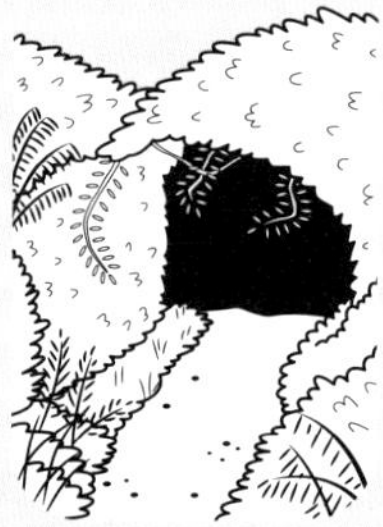

04.
Grazer Urwald
Einige Exoten und fast alle heimischen Gehölze gibt es im „Grazer Urwald“ zu entdecken. Die mehr als 30 Baumarten entstammen einer kaiserlich-königlichen Ära, denn die k.u.k. Baumschule war auf dem Areal beheimatet.

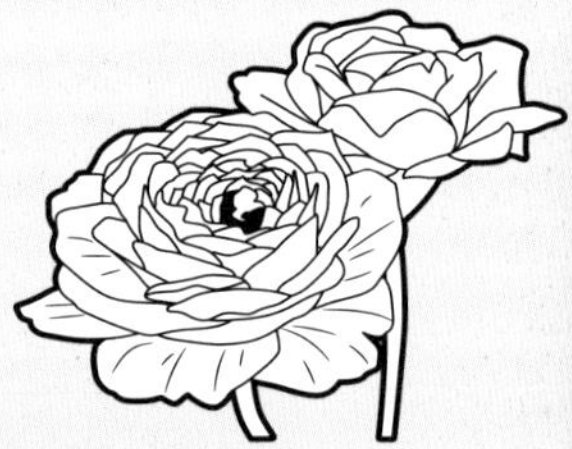

05.
GiovannisGarden
Von Raritäten aus aller Welt bis zur Rosensammlung – der landwirtschaftliche Betrieb gibt auf mehr als 2 Hektar einen breiten botanischen Einblick. Jeden ersten Freitag im Monat ist er von 11 bis 18 Uhr geöffnet, sonst gegen Voranmeldung.

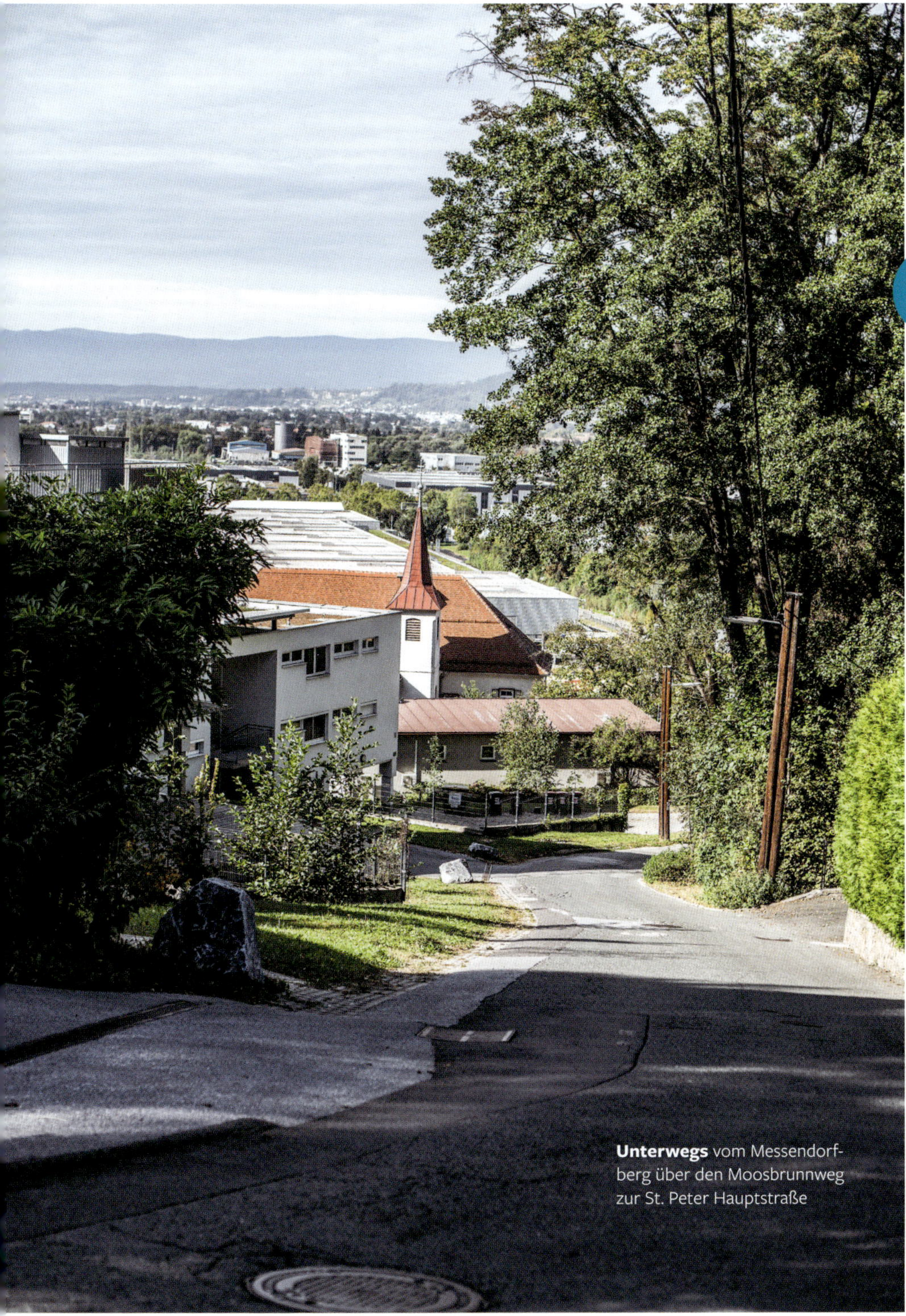

Unterwegs vom Messendorfberg über den Moosbrunnweg zur St. Peter Hauptstraße

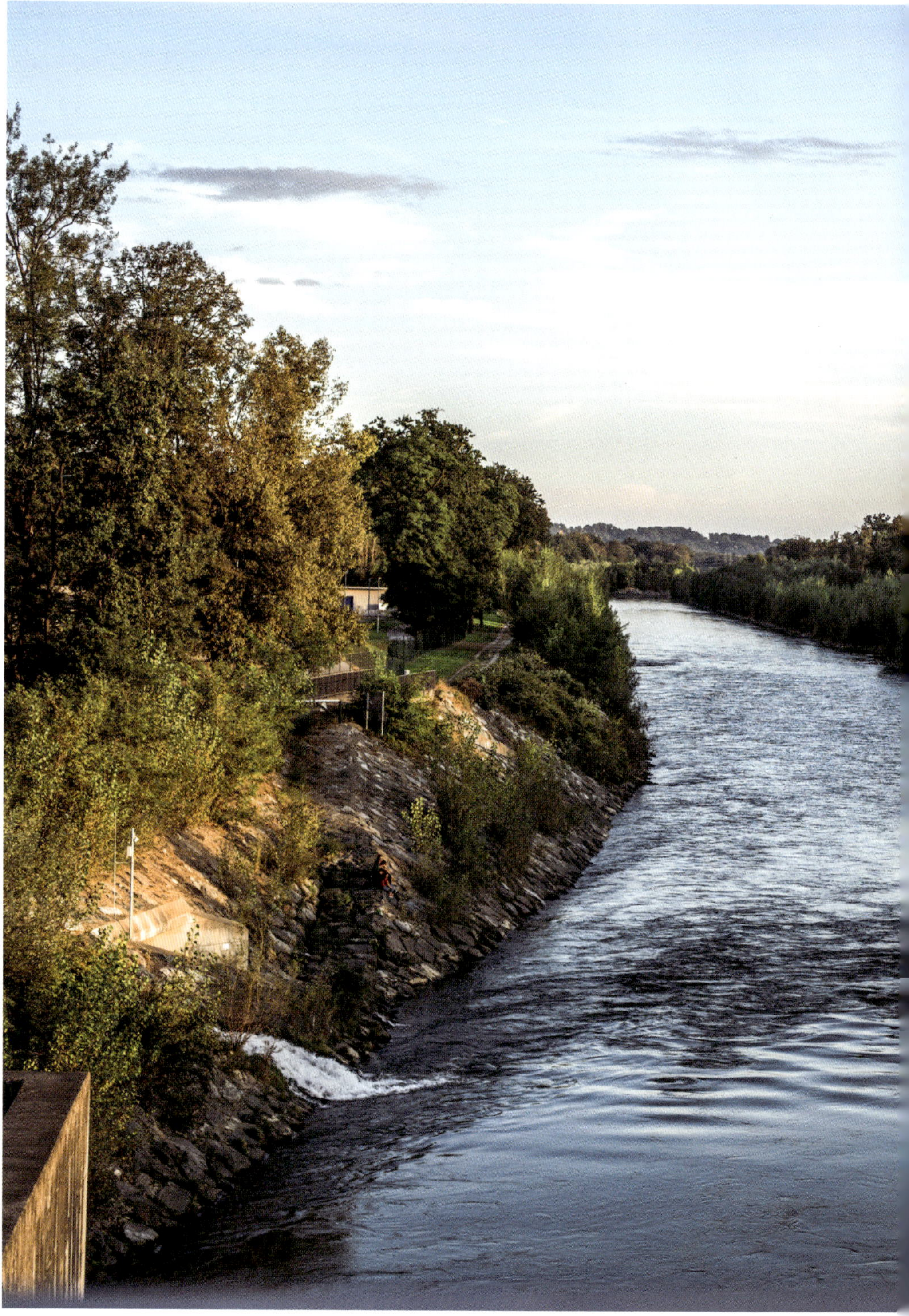

05

Von den Murauen zum Flughafen

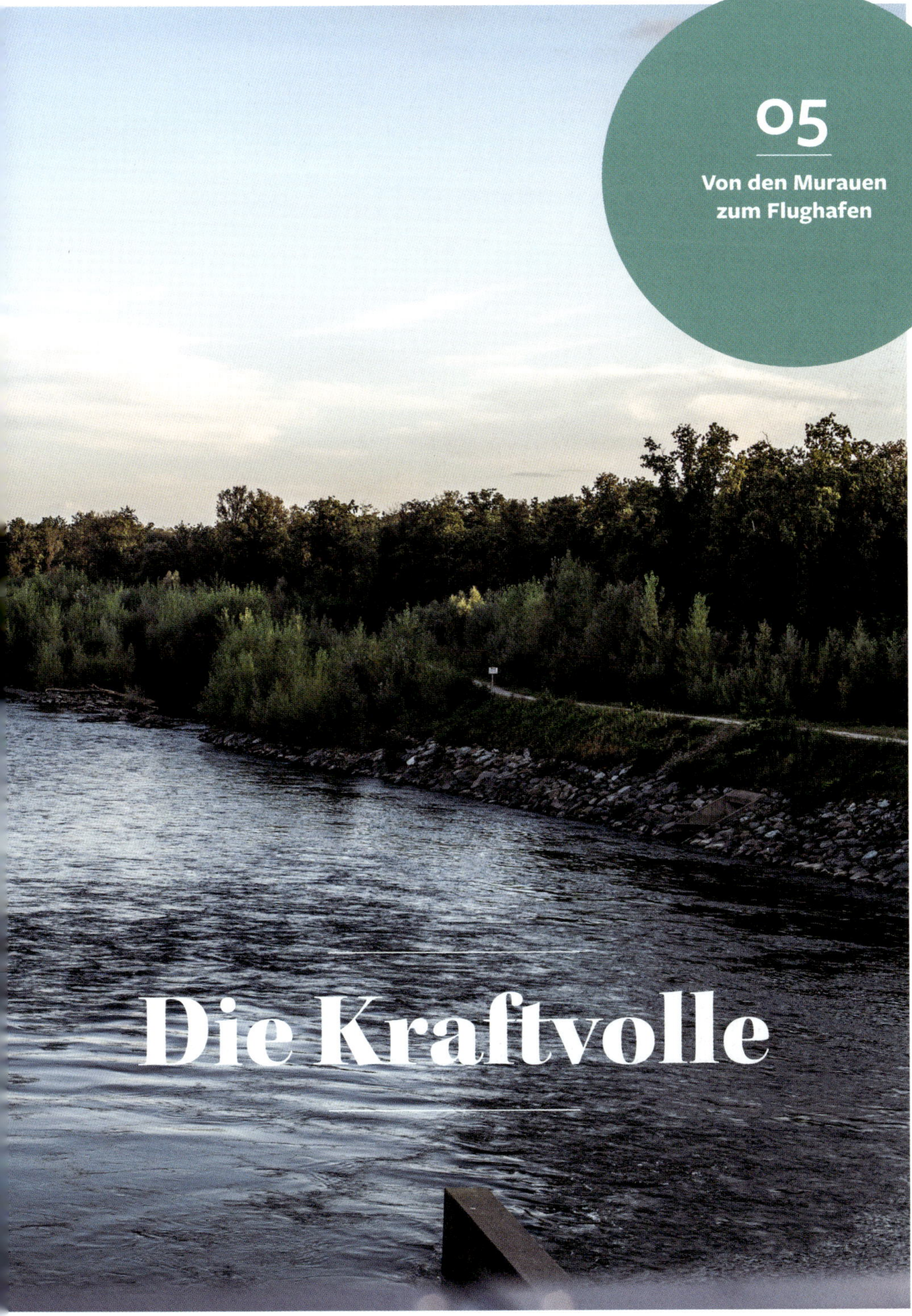

Die Kraftvolle

05

Das Feuer am Wasser. Die Macht des Flusses. Der Komfort der Ebene.

Charakter der Tour
Eben und damit mühelos geht es den großen Teil des Weges der Mur entlang. Ob als Spaziergänger oder Läufer, mit dem Rad oder dem Buggy – alle kommen auf ihre Kosten.

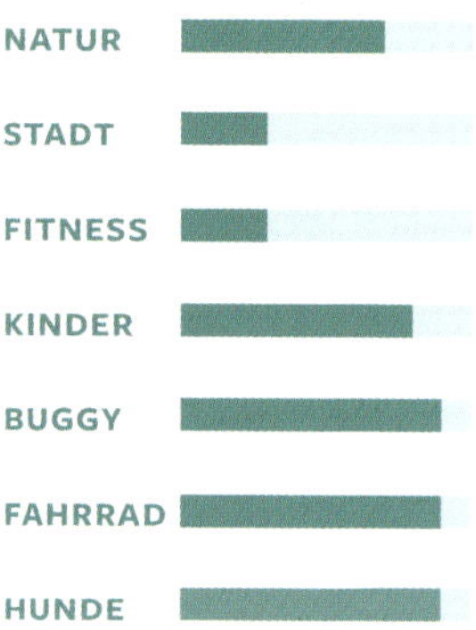

STARTPUNKT
Haltestelle Nordweg
Bus: Linie 74

Die Bushaltestelle Nordweg in Graz-Thondorf weist uns inhaltlich bereits die Richtung: Es geht aus der Stadt hinaus ins Grüne. Genauer genommen an die Mur, die sich der Mensch hier zunutze gemacht hat. Seit 1981 ist das Areal beidseits des Flusses Landschaftsschutzgebiet, im Zuge des Kraftwerksbaus wurde ein Altarm reaktiviert und das **NATURERLEBNIS MURAUEN** (1) geschaffen. Die Straße, die uns näher ans Wasser bringt, ist keine Attraktion an sich, aber sie führt uns am Golfplatz vorbei direkt zu den Auwiesen. Übrigens: Selbige sind auch gut über den Murradweg R2 zu erreichen, der Hauptplatz ist rund eine halbe Strampelstunde entfernt.

Vorne am Wasser laden eine Liegewiese und Grillplätze zum Verweilen ein, der Gastro-Stand stillt den unkomplizierten Hunger, die Paddlerei vermietet Stand-Up-Paddle-Boards und Kajaks, eine Hundewiese und sanitäre Anlagen komplettieren die Möglichkeiten vor Ort. Wir sehen dem Treiben ein wenig zu – vorausgesetzt die Wetterbedingungen sind entsprechend –, flanieren allerdings bald weiter südwärts. Die Auwiesen waren ursprünglich Teil des Auwaldbereichs der Mur, die sich ihren Weg anno dazumal in Flussschlingen durch das Grazer Feld bahnte und gegen Ende des 19. Jahrhunderts stark begradigt wurde, um die Hochwassergefahr zu bannen.

Der geschotterte, ebene Weg führt uns am Wasser entlang vorbei an Silberpappeln und Robinien, Johanniskraut und Schmetterlingsflieder, Koyotenweide

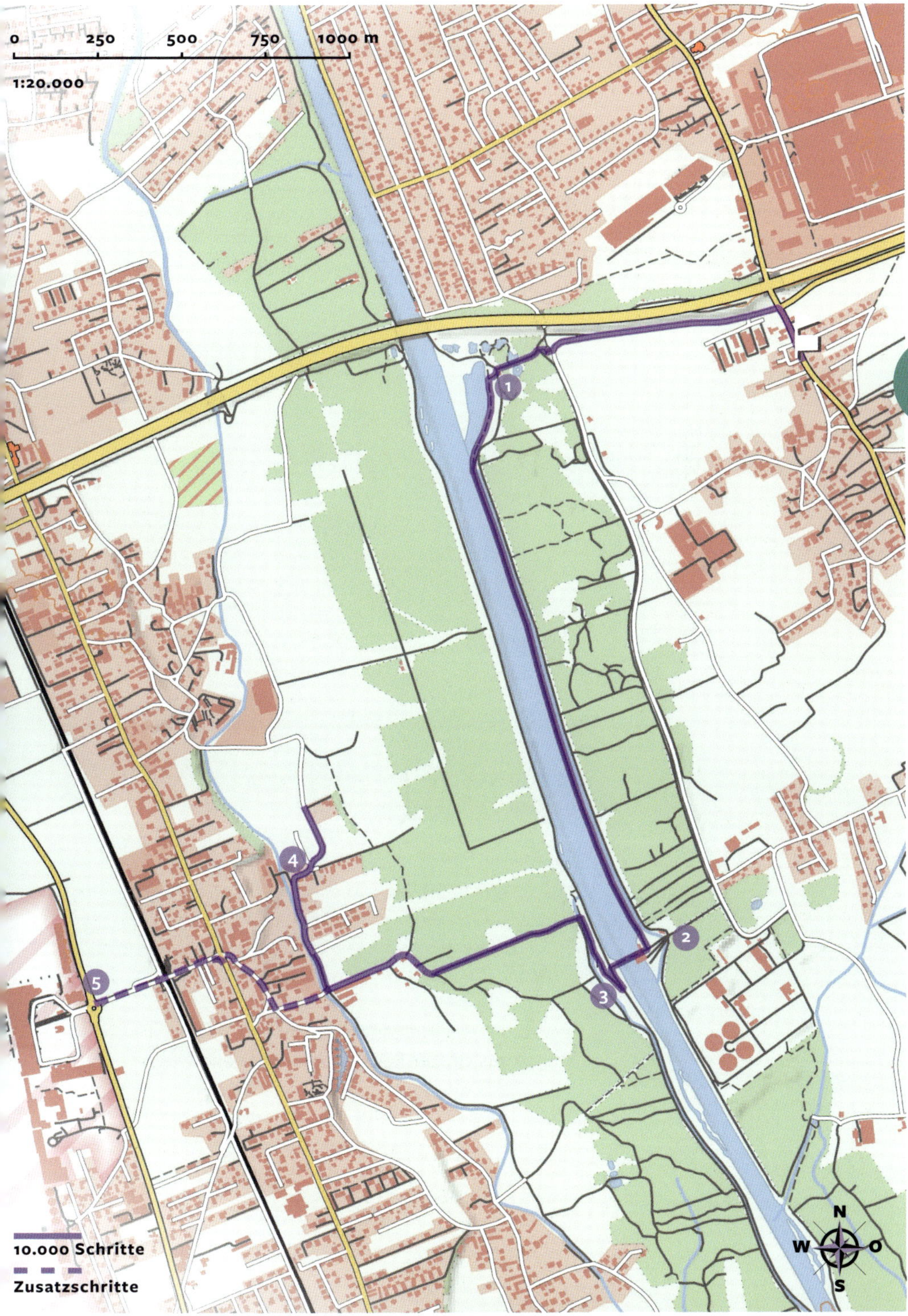
0
250
500
750
1000 m
1:20.000
1
2
3
4
5
10.000 Schritte
Zusatzschritte
N
W
O
S

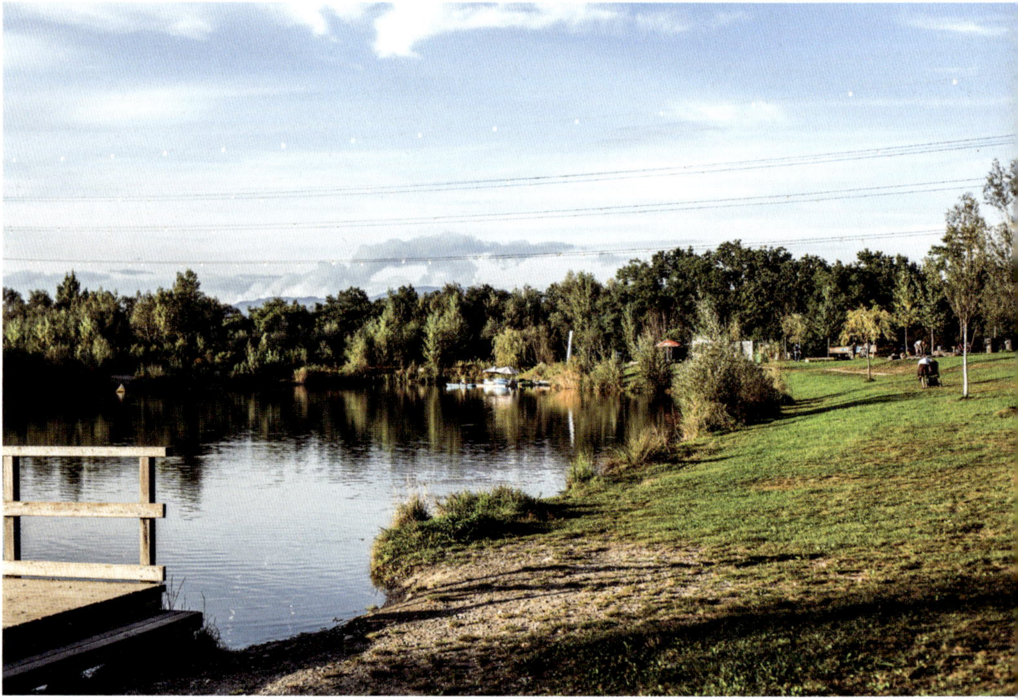

Grillen, chillen, paddeln, sonnen – so sieht der Sommer auf den Auwiesen aus

und Wasserdost, Königskerzen und Schlehdorn, Götterbaum und Blutweiderich. Nach rund 1,5 Kilometern – zügigen Fußmarsches oder gemütlichen Schlenderns, ganz nach Belieben – erreichen wir das **KRAFTWERK GÖSSENDORF** **2**, das rund 23.000 Haushalte mit Strom aus Wasserkraft versorgt.

Erster Bote ist ein am Wegesrand ausgestelltes Francis-Turbinenlaufrad aus dem Jahr 1924, das aus dem Kraftwerk Lebring an der Mur stammt. Nur ein paar Schritte weiter informieren mehrere Schautafeln nicht nur über technische Kraftwerk-Details, sondern auch über Flora und Fauna – unter anderem über Hirschkäferwiegen, die in Form von Wurzelstöcken mit Eichenhackgut, Eichenästen und Eichensägemehl als Brut- und Aufzuchtstätten den Bestand des Insekts sichern sollen. Der Trinkbrunnen am Wegesrand lädt

Streetworkout Auwiesen

Inspiriert von Anlagen an der Copacabana in Rio wurden auch in Graz Outdoor Fitness Parks geschaffen. Ein solcher findet sich auch im Liebenauer Naherholungsgebiet.

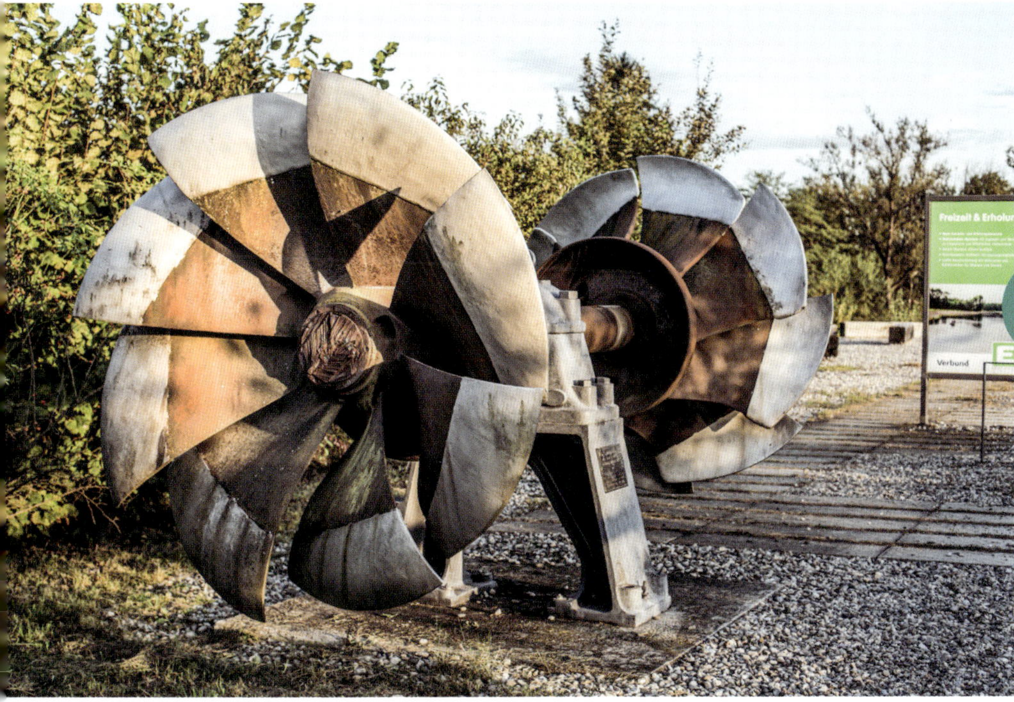

zum Durstlöschen ein. Den Murradweg kann man hier entweder Richtung Fernitz oder Feldkirchen nehmen.

Unsere Entscheidung heute: Im Kraftwerksbereich Gössendorf, der die Mur auf 11,2 Meter aufstaut, queren wir den Fluss. Zwei Kaplan-Rohrturbinen tun hier ihre Arbeit. Die Kaplan-Turbine, deren Laufrad einem Schiffspropeller gleicht, ist eine revolutionäre Entwicklung des steirischen Ingenieurs Viktor Kaplan aus dem Jahr 1913. Er hat sich ein Leben lang der energetischen Nutzung von Wasserkraft gewidmet. Seine Erfindungen wurzelten allesamt in Brünn, Kaplans langjähriger Wirkungsstätte. Aus Leidenschaft zu seiner Arbeit soll der geborene Mürzzuschlager öfter einmal alles andere vergessen haben. Kurz vor einem Festvortrag im Frack, so erzählt man sich, sei er ins Labor geeilt und habe begonnen, eine Versuchsturbine

Wenn Menschenhand die Naturkraft für sich nutzt: Turbinenlaufrad anno 1924

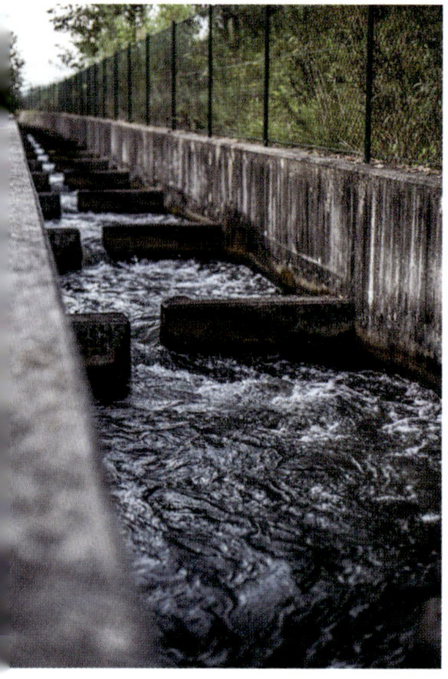

Umleitung für Flossenträger: Fischaufstiegshilfen im Kraftwerksbereich

zu regulieren, bis man ihn in den Festsaal holte – er war triefend nass.

Der Blick auf die Weiten des steirischen Hauptflusses hat etwas durchwegs Beruhigendes, auch wenn gerade hier massive Naturkräfte auf Menschengeheiß ihre Wirkung tun. Bis in die späten 1980er-Jahre zählte die vom Ursprung im Salzburgerland bis zur Mündung an der kroatisch-ungarischen Grenze insgesamt 453 Kilometer lange Mur aufgrund von Papier- und Schwerindustrie noch zu den am stärksten verschmutzten Flüssen Österreichs. Durch Sanierungsmaßnahmen hat sich die Wasserqualität seitdem deutlich zum Besseren verändert. Auf der anderen Seite der Mur angekommen folgen wir dem Wegweiser Richtung „Herberts Stubn" weiter den Murradweg entlang.

Bald fällt der Blick auf die in ihrer Optik wenig romantische, dafür geometrisch exakte **FISCHAUFSTIEGSHILFE** ❸. Die Kombination eines technischen Bauwerks, des sogenannten Schlitzpasses, mit einem naturnah gestalteten Umgehungsgerinne, dem Beckenpass, soll den Flossenträgern alternative Möglichkeiten für die Umgehung des Kraftwerksbereichs bieten. Vorbei an Laubwäldern und Sonnenblumenfeldern erreichen wir bald wieder Siedlungsgebiet. An der Kreuzung der Augasse mit dem Aufelderweg sind es nur mehr wenige Minuten bis zur Einkehrmöglichkeit **„HERBERTS STUBN"** ❹, ein kulinarisches Kleinod der Familie Paukert. In dem charmanten Holzhaus mit idyllischem Gastgarten und uriger „Rauchstubn" werden bereits seit 20 Jahren regionale Gerichte aufgetischt.

Die Mur
„Sumpf" oder „stehendes Wasser" bedeutet Mur, wenn man der indogermanischen Sprachwurzel folgt. Erklärungsversuche für den Namen gibt es aber unterschiedliche.

Doch bevor es zur wohlverdienten Rast geht, ein Exkurs: Wir können an besagter Kreuzung noch eine kleine Extraschleife einlegen, wenn wir die 10.000-Schritte-Marke nicht allzu eng sehen. Wann geht man schon einmal zu Fuß zum Flughafen? Eben! Es ist bloß ein Katzensprung – versprochen. Über die Augasse gelangen wir zur Wagnitzstraße, in die wir rechts einbiegen, um in weiterer Folge zum Riegel-

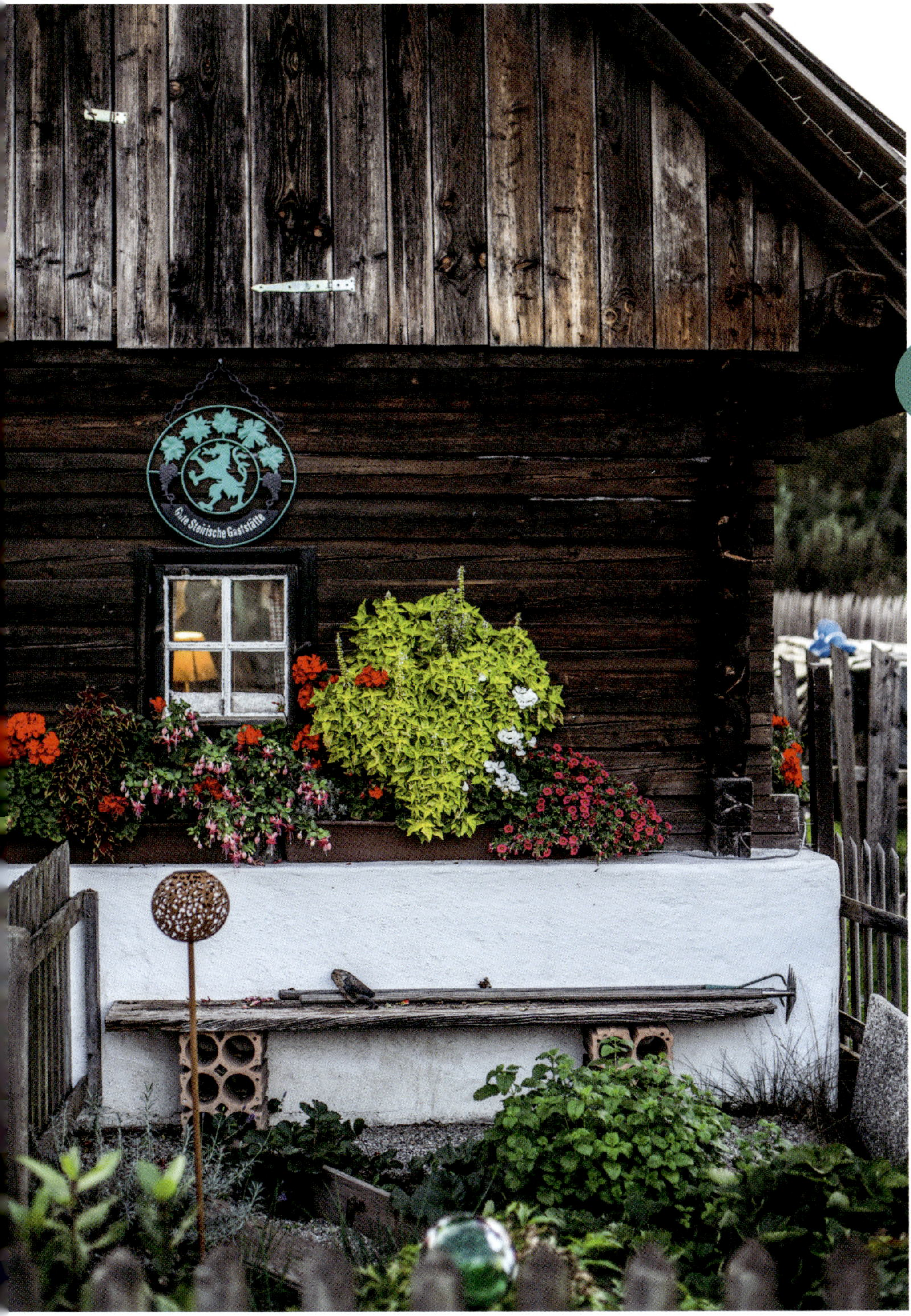
Gute Steirische Gaststätte

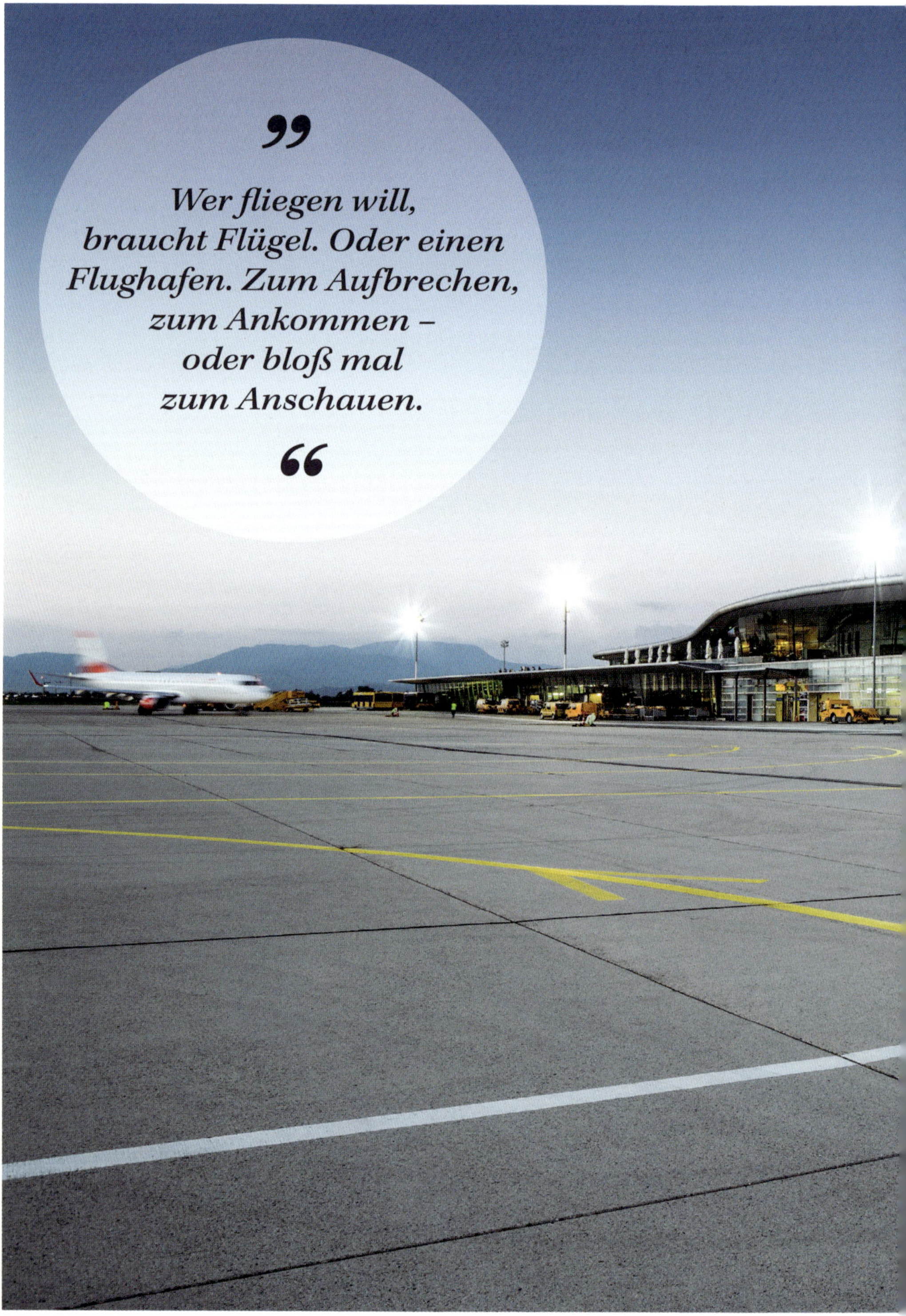

„Wer fliegen will, braucht Flügel. Oder einen Flughafen. Zum Aufbrechen, zum Ankommen – oder bloß mal zum Anschauen."

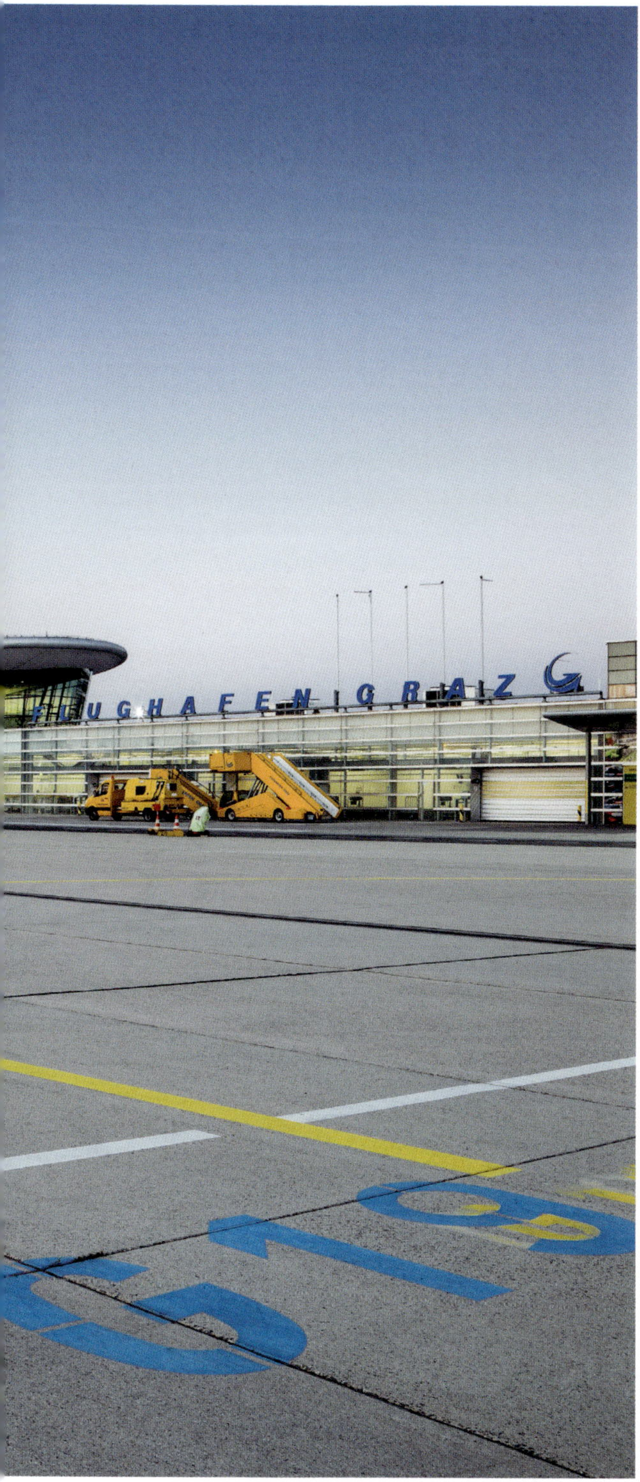

Zahlenspiele
1.000 Passagiere im Jahr 1962, 40.000 Passagiere im Jahr 1969, 750.000 Passagiere im Jahr 2000 – und die millionste Passagierin wurde 2018 am Flughafen Graz begrüßt. Weitere Höhepunkte in der Historie des Grazer Rollfeldes waren die Landung der Concorde der British Airways anno 1981 und jene des ersten Jumbos der Deutschen Lufthansa anno 1984.

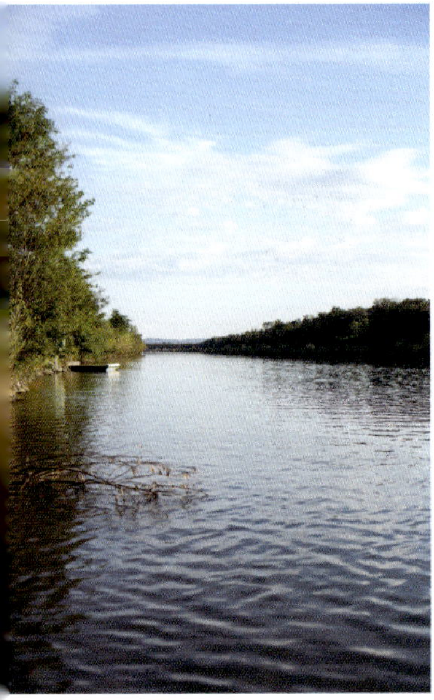

In der Ruhe liegt die Kraft, im Zeitnehmen die Erholung

schneiderweg zu kommen. Die Triester Straße querend erreichen wir schon die Flughafenstraße.

Der **FLUGHAFEN** **5** wurde einst auf dem Gebiet einer ehemaligen römischen Villa errichtet, das erste Flugzeug hob 1914 vom Rollfeld ab. Im selben Jahr begann auch ein dunkles Kapitel in der Geschichte des Areals. Es wurde ein Internierungslager errichtet, in dem Zivilpersonen aus der Bukowina und Galizien festgehalten wurden, die man der „Russophilie" verdächtigte.

In den 1920er-Jahren entbrannte eine Diskussion darüber, ob nicht ein stadtnäherer Flugplatz von Vorteil wäre, die Göstinger Au und St. Peter waren im Gespräch. Alle Versuche scheiterten allerdings an den Kosten. Im Jahr 1962 wurde der tausendste Passagier gezählt, der erste Jumbo landete 1984 in Graz. Im Jahr 2019 – und damit noch vor Corona – hat man insgesamt 1.036.929 Passagiere auf dem 10 Kilometer vom Stadtzentrum entfernten Flughafen Graz betreut. Ein Rekordwert. Das erweiterte Flughafengebäude trägt übrigens die Handschrift des Büros Riegler Riewe Architekten, und Markus Pernthaler entwarf 2002 den neuen Tower mit der Flugsicherungszentrale als rundum verglastes, trichterförmiges Element.

Wir können die Strecke hier nach rund 6.000 Schritten enden lassen und den Bus 630 oder die S-Bahn zurück in die Stadt nehmen – oder den Rückweg Richtung Mur einschlagen und den bereits bekannten Pfaden folgen, beim Kraftwerk abermals die Seiten wechseln und den Ausgangspunkt Auwiese auch zum Endpunkt der Tour machen. Wie auch immer die Entscheidung ausfällt: Jeder Schritt bewirkt Gutes für Körper und Geist!

Top 5 auf dieser Route

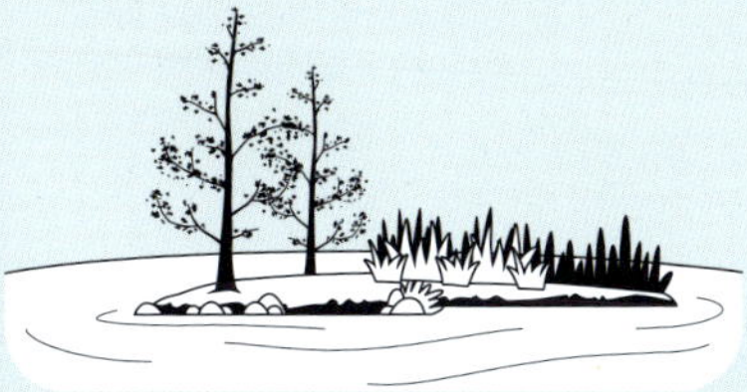

01. Naturerlebnis Murauen

Die Auwiesen waren ursprünglich Teil des Auwaldbereichs der Mur. Im Zuge des Kraftwerksbaus und erforderlicher ökologischer Ausgleichsmaßnahmen wurde ein Altarm der Mur reaktiviert und ein Naherholungsgebiet geschaffen.

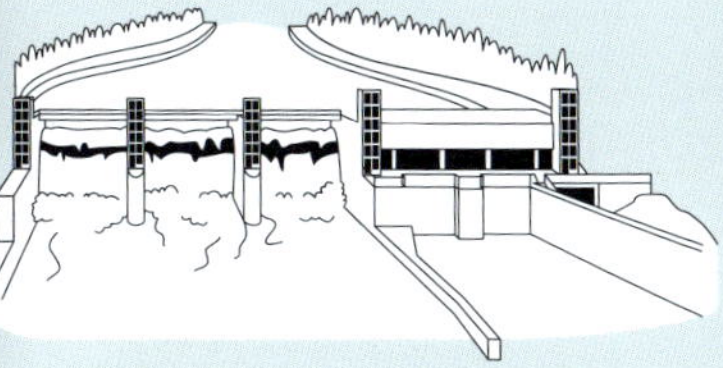

02. Kraftwerk Gössendorf

Die Investitionskosten betrugen 90 Millionen Euro, 23.000 Haushalte werden mit Energie versorgt. Durch das Wasserkraftwerk werden jährlich 50.000 Tonnen an Kohlendioxid eingespart, was einem durchschnittlichen Jahresausstoß von 30.000 Pkw entspricht.

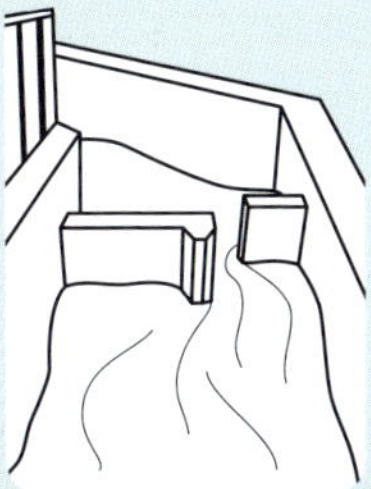

03. Fischaufstiegshilfe

Die Durchgängigkeit der Mur für Fische soll mittels zweier Umgehungsmöglichkeiten des Kraftwerks sichergestellt werden – durch das 9,4 Kilometer lange Augewässer mit Ochsengriesbach und verlängertem Grazer Mühlgang und über die Fischaufstiegshilfe.

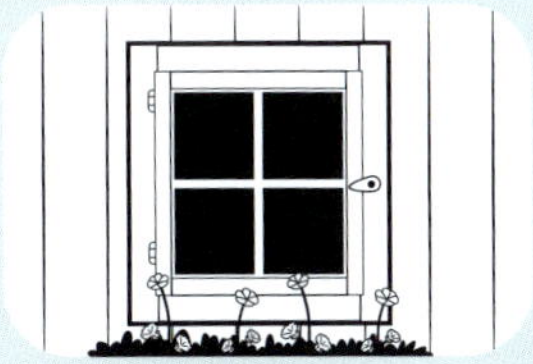

04. Herberts Stubn

Am Rande der Murauen kommen im urigen Inneren oder im üppig grünen Gastgarten Schafkäse in Kürbiskernpanier oder Eisenerzer Seesaiblingsfilet auf die Teller. Die von Herbert Paukert 1999 aufgebaute „Stubn" wird heute von Tochter Simone geführt.

05. Flughafen

Der Flughafen Graz feierte 2014 seinen 100. Geburtstag und ist damit der älteste Verkehrsflughafen Österreichs. Nicht der einzige Superlativ: Auf dem Areal stand vor 2.000 Jahren eine der größten römerzeitlichen Villen Österreichs.

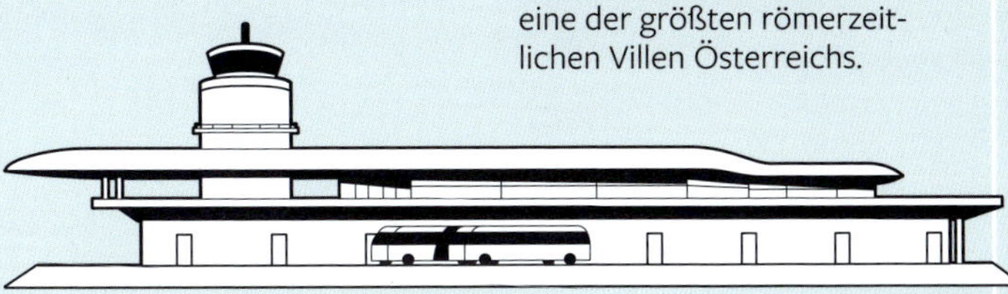

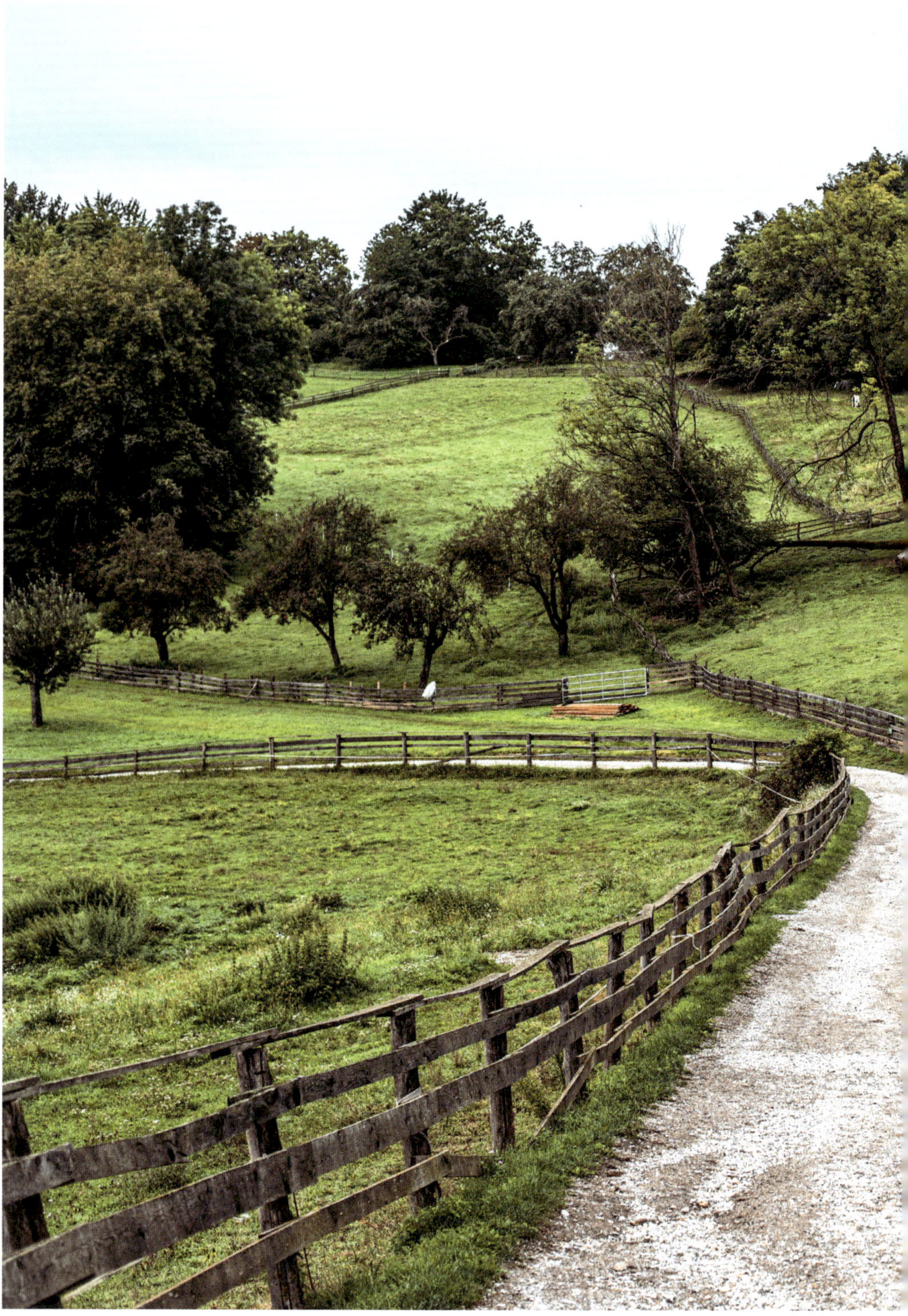

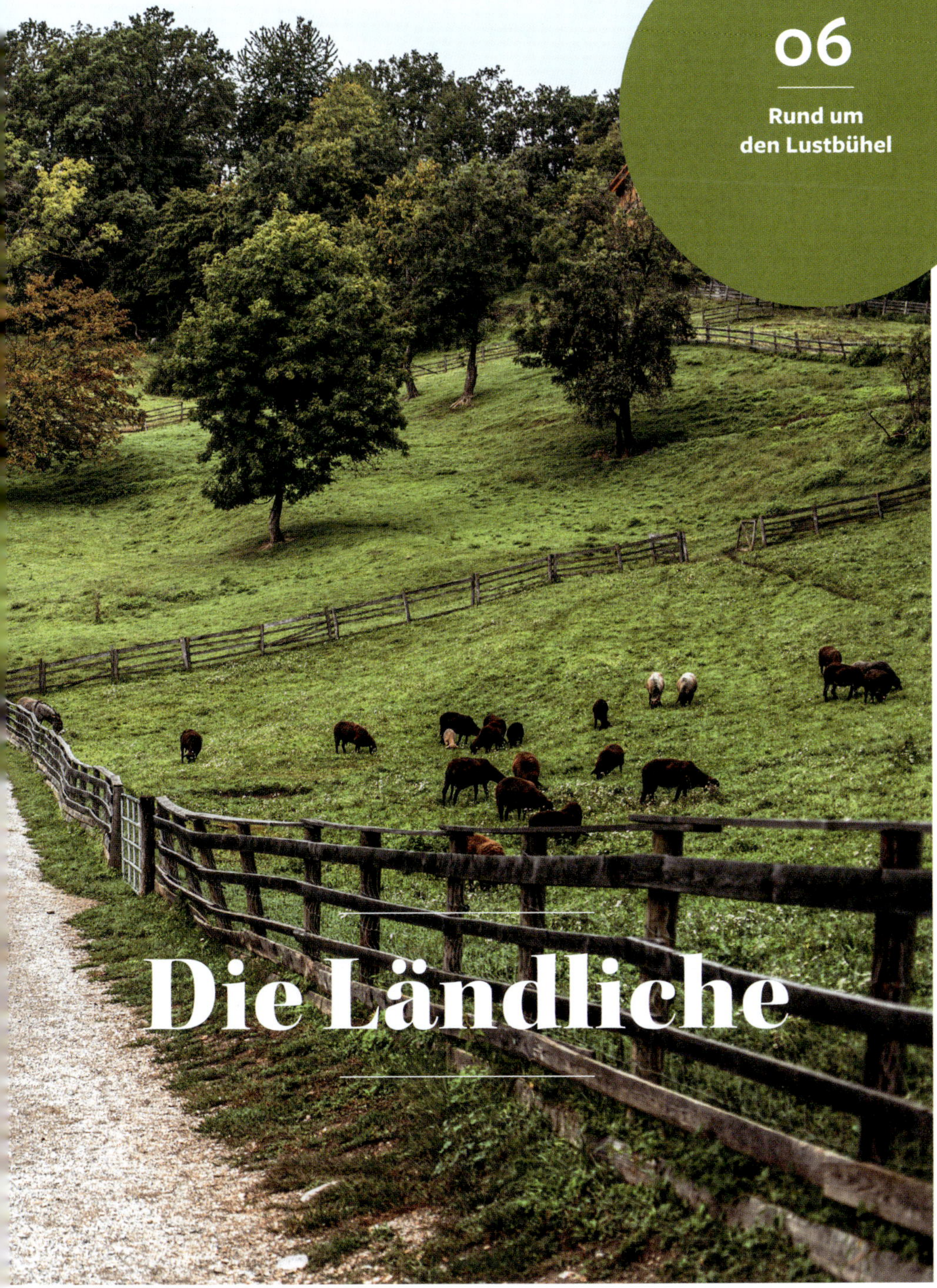

06

Rund um den Lustbühel

Die Ländliche

06

Streichelzoo in der Stadt. Weltraumforschung auf dem Hügel. Naherholung in Bilderbuchszenen.

Charakter der Tour
Es ist ein recht sanftes Auf und Ab – rund um Schloss Lustbühel geht es weniger darum, schnell viele Meter zu machen, als vielmehr entspannt zu flanieren.

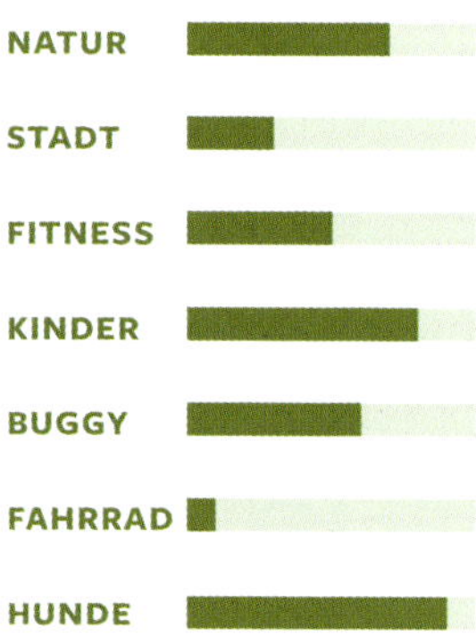

STARTPUNKT
Haltestelle Schloss Lustbühel
Bus: Linie 60

Es ist ein Naherholungsgebiet, das seit Generationen Groß und Klein, Jung und Alt gleichermaßen anzieht: das Areal rund um **SCHLOSS LUSTBÜHEL** (1). Im Wortteil Bühel liegt bereits der Hinweis auf die landschaftliche Örtlichkeit, einen Hügel, verborgen. Die Buslinie 60 bringt uns komfortabel direkt auf die Waltendorfer Anhöhe. Oben angekommen lädt gleich am Beginn unserer Tour der „Genussplatz" samt Sonnenterrasse immer donnerstags bis sonntags ab 14 Uhr zu Schmankerln ein, die einer Buschenschank alle Ehre machen. Familie Grebenz kredenzt hier auch den familieneigenen Wein, der im Betrieb im südsteirischen Großklein gekeltert wird. Gleich nebenan tummeln sich die Tiere – Esel, Ziegen, Schafe, Hühner, Hasen. Lässt man den Blick von hier oben über die sanften Hügel der Schaulandwirtschaft streifen, ist man geneigt, wohlwollend zu nicken. So reich an Grün kann es so nah an der geschäftigen Urbanität sein.

Der Blick in die Geschichte verrät: Einst befand sich hier ein bäuerliches Gut, im 17. Jahrhundert wurde dann im frühbarocken Stil ein Adelssitz errichtet und im Zuge mehrerer Besitzerwechsel immer wieder umgebaut. Vor allem Schlossherr Carl Ritter von Zepharovich hat Anfang des 20. Jahrhunderts einige Bauelemente hinzufügen lassen. 1939 ging der pittoreske Bau schließlich in den Besitz der Grazer

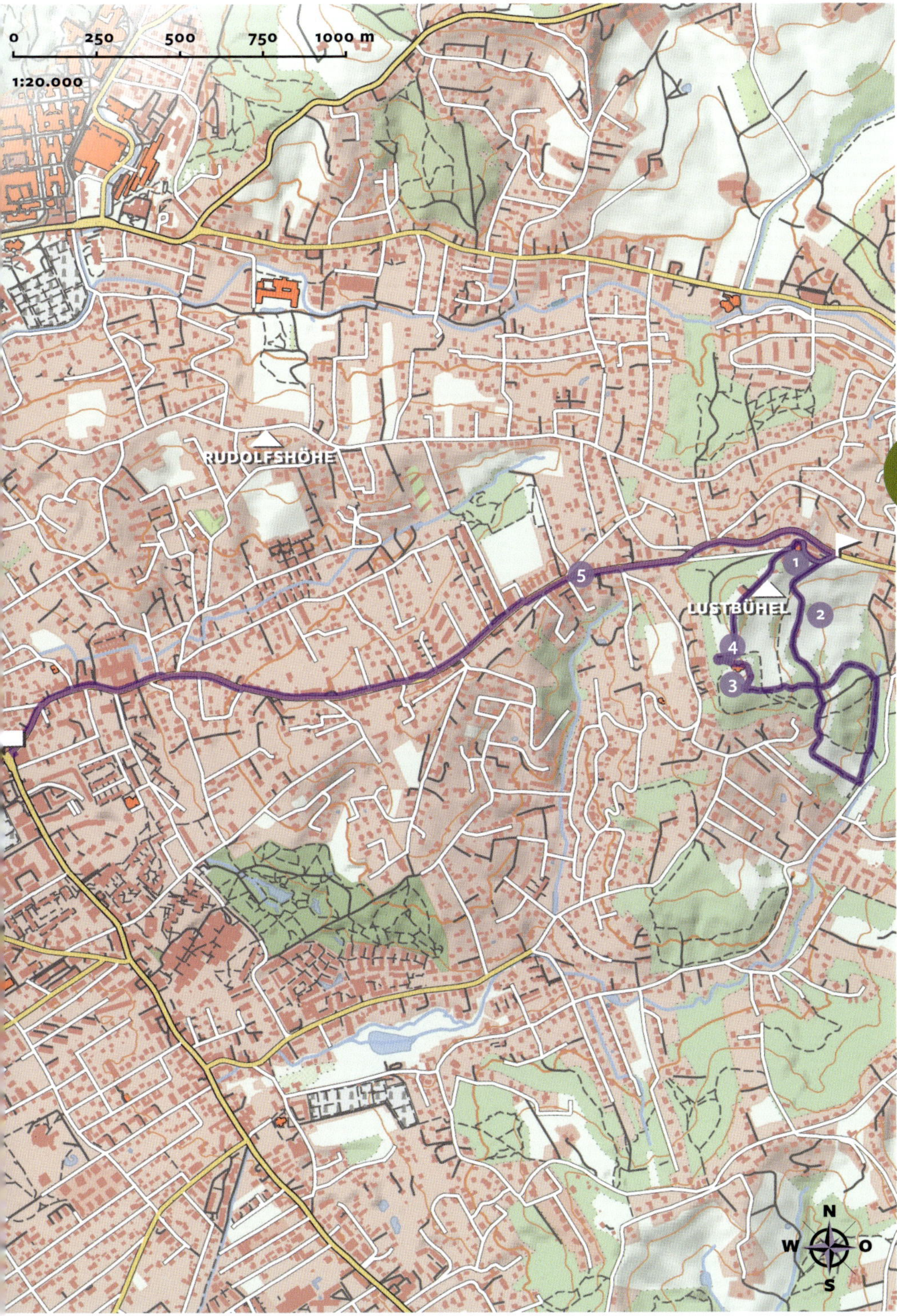
0
250
500
750
1000 m
1:20.000
RUDOLFSHÖHE
LUSTBÜHEL
1
2
3
4
5
N
W
O
S

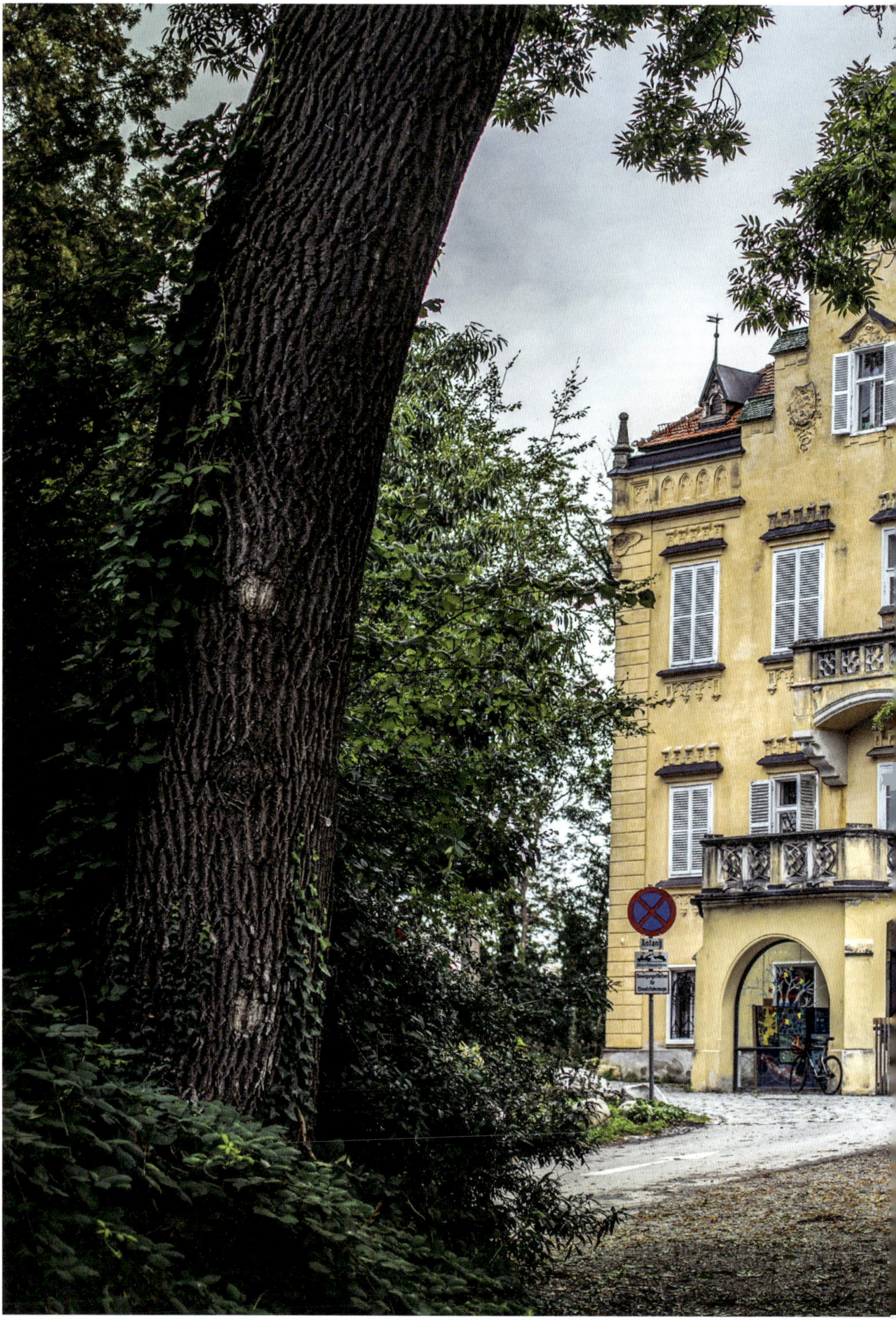
Anfang

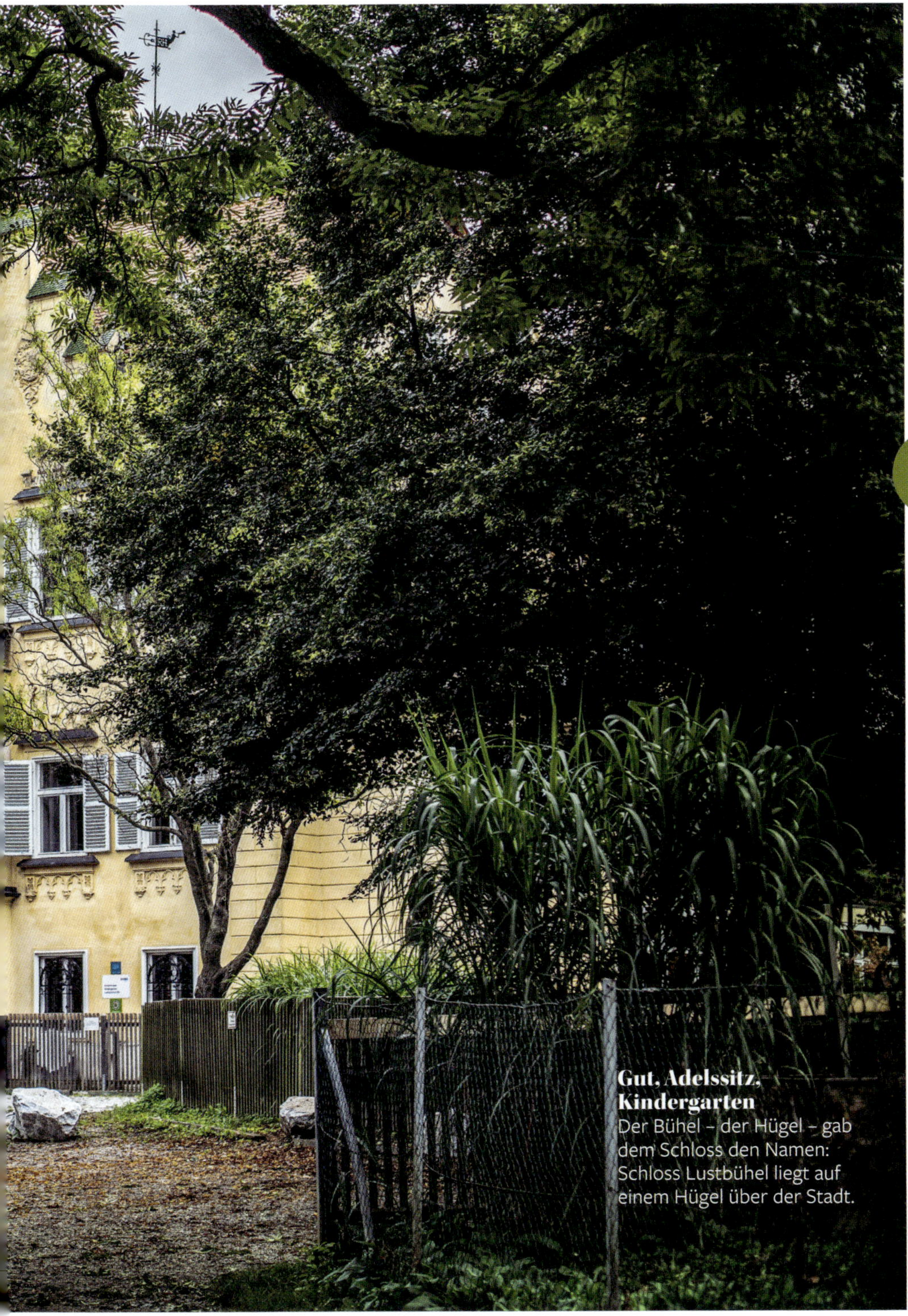

Gut, Adelssitz, Kindergarten
Der Bühel – der Hügel – gab dem Schloss den Namen: Schloss Lustbühel liegt auf einem Hügel über der Stadt.

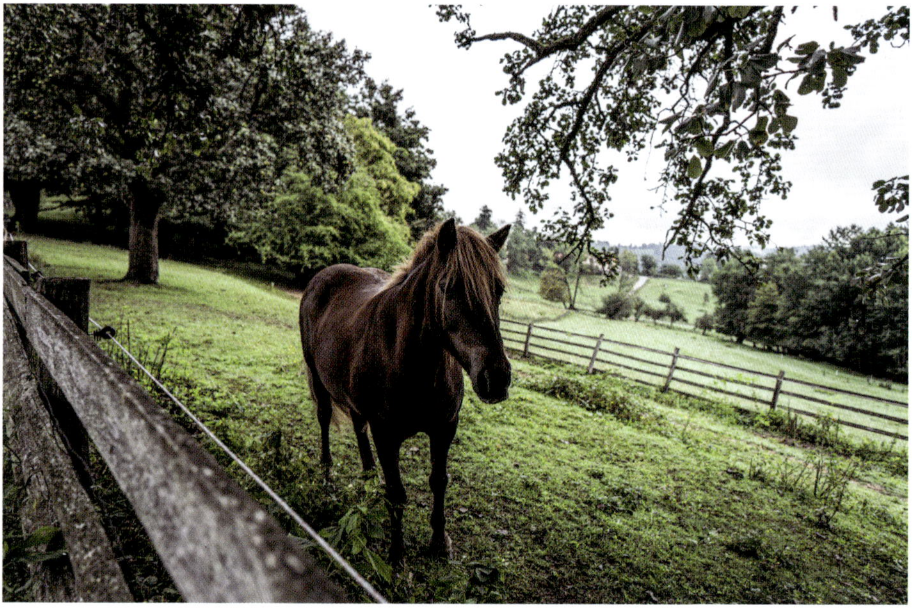

Schaulandwirtschaft mit Fellfreunden. Auf dem Rundweg gibt es allerlei zu entdecken

Stadtverwaltung über und beherbergte fortan ein Erholungsheim für Kinder. Kinder bringen auch heute noch Leben in die historischen Gemäuer, denn im Haus sind eine Kinderkrippe und ein Kindergarten der Stadt Graz untergebracht.

Am Lustbühel ist eigentlich der Weg das Ziel. Das rund 18 Hektar große Areal lässt sich nach Lust und Laune erkunden. Hunde müssen auf den Spazierwegen angeleint bleiben, eine eigene Hundewiese wird aber auch dem Bewegungsdrang der Vierbeiner gerecht. Wir nehmen den naheliegenden Weg bergab, vorbei an Streuobstbäumen, **WEIDEN UND KOPPELN** 2, gehen kurz hinein in den Wald und kommen bald wieder hinaus auf die Wiese. Am Fuße des Hanges erblicken wir die Hohenrainstraße, der wir uns querfeldein nähern. Kurz davor biegen wir aber nach links ab und tauchen wieder in den Wald ein. Und falls es die Witterung zulässt: Warum nicht für ein paar Schritte einfach die Schuhe ausziehen, feuchte Erde, Blätter

Tipps

Immer in Übung bleiben

Wie funktioniert die Kommandozentrale für Bewegung?

Für die Bewegung der Arme und Beine kommen die Signale aus dem *Gyrus praecentralis,* einer Region der Gehirnrinde in der Mitte beider Großhirnhälften – für die linke Körperseite von der rechten Großhirnhälfte und umgekehrt. Die Signale laufen über Nervenbahnen zum Rückenmark. Dort werden sie über periphere Nerven zu Arm- und Beinmuskeln weitergeleitet und an den motorischen Endplatten auf die Muskelfasern übertragen. Es erfolgt eine Kontraktion, die zur Bewegung führt. Strukturen im Groß- und Kleinhirn sind für die Geschmeidigkeit und Koordination zuständig.

Welche Rolle spielt die Mobilität für den allgemeinen Gesundheitszustand?

Die Erhaltung der Beweglichkeit und Belastbarkeit der Arme und Beine ist wichtig für die Mobilität im Alltag, für die Funktion des Herz-Kreislauf-Systems und den Erhalt der Belastungsfähigkeit der Knochen. Erkrankungsbedingt eingeschränkte Mobilität führt zu Folgeerkrankungen wie Infektionen, Thrombosen und Knochenschwund. Regelmäßiges körperliches Training kann dem und nicht zuletzt auch Stürzen vorbeugen und zum Erhalt geistiger Leistungsfähigkeit beitragen.

Wer rastet, rostet – ist dem so?

Nicht Schonung, sondern Bewegung ist für die Vorbeugung und Behandlung häufiger Rückenschmerzen erforderlich. Bei Erkrankungen wie der Polyneuropathie, die die Sicherheit des Gehens beeinträchtigen, können Walking-Stöcke eine gute Hilfe für Stabilität auf unebenem Grund sein. Zur Motivation können Fitness-Armbänder oder Fitness-Apps auf dem Handy oder der Smartwatch beitragen.

THOMAS SEIFERT-HELD,
Facharzt für Neurologie
Universitätsklinik für Neurologie, Medizinische Universität Graz; klinische und wissenschaftliche Arbeit zu peripheren Nerven- und Muskelerkrankungen, Multipler Sklerose sowie Schlaganfallvorbeugung und -behandlung

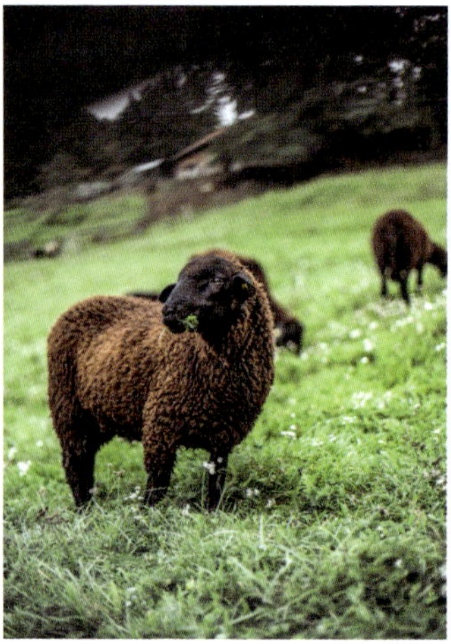

Tierisches Miteinander: Hier leben Esel, Ziegen, Hasen, Schafe, Hühner und Kühe

und Moos unter den nackten Fußsohlen spüren? Ein paar kleine Wasserstellen sorgen für ein idyllisches Bild. Hier wachsen die seltene Hunds-Zahnlilie und das geschützte Wollgras. Aber Achtung: Im Sommer gefällt dieser Platz auch den Gelsen außerordentlich gut.

Wir folgen den schmalen Wegen. Weil wir uns dieses Mal in einer Achterschleife bewegen, kreuzen wir alsbald unseren Weg von vorhin, gehen aber weiter bergauf. Kaum lichtet sich der Wald, fällt der Blick auf ein Zelt ganz aus Holzstöcken sowie bald auch auf das gar nicht ferne Schloss Lustbühel. Das ist jedoch nicht die einzige markante Erhebung, direkt vor uns liegt nun das **OBSERVATORIUM LUSTBÜHEL** **3**.

Das Institut für Kommunikationsnetzwerke und Satellitenkommunikation und das Institut für Theoretische Geodäsie und Satellitengeodäsie der Technischen Universität Graz teilen sich das Observatorium Lustbühel mit dem Institut für Physik der Karl-Franzens-Universität Graz sowie dem Institut für Weltraumforschung der Österreichischen Akademie der Wissenschaften. Letzteres betreibt hier seit 1982 eine Satellite-Laser-Ranging-Station. Gemessen wird nicht nur die Entfernung zu Satelliten, die in einer Höhe von bis zu 36.000 Kilometern die Erde umkreisen, sondern auch zu Weltraumschrott – und das höchst exakt. Der Standort hat daher den Status einer Referenz-Laser-Station und ist damit eine von insgesamt nur fünf weltweit.

In den 1940er-Jahren hatte dies alles übrigens mit dem Plan für eine kleine Sternwarte begonnen, allerdings wurden alle Anträge für den Bau vorerst abgelehnt. Da schritt Astronom und Physiker Oskar Mathias, der unter anderem Mitarbeiter des späteren Nobelpreisträgers Victor Franz Hess war, kurzerhand selbst zur Tat: Die von ihm hergestellten Fernrohre brachte er in kleinen Holzhütten unter, Spuren dieser Anfangszeit sind im südlichen Bereich des Grundstücks noch sichtbar.

Wir gehen am Observatorium vorbei die Lustbühelstraße entlang, nehmen aber am Eingang zum

Flora am Rundweg
Feldgehölze und Obstbäume strukturieren das Areal. Der vernässte Bereich ist als Naturschutzgebiet ausgewiesen. Hier wachsen Hunds-Zahnlilie und Woll-Gras.

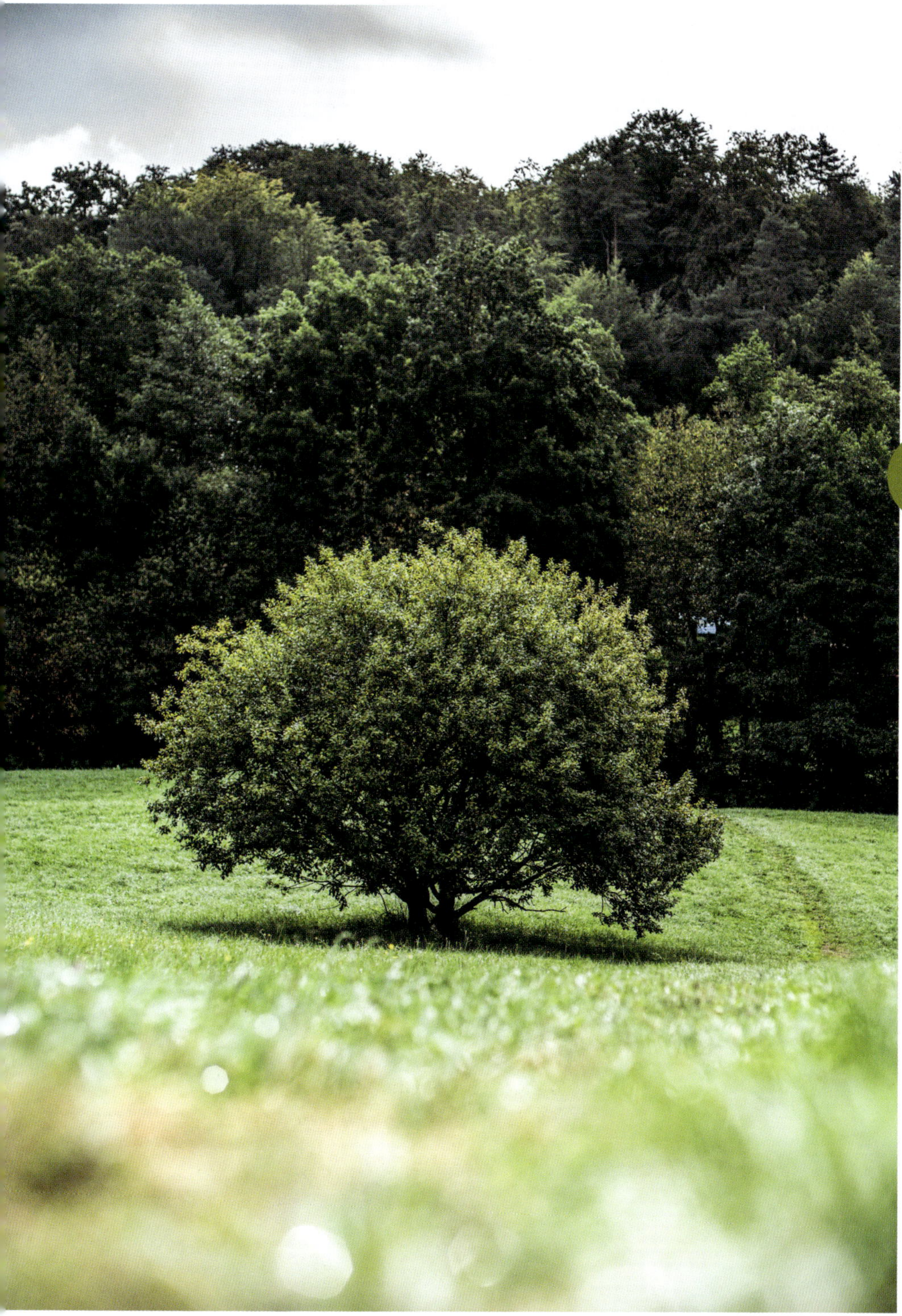

Areal den Weg rechts hinauf zur Pferdekoppel. Welch netter **AUSSICHTSPLATZ** ❹! Ein hölzernes Bankerl an idealer Position verführt uns dazu, die Aussicht ein wenig länger zu genießen. In den Wintermonaten ist der Hügel – sofern Frau Holle Graz ein wenig ihrer weißen Pracht gönnt – bei kleineren und größeren Rodelabenteurern beliebt. Vorbei an der Hundewiese geht es zurück Richtung Schloss. Kann gut sein, dass ein paar Häschen munter über die Wiese hoppeln. Klingt nach Bilderbuchszene? Mag sein, ist hier oben aber einfach Alltag. Linker Hand wartet der schöne Spielplatz, Schloss Lustbühel ist nur mehr ein paar Meter entfernt.

Weil wir jetzt noch nicht einmal 4.000 Schritte in den Beinen haben, können wir entweder weiter durch die Natur flanieren oder den Weg hinunter in die Stadt zu Fuß nehmen. Die **WALTENDORFER HAUPTSTRASSE** ❺ wartet mit durchwegs reizvollen Ausblicken auf – zuerst auf Wald und Wiese samt Schöckl in der Ferne, dann auf den Uhrturm am Schloßberg. Besonders hervor tut sich jedoch die Herz-Jesu-Kirche in ihrem neugotischen Backsteinstil. Das Bauwerk mit dem dritthöchsten Kirchturm Österreichs trägt die architektonische Handschrift von Georg von Hauberrisser, der auch für das Münchner Rathaus verantwortlich zeichnet. Und wieder möchte man innerlich nicken. Ja, Graz – durchaus zauberhaft! Kaum unten am Ende der Waltendorfer Straße angekommen, lädt die Bushaltestelle der Linie 63 in der Plüddemanngasse zur Heimfahrt ein.

Die Waldflächen spenden an heißen Tagen wohltuenden Schatten

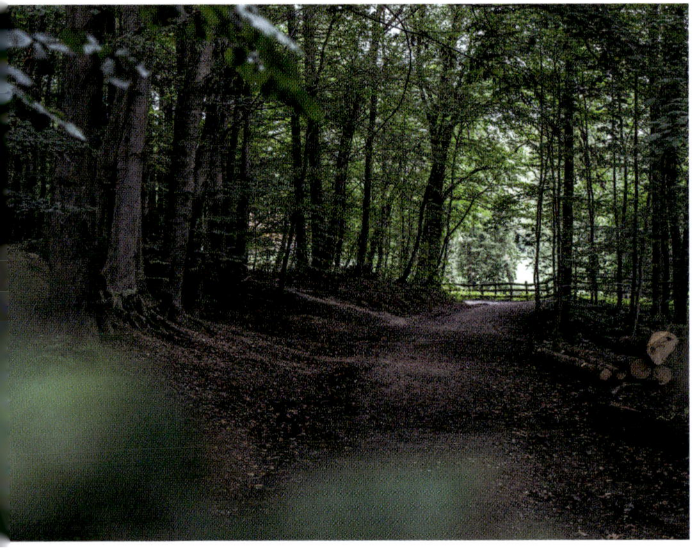

Top 5 auf dieser Route

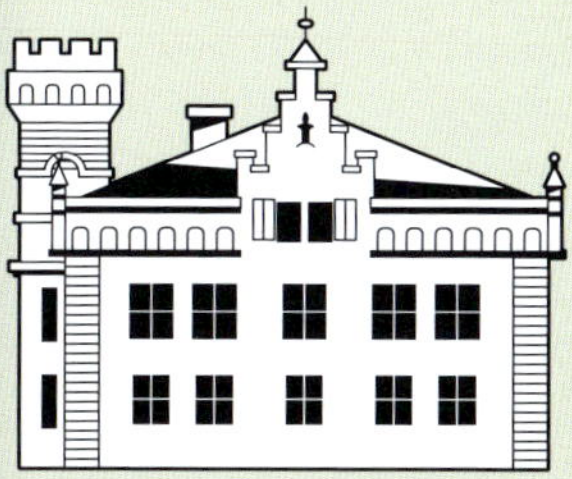

01.
Schloss Lustbühel
Der frühere Adelssitz befindet sich seit dem Jahr 1939 im Besitz der Stadt Graz und beherbergte ein Kinder- und Erholungsheim. Heute ist darin ein Kindergarten untergebracht. Das dreigeschossige Stadtschloss steht unter Denkmalschutz.

02.
Weiden und Koppeln
Die landwirtschaftlichen Gebäude beim Schloss Lustbühel wurden in den Jahren 2002/03 generalsaniert. Seither wird das Areal als Schaulandwirtschaft genutzt. Hier tummeln sich alte Haustierrassen, der Streichelzoo macht Kinder froh.

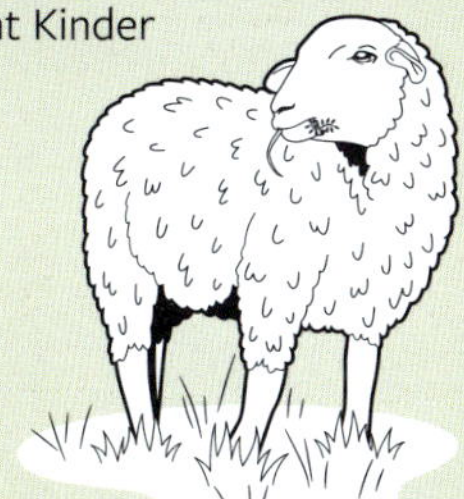

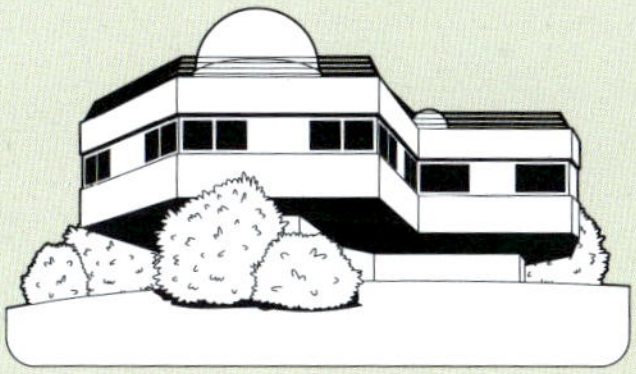

03.
Observatorium Lustbühel
Im Rahmen einer Führung (nach Voranmeldung) können Gebäude, Kontrollraum und Instrumente des Observatoriums, ein Schauraum mit astronomischen Experimenten und der Planetenweg besichtigt werden.

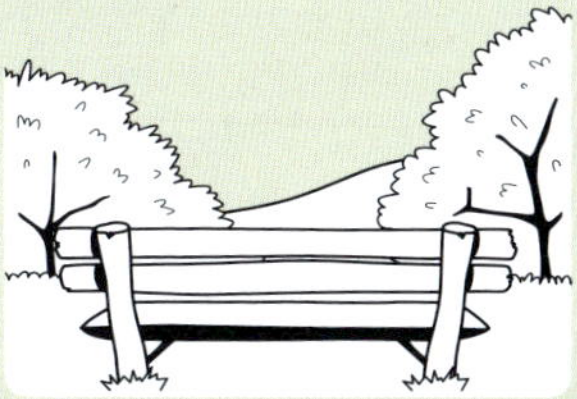

04.
Aussichtsplatz
Von einem schlichten Holzbankerl auf einer Anhöhe unweit des Observatoriums überblickt man das sanfthügelige Areal Waltendorfs. Die Hundewiese ist gleich in der Nähe, weiter entlang des Weges zum Schloss folgt der Kinderspielplatz.

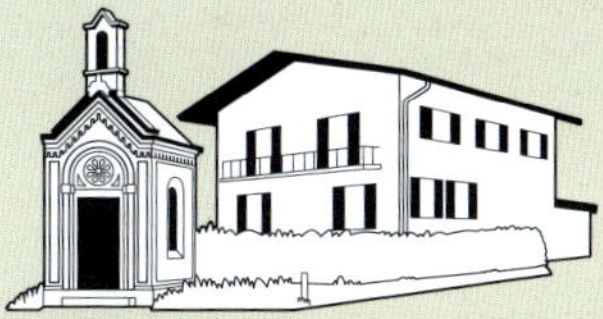

05.
Waltendorfer Hauptstraße
Der Weg zurück in die Stadt bietet Schritt für Schritt attraktive Aussichten. Bevor die Waltendorfer Hauptstraße in die Plüddemanngasse mündet, sei erwähnt: Hier befanden sich früher einmal k.u.k Pferdestallungen.

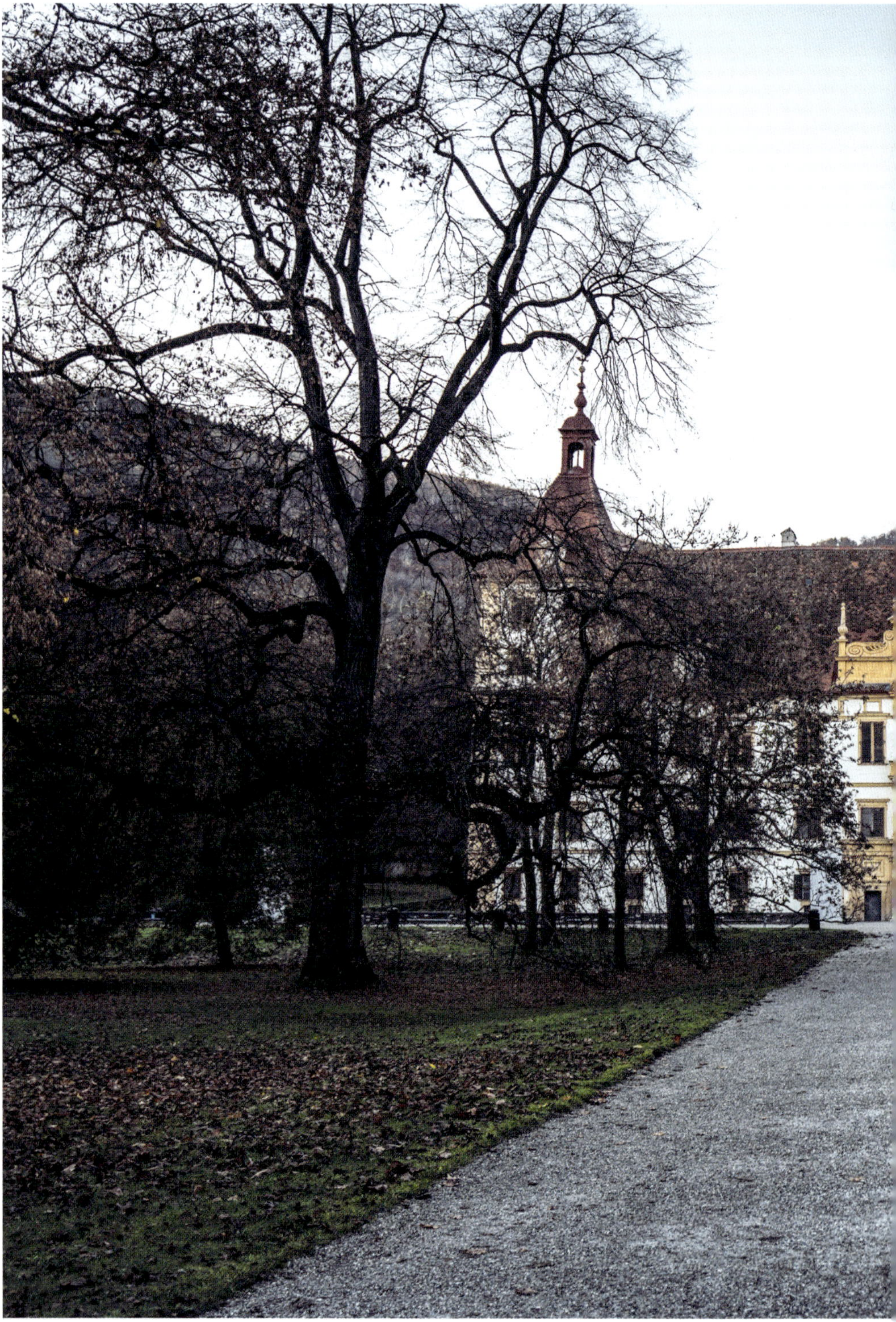

07

Vom Lendplatz zum Schloss Eggenberg

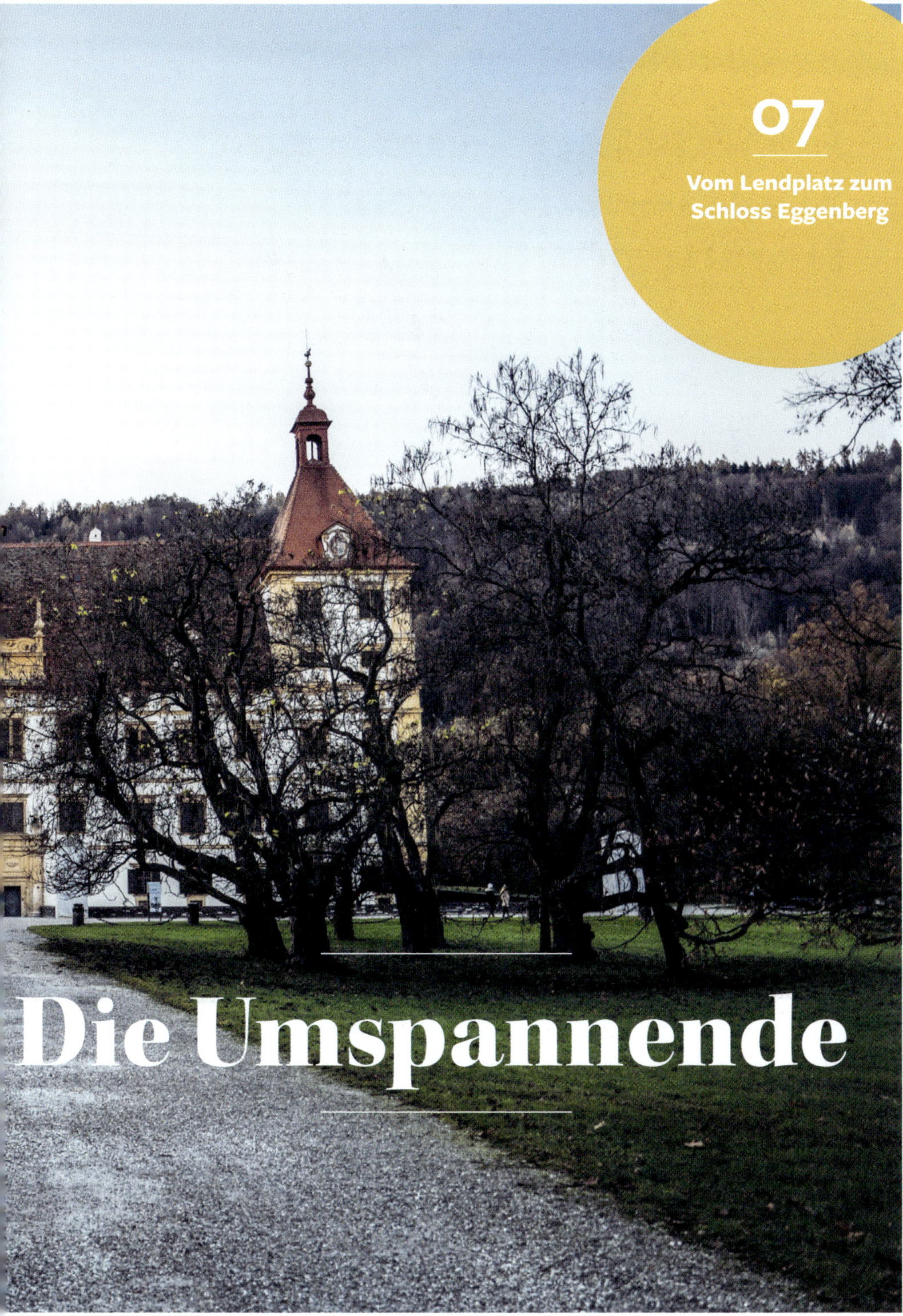

Die Umspannende

07

Lebendiger Lend. Smarter Optimismus. Harmonische Zahlen.

Charakter der Tour
Urbaner Spaziergang auf der rechten Murseite – vom lebhaften Lendplatz über das Zukunftsszenario Smart City bis zum UNESCO-Weltkulturerbe Schloss Eggenberg.

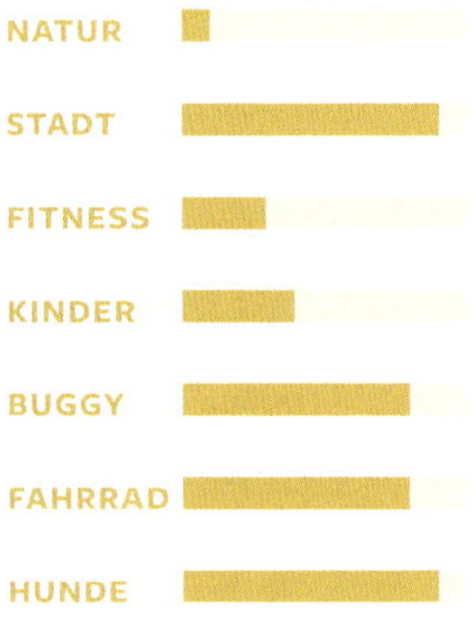

STARTPUNKT
Lendplatz
Bus: Linie 40, 58, 63, 67

Der **LENDPLATZ** 1 ist ein multikulturell pulsierendes Herz der Stadt. Das geschäftige Treiben beginnt bereits in den frühen Morgenstunden zwischen Salathäupteln und Käferbohnen, frischem Brot und Kürbiskernöl. Heimische Bäuerinnen und Bauern – allein in Graz gibt es übrigens 800 Stadtbauern – bieten vormittags allerlei Produkte aus eigener Erzeugung und in großer Vielfalt an. An den stets gut besuchten Gastro-Ständen führt die kulinarische Reise von der Steiermark über Italien bis nach Mexiko, an lauschigen Sommerabenden wird auf dem Platz abends vergnügt musiziert und getanzt. Gleich um die Ecke kann man in Läden exotische Früchte und Gewürze aus aller Welt erwerben.
Der geschäftige Platz ist unser heutiger Startpunkt für eine Tour, die die Zukunft und die Vergangenheit der Stadt gleichermaßen in den Fokus rückt. Wir biegen in die Volksgartenstraße ein. Vorbei am urig-urbanen Gasthaus Lend-Platzl kommen wir schnell zum **VOLKSGARTENPARK** 2. Es gibt ihn bereits seit dem Jahr 1875, damit ist er nur drei Jahre jünger als der Stadtpark. Sein Ruf ist nicht der beste, aber er ist besser als sein Ruf. Wir durchqueren ihn, treffen am Ententeich auf das Denkmal von Volksdichter Karl Morré und später auf den Grazer Mühlgang. Der Kanal diente ursprünglich dem Zweck, Wasserräder für Mühlen anzutreiben.

Weiter vorne erblicken wir die Friedensstupa, ein buddhistisches Heiligtum, das 1998 während des zweiten Aufenthalts des Dalai Lama in Graz eingeweiht wurde. Am Ende des Parks liegt die evangelische Kreuz-

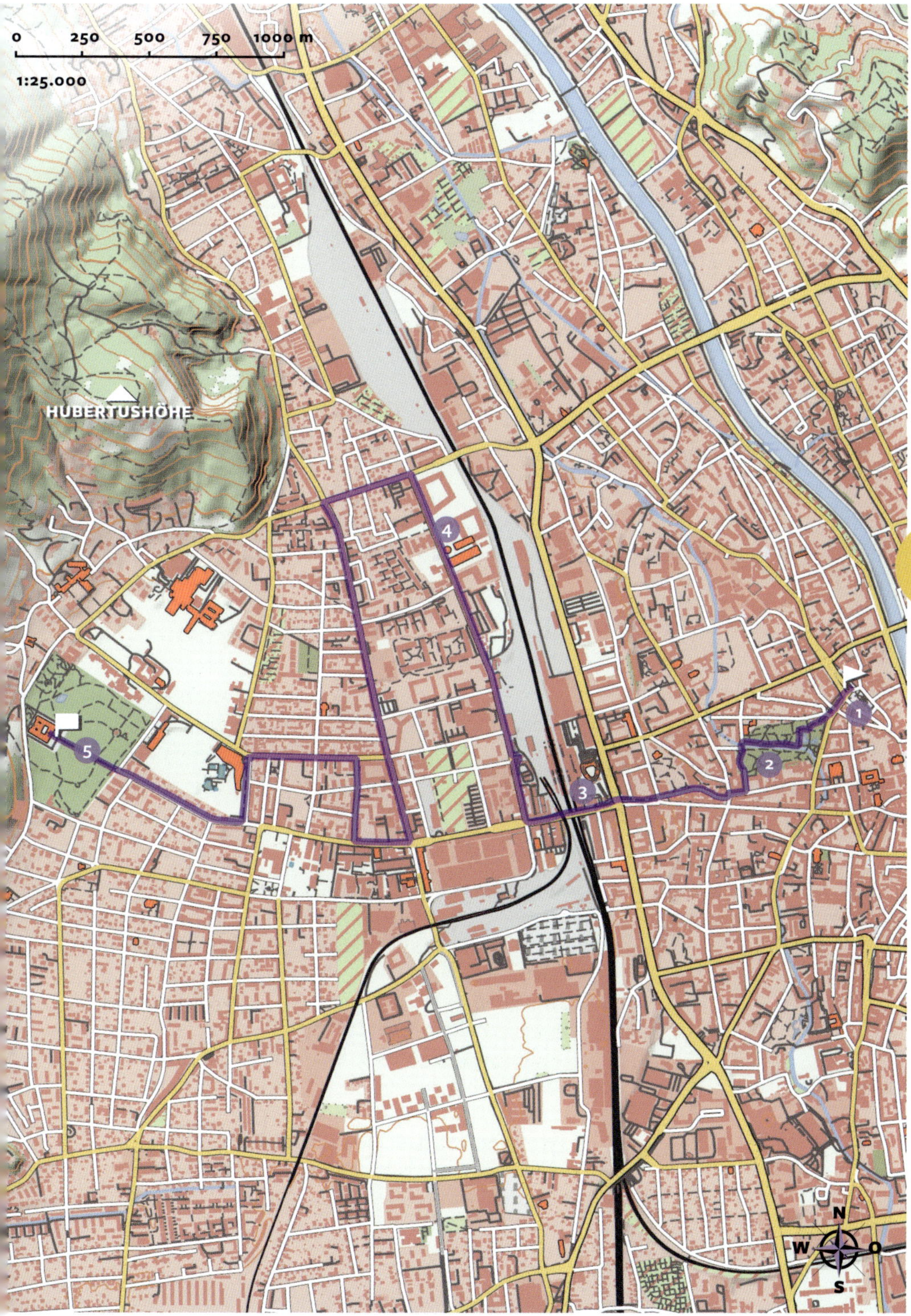
0
250
500
750
1000 m
1:25.000
HUBERTUSHÖHE
1
2
3
4
5
N
W
O
S

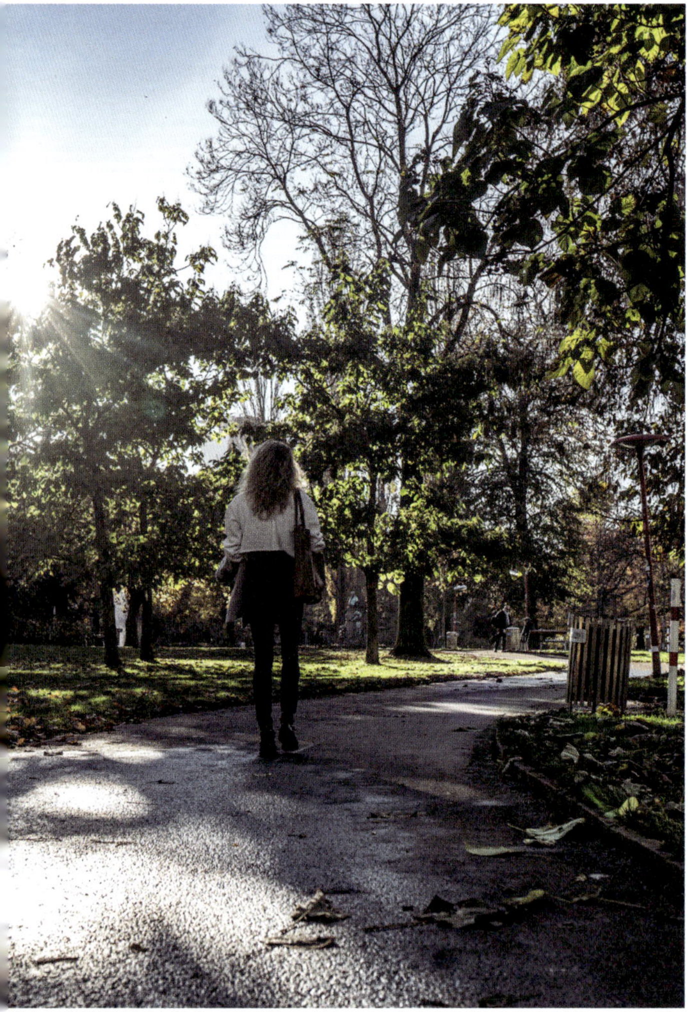

Lendplatzliebe
Auf dem zweitgrößten Bauernmarkt der Stadt wird von Montag bis Samstag ab 6 Uhr Regionales angeboten. Der Platz ist höchst beliebter Treffpunkt für den Start ins Wochenende.

Es wird immer wieder laut um ihn: der Volksgartenpark, grünes Element von Graz seit 1875

kirche mit dem Mühl-Schlössl, das als Pfarrhaus dient. Über die Hanuschgasse gelangen wir rechts in die Strauchergasse und von dort auf den Esperantoplatz. Der russische Augenarzt Ludwik Lejzer Zamenhof hatte die Kunstsprache 1887 mit dem Ziel einer gemeinsamen Kommunikationsmöglichkeit für alle erfunden. Durchgesetzt hat sie sich jedoch nie. 1949 gab es einen Esperantokongress in Graz, daher rührt der Name des Platzes, den die Skulptur „Espero" des dänischen Bildhauers Jesper Neergaard ziert.

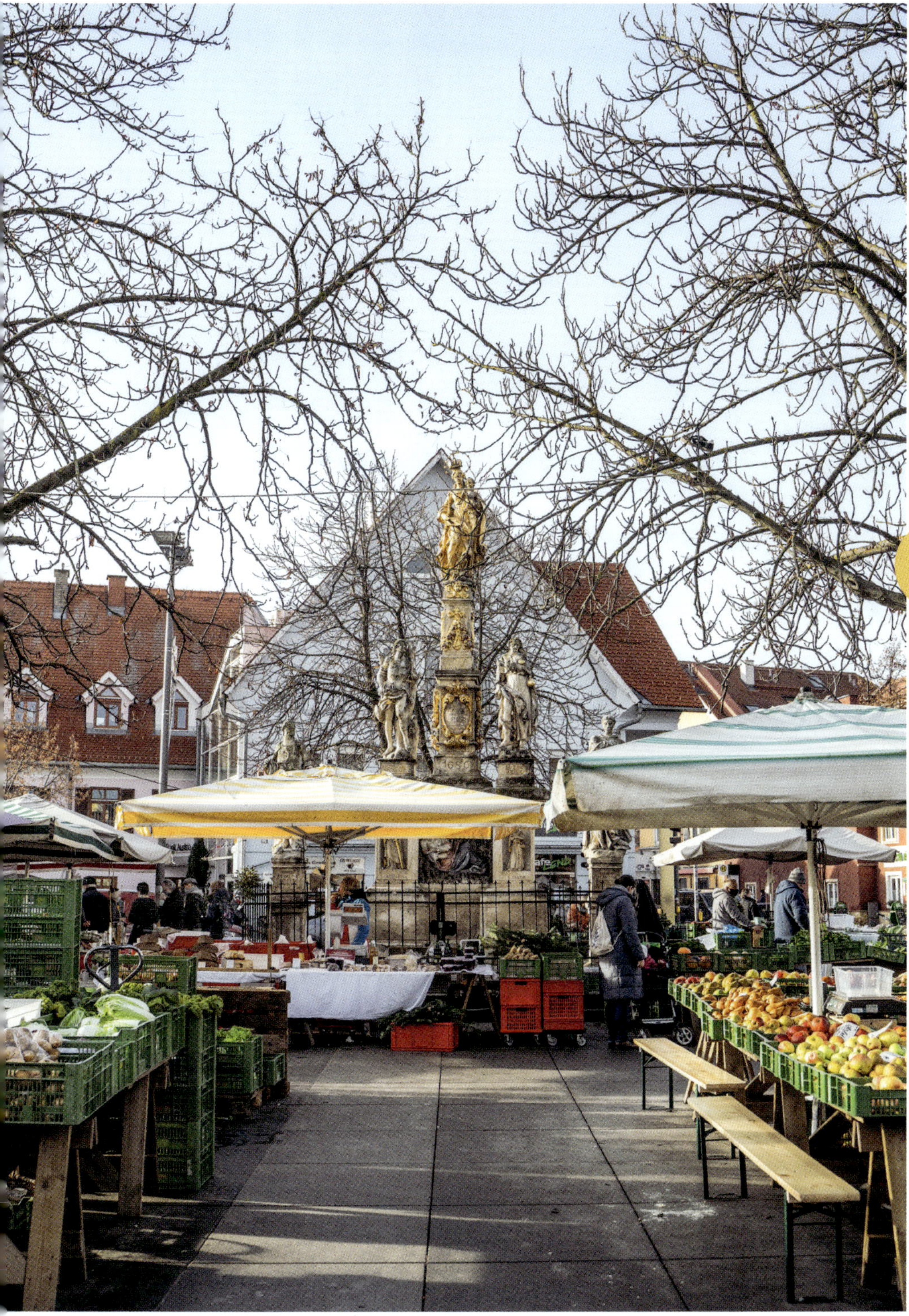

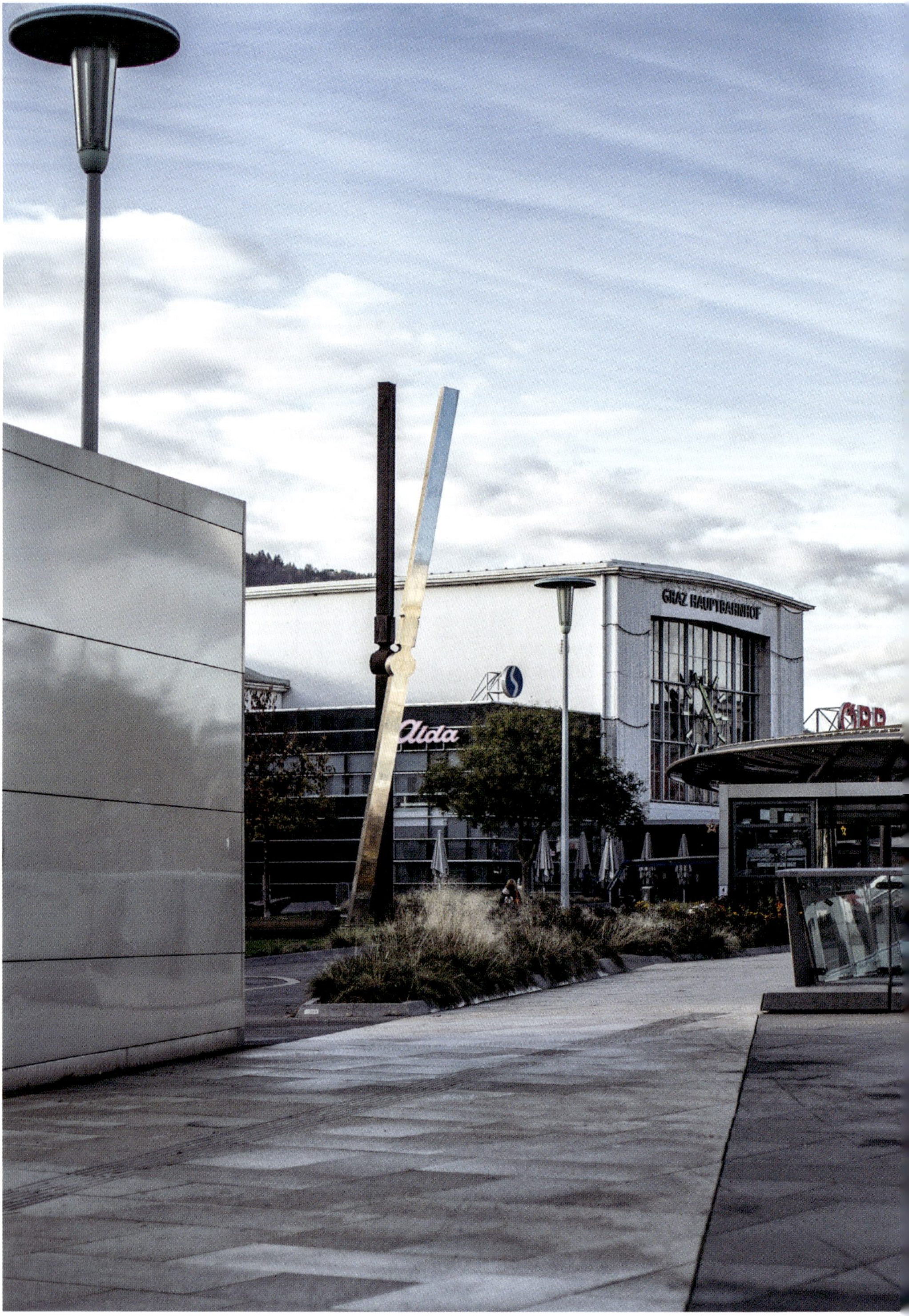
GRAZ HAUPTBAHNHOF

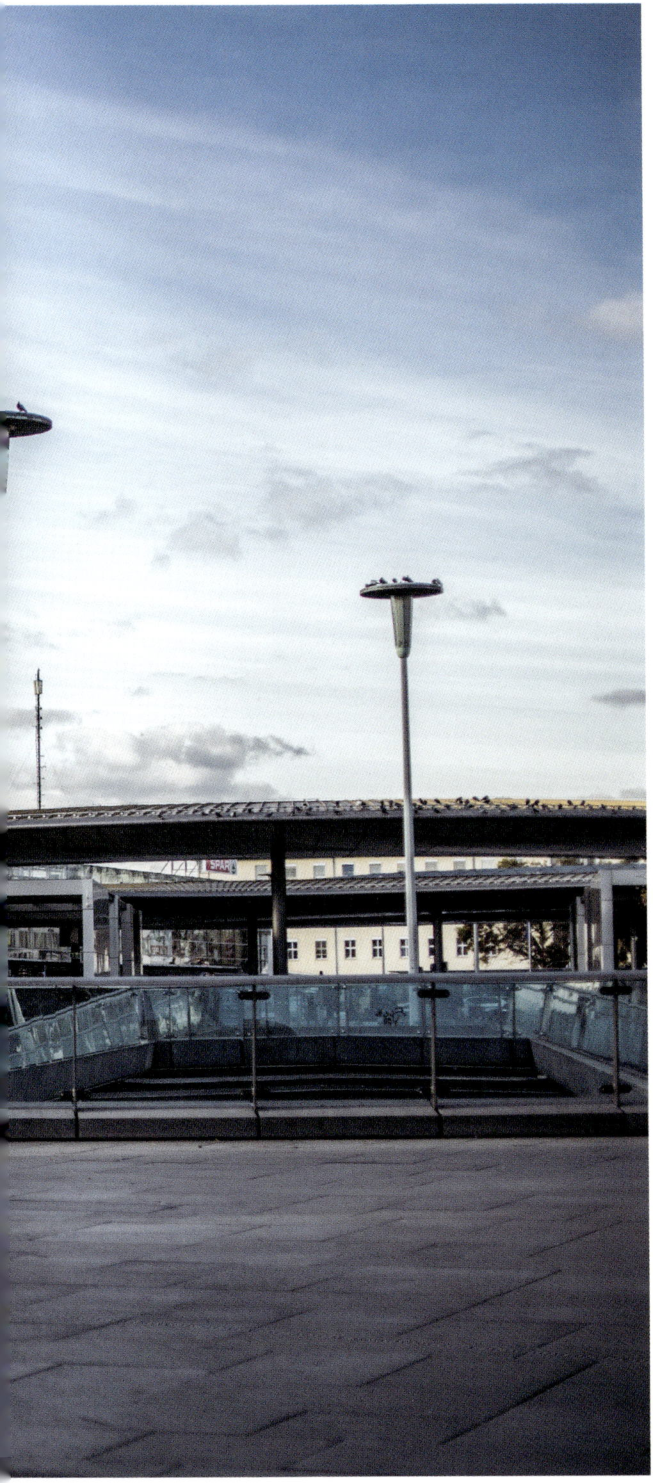

Von Süd nach Haupt
Er hat seine „Karriere“ auf Bestreben Erzherzog Johanns 1844 als Südbahnhof begonnen, für gewöhnlich beleben den Grazer Hauptbahnhof Tag für Tag rund 30.000 Personen.

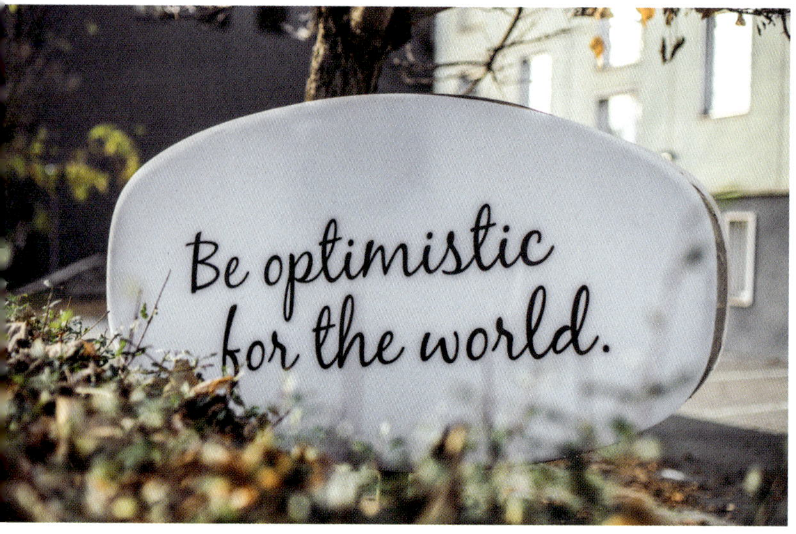

Positive Bestärkung in globalen Angelegenheiten kann am Wegesrand nie schaden

Jetzt liegt die Annenstraße vor uns, welche die Altstadt mit dem Hauptbahnhof, unserem nächsten Etappenziel, verbindet. Sie ist als Geometerstraße exakt auf den Turm der Franziskanerkirche ausgerichtet. Mit einem Schulterblick lässt sich schnell die Probe aufs Exempel machen. Die bepflanzte Straßenbahnhaltestelle Esperantoplatz soll – wie die Fassadenbegrünung eines Versicherungsunternehmens weiter stadteinwärts – mehr Grün in die Straße bringen, die nicht so recht an frühere Blütezeiten anschließen kann. Schon sind wir am **HAUPTBAHNHOF** **3**, der 1945 durch Bomben in Schutt und Asche gelegt worden war und in den 1950er-Jahren neu aufgebaut wurde. Zuletzt hat sein Vorplatz mit dem „Golden Eye" ein ovales Dach erhalten. Ein Abstecher in die Bahnhofshalle ist erlaubt. Ohne Hektik des Alltags kann man die bioamorphe Grafik des Künstlers Peter Kogler – ein Projekt aus dem Europäischen Kulturhauptstadtjahr 2003 – in Ruhe auf sich wirken lassen.

Unser Weg führt uns dann wieder weiter die Eggenberger Straße entlang, vorbei am Hotel Daniel, wo uns ein Schild einen guten Gedanken mit auf den Weg gibt: „Be optimistic for the world." Das wollen wir uns nur zu gern zu Herzen nehmen, gerade weil es nicht immer so einfach ist. Nach der Unterführung biegen wir rechts in die Waagner-Biro-Straße ab, kommen

Leuchtturm der Smart City

60 Meter Höhe, zwölf Stockwerke, ein Dachgarten für Obst und Gemüse und eine Fassade, die Licht in elektrische Energie umwandelt – der Science Tower wurde als erstes Projekt des neuen Quartiers realisiert.

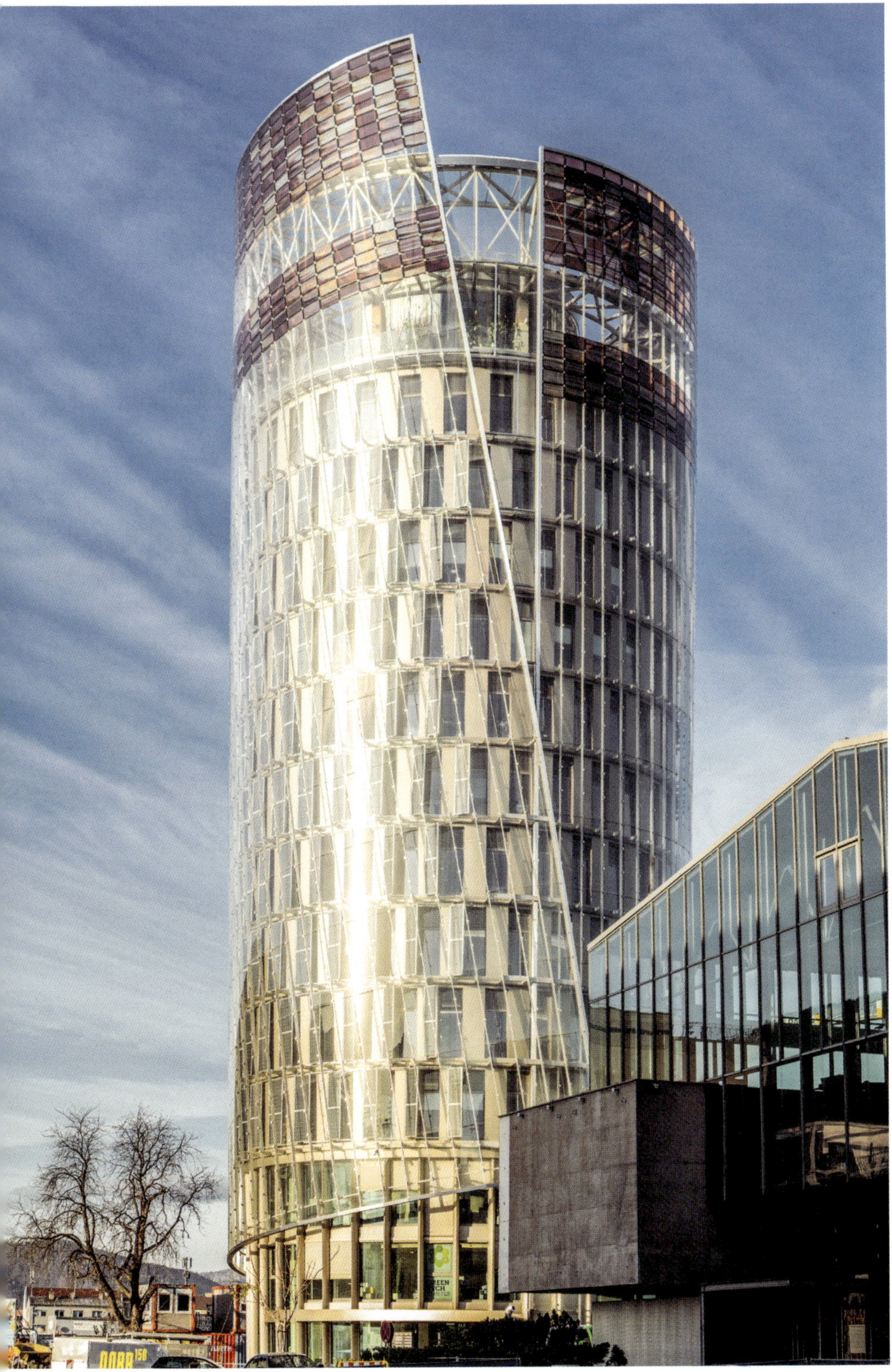

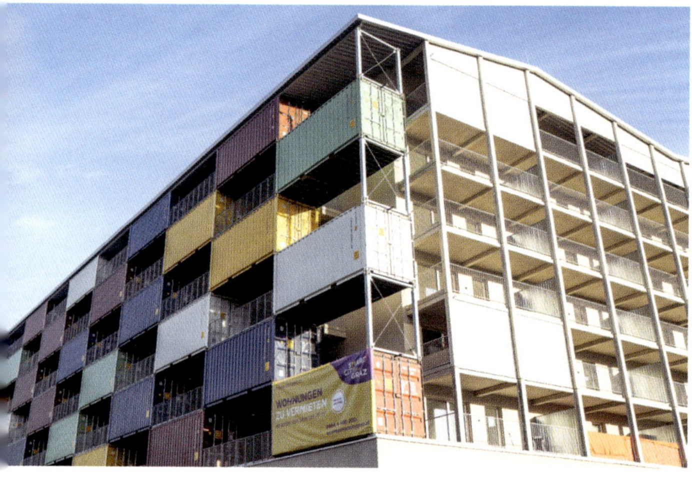

Quartier der Zukunft
Die Realisierung der My Smart City Graz belebt das ehemalige Industriegebiet nördlich des Hauptbahnhofs. Auf 8,2 Hektar Fläche entstehen Wohn-, Büro- und Geschäftsflächen unter einem nachhaltigen Gesamtkonzept.

am denkmalgeschützten Wasserturm vorbei und tauchen dann in einen neuen Stadtteil ein. Energieeffizient, ressourcenschonend, emissionsarm – so lauten die ehrgeizigen Ambitionen für ein Areal, das gerade die Transformation von einem Industrieviertel zum Wohnquartier erfährt. Noch dominiert die Baustellenatmosphäre, aber das Quartier **MY SMART CITY GRAZ** (4) ist bereits spürbar. Gleich neben dem Wohnhaus, in dem alte Schiffscontainer neue Funktionen erhalten haben und dem Haus ein farbenfrohes Gesicht verpassen, passieren wir die Helmut-List-Halle. Bereits weithin sichtbar: Der 60 Meter hohe Science Tower, dessen zum Teil transparente Energiegläser Licht in elektrische Energie umwandeln. Er ist der Leuchtturm des Viertels. Ganz oben wird Rooftop Farming betrieben. Denn: Dachgärten kühlen die Stadt, reduzieren Emissionen – und sie sehen schön aus!

Vorbei am Lokal „Streets“ mit berühmten Getränken und Gerichten aus aller Welt wandern wir die neuen Straßenbahngleise entlang weiter, bis wir die Peter-Tunner-Gasse erreichen. Wir folgen dieser stadtauswärts bis zur Alten Poststraße, in die wir nun nach links einbiegen. Wem nach einer süßen Wegzehrung ist: Die Konditorei Klescher liegt komfortabel auf der Tour. Weiter vorne zieht das Wohnprojekt Eggenberge, dessen Silhouette an einen Hügelzug erinnert, die Blicke auf sich. An der Kreuzung mit der Eggenberger Straße fällt die Fachhochschule Joanneum ins Auge. Einmal mehr ist der innovative steirische Prinz und jüngere Bruder von Kaiser Franz I. Namensgeber.
Den Straßenbahnschienen der Linie 7 entlang nähern

wir uns bereits langsam unserem heutigen Tourziel. Davor legen wir aber noch einen kleinen Schlenker ein – hinein in die Prangelgasse, vorbei an reizvollen Gründerzeithäusern. Ein wenig Aufmerksamkeit für Details lohnt sich! Wir treffen abermals auf das Wohnprojekt Eggenberge, das wir hier von einer anderen Perspektive betrachten können. Von der Georgigasse können wir bereits die „Auster“ erblicken. Detail am Rande: Das öffentliche Planschvergnügen ist auch mit einem Sporthallenbad ausgestattet – es ist das einzige mit einem 50-Meter-Becken in Südösterreich.

Sportlich streben wir auch dem Ende unserer Tour zu. Direkt beim Bad nehmen wir die Janzgasse, die uns zur Eggenberger Allee führt. Die Bäume, die die Straße säumen, geben ein prachtvolles Bild für einen herrschaftlichen Abschluss ab: **SCHLOSS EGGENBERG** **5**. Rund 10.000 Schritte sind getan. Es wäre jedoch fast ein Frevel, das Tor zum Schloss der Fürsten Eggenberg nicht zu durchschreiten. Geradeaus liegt der barocke Prachtbau, UNESCO-Weltkulturerbe. Bauherr Fürst Hans Ulrich von Eggenberg wollte harmonische Strukturen als Kontrapunkt zum Chaos des 16. Jahrhunderts setzen. Glanzvoller Mittelpunkt bleibt der Planetensaal in der Beletage des Schlosses, vollendet im Jahr 1685. Ein

Gleich einer Auster öffnet sich der Bau hin zum Freibereich, die Schale birgt die Wellnesswelt

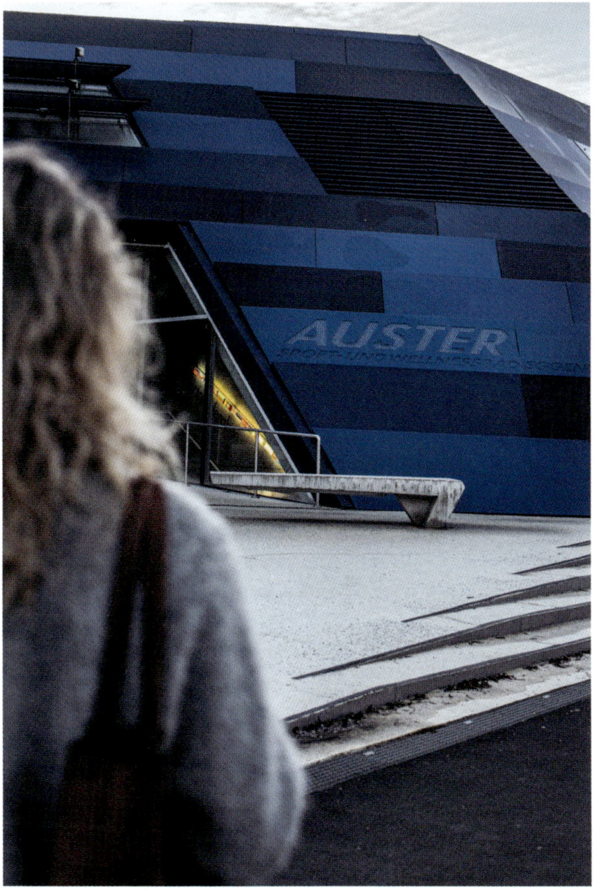

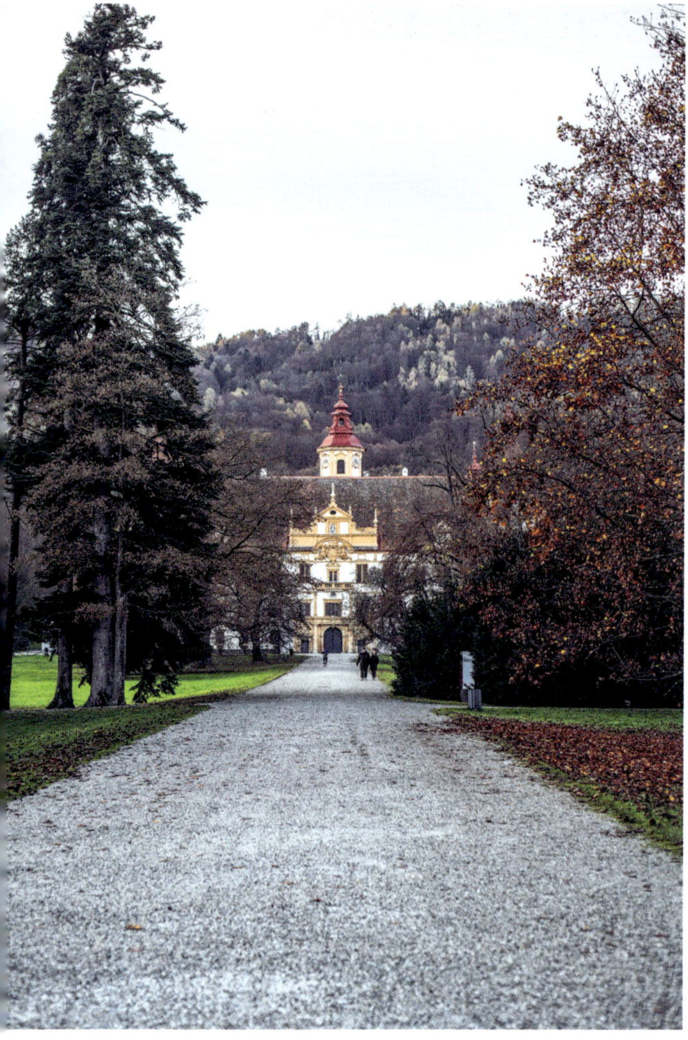

Besuch der Prunkräume ist immer wieder ein Erlebnis, ganz besonders bei Kerzenlichtführungen. 24 Prunkräume stehen für die 24 Stunden des Tages, 31 Räume in jedem Stockwerk für den längsten Monat, 365 Außenfenster für die Tage eines Jahres, 52 Prunkräume-Fenster für die 52 Wochen des Jahres. Das barocke Schlafzimmer, in dem Kaiserin Maria Theresia anno 1765 übernachtet hat, ist noch im Originalzustand erhalten.

Vor dem Schoss stolzieren Pfaue über die Wege, sie sind heute die Herrscher über den Park. Allein die verschiedenen Gartenbereiche des Areals sind eine Geschichtsstunde für sich. Vom Rosenhügel, der auch ein Aussichtsberg ist, über das Frühstücks- oder Herrschaftsgartel bis hin zum poetischen Planetengarten gibt es allerlei zu bestaunen. Das Wort „malerisch" wurde wohl für diese Anlage erfunden, die auch bei häufigen Wiederholungsbesuchen nichts an Attraktivität einbüßt. Hier kann man beschwingt noch ein paar hundert Schritte tun. Und wenn es dann genug ist, lässt es sich von den nahegelegenen Haltestellen der Straßenbahnlinien 7 und 1 bequem heimwärts gondeln.

Schloss Eggenberg ohne Pfaue? Undenkbar. Erstmals erwähnt wurden sie 1654. Manchmal halten sie sich aber dezent im Hintergrund

Top 5 auf dieser Route

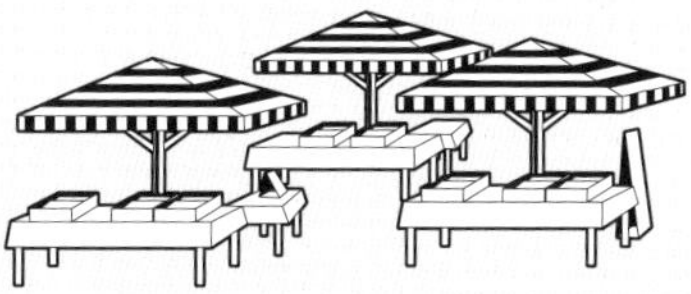

01.
Lendplatz
„Lend“ kommt vom einstigen Anlegen der Schiffe am Murufer, dem „Anlenden“. Früher wurden hier Viehmärkte abgehalten. Heute ist der Lendplatz mit seinem Bauernmarkt beliebter Treffpunkt. Mit seinen 800 Stadtbauern ist Graz Österreichs Spitzenreiter unter den Gemeinden.

02.
Volksgartenpark
Der Park wurde 1875 eröffnet, ist nur drei Jahre jünger als der Stadtpark und hat eine bewegte Vergangenheit und Gegenwart. Es verheißt Glück, die buddhistische Friedensstupa ebendort im Uhrzeigersinn zu umrunden und Gaben darzubringen.

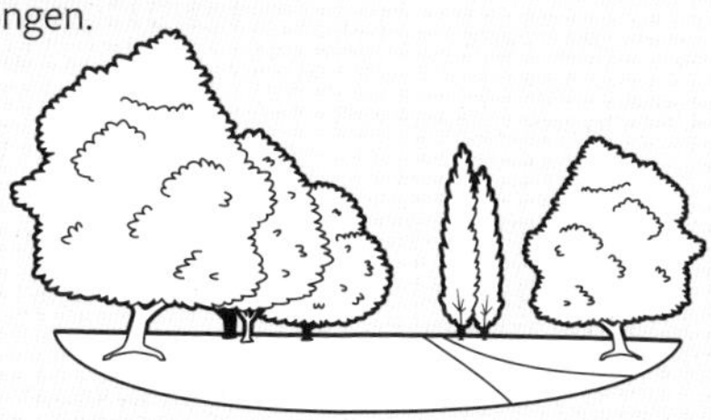

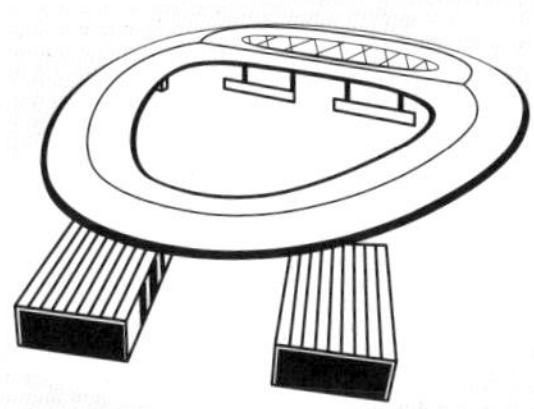

03.
Hauptbahnhof
Der Verkehrsknotenpunkt hat im Rahmen des Bauprojekts „Hauptbahnhof 2020“ nach einem Entwurf des Wiener Architekturbüros Zechner & Zechner eine Welle als Dach und einen 150 Meter langen Kunst-Tunnel erhalten.

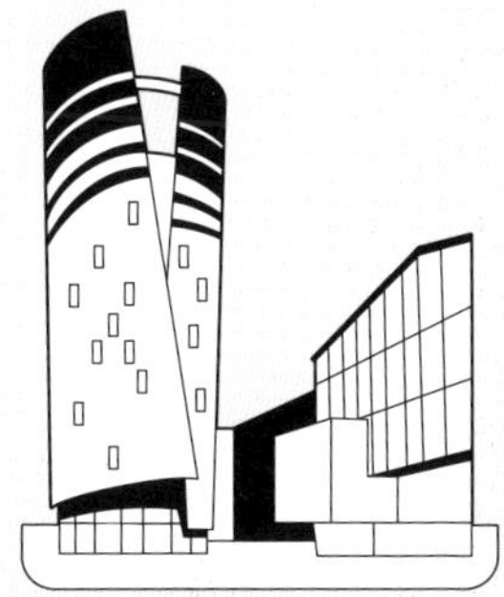

04.
My Smart City Graz
Das Stadtquartier der Zukunft: energieeffizient, ressourcenschonend, emissionsarm – so lautet der Anspruch. Das Areal rund um die Helmut-List-Halle vollzieht den Wandel vom Industrieviertel zum Wohnquartier.

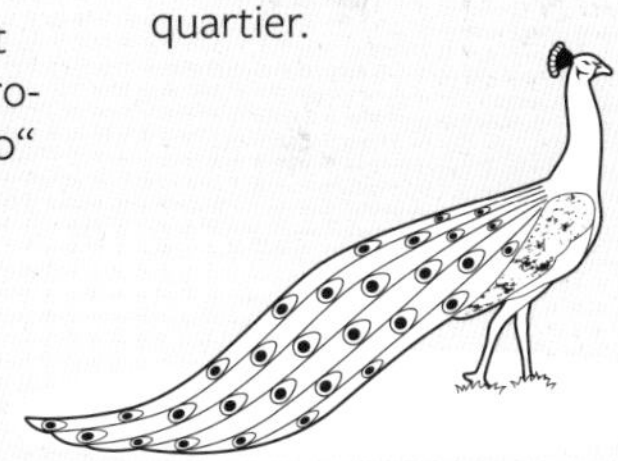

05.
Schloss Eggenberg
Jede Generation an Herrschaften hat den Schlosspark nach ihren Vorstellungen umgestaltet. Im 18. Jahrhundert wich der barocke Stil dem englischen Landschaftsgarten. Viel Parkpoesie und die legendären Parkbewohner – die Pfaue – prägen heute das Bild.

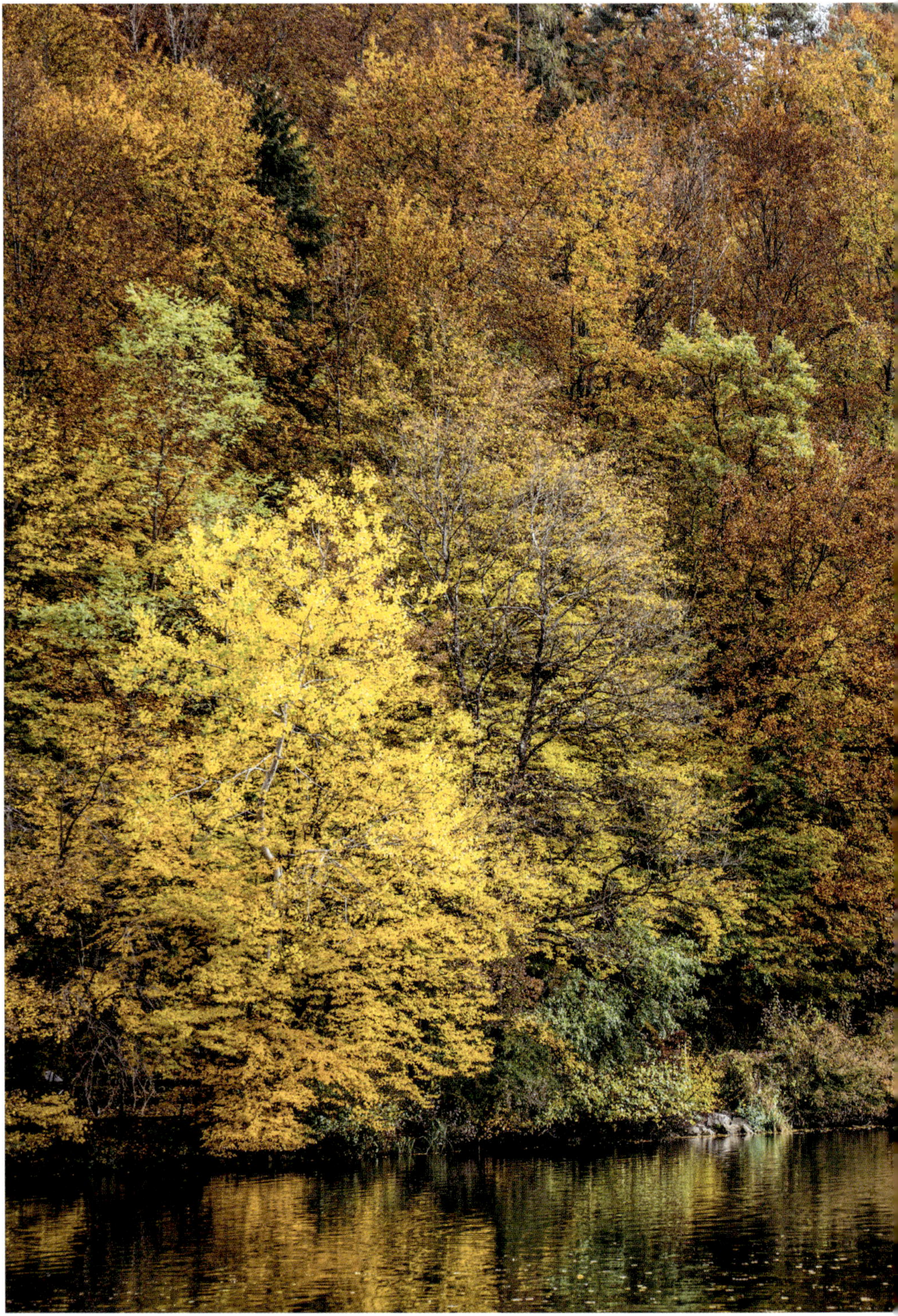

08

Von Gösting über den Plabutsch zum Thalersee

Die Fordernde

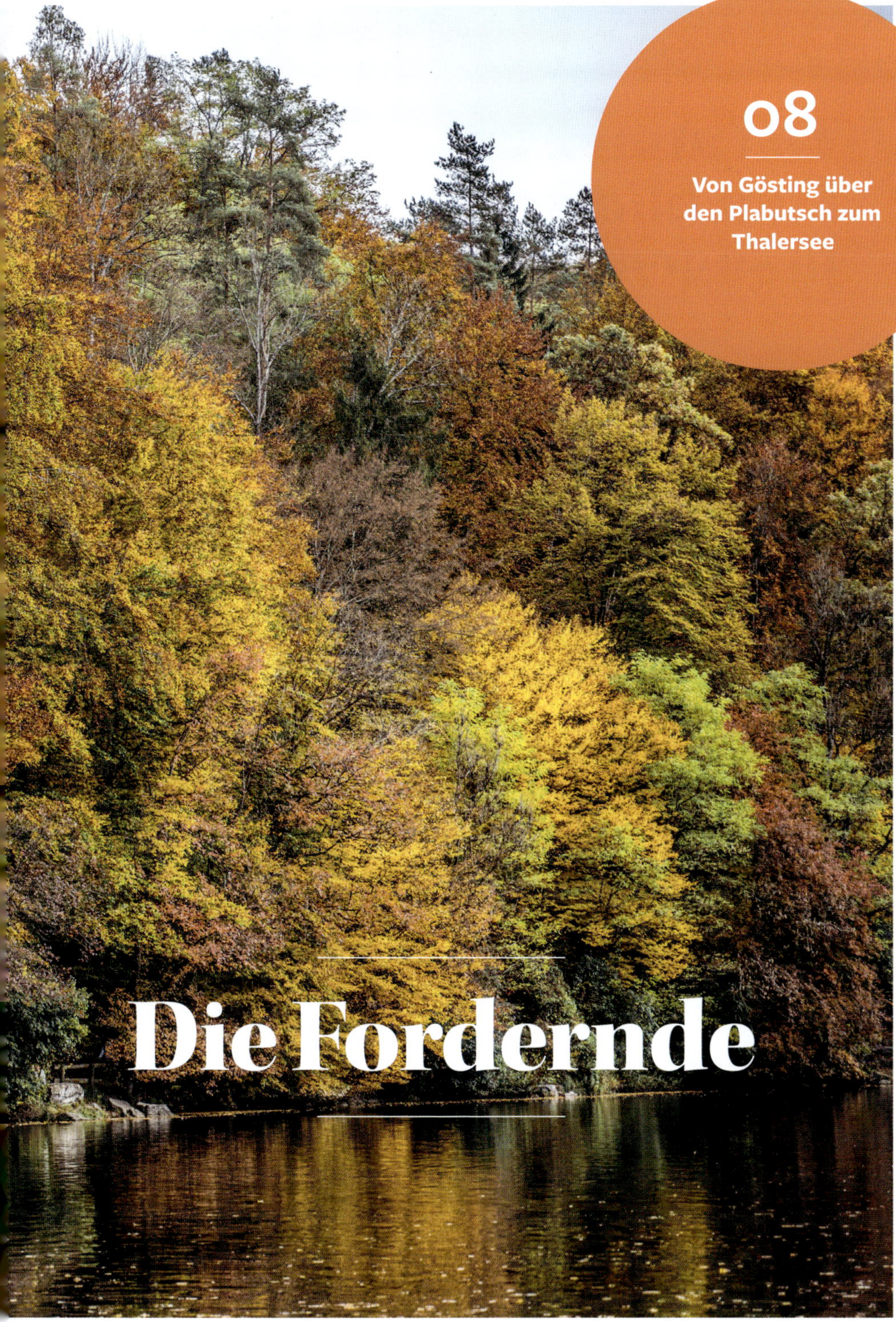

08

Tief atmen am Fürstenstein. Weit blicken an der Warte. Ja sagen am Thalersee.

Charakter der Tour
Gewissermaßen eine kleine Bergtour an der Stadtgrenze. Vom höchsten Punkt der Wanderung am Plabutsch geht es dann lockeren Schrittes ins Tal. Ziel: der Thalersee.

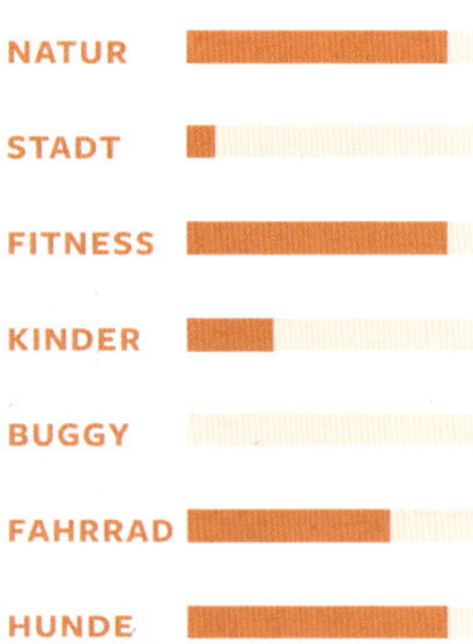

STARTPUNKT
Haltestelle Schlossplatz
Bus: Linie 40

Es verwundert kaum, dass der Schlossplatz am nördlichen Stadtrand mit einiger Geschichte aufwarten kann. Die Endstation der Buslinie 40 im 13. Grazer Bezirk liegt am Fuße der **BURGRUINE GÖSTING** (1). Sie thront 200 Meter über der Stadt auf einem schmalen Berggrat, mehr als 900 Jahre Vergangenheit atmen ihre Mauern. Berühmt ist auch ein Felssporn auf dem Ruinenberg – der Jungfernsprung. Der Sage nach soll sich die Tochter eines einstigen Burgherrn von dort in die Tiefe gestürzt haben, da ihr Geliebter im tödlichen Schwertkampf mit einem anderen Ritter das Nachsehen hatte.

Wir lassen den Ruinenweg heute aber links oder vielmehr rechts liegen und gehen stadtauswärts am **SCHLOSS GÖSTING** (2) vorbei, das sein Gesicht zur Straße in dezentem Gelb und mit dekorativen Stuckarbeiten präsentiert. Dass hier am Thaler Bach ein Barockschloss steht, rührt daher, dass die Burg Gösting 1723 bei einem Brand nach einem Blitzschlag zerstört wurde. Der spätere Besitzer, Graf Ignaz Maria von Attems, ließ sie nicht wieder aufbauen, sondern stattdessen ein Sommerschloss im Tal errichten.

Wir biegen nun in die Göstinger Straße ein und wechseln nach ein paar Metern direkt am Marterl in den Fürstenstandweg. Die Hinweistafeln zum Wanderweg 2 beziehungsweise 2a bestärken uns in unserer Wahl. Jetzt geht es so zügig und steil bergauf, dass sogar mancher E-Bike-Fahrer lieber absteigt und schiebt. Nach rund 1.000 mehr und mehr atemlosen Schritten entdecken wir ein Bankerl zum Verschnaufen.

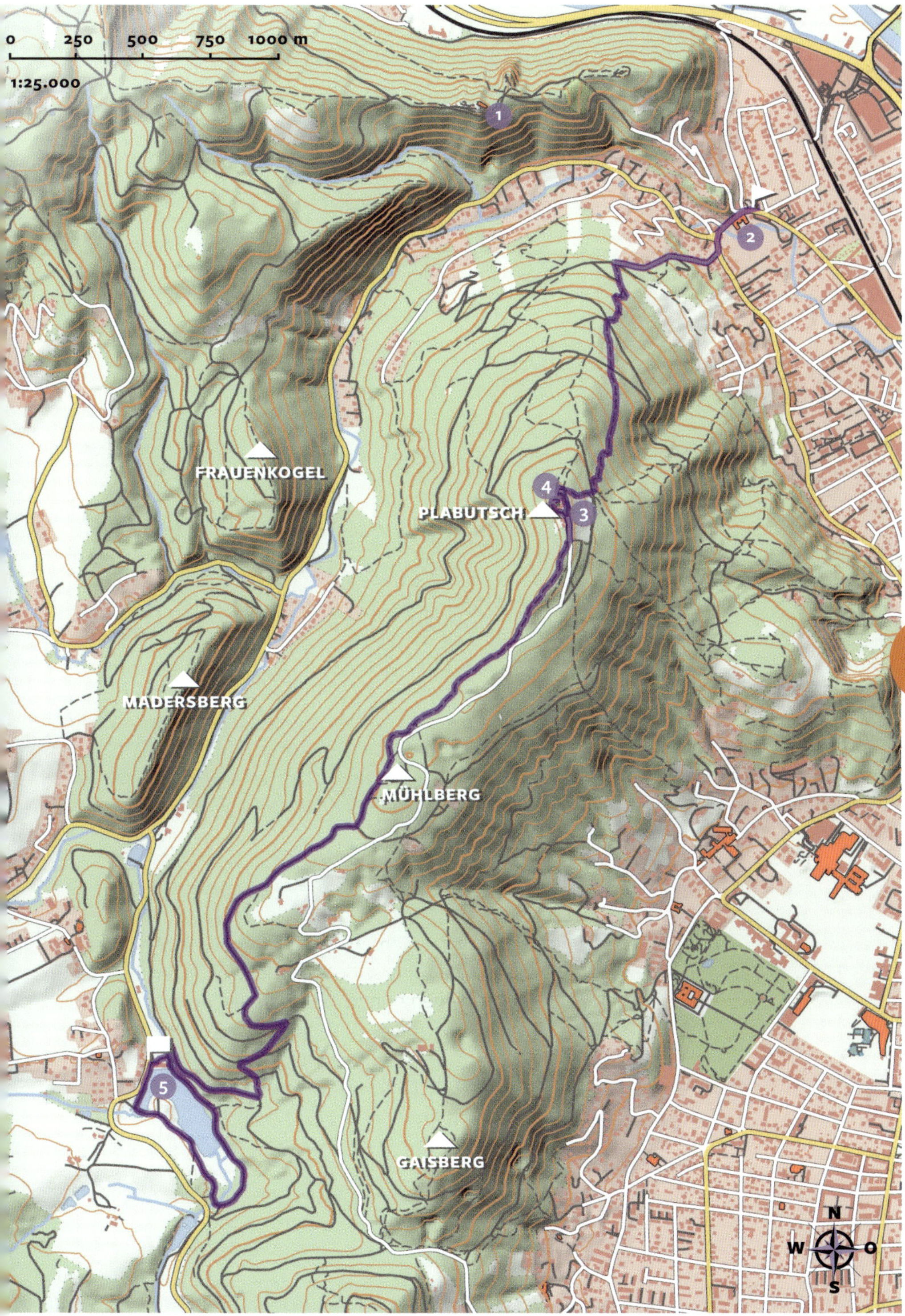

0
250
500
750
1000 m
1:25.000
1
2
3
4
5
FRAUENKOGEL
PLABUTSCH
MADERSBERG
MÜHLBERG
GAISBERG
N
W
O
S

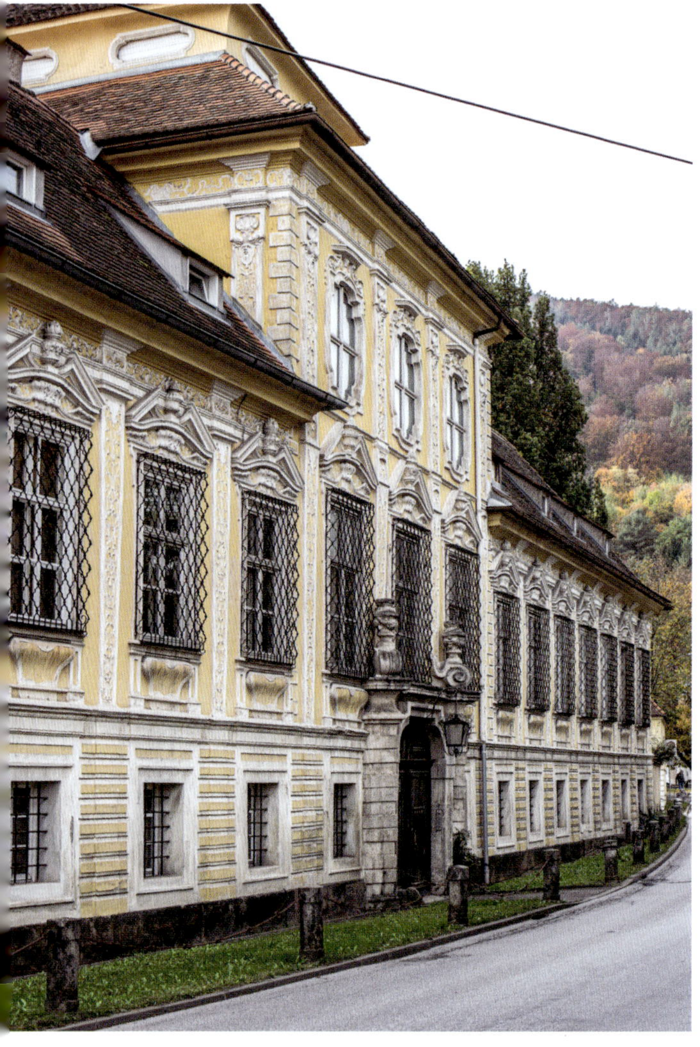

Hier werden wir bereits mit einem ersten Ausblick ins Umland belohnt. An der Gabelung halten wir uns rechts, die Markierung am Baum macht uns sicher: Wir bewegen uns weiterhin auf einem Teilstück des Kernstockwegs, der von Gösting bis nach Straßgang führt. Ambitioniert gewinnen wir übers Wurzelwerk steigend weiter an Höhe und verschmähen den Forstweg, der sich gemächlicher den Plabutsch hinaufschlängelt und den wir mehrmals kreuzen. Der **FÜRSTENSTAND** 3 als Hauptgipfel des Höhenzugs ist mit seinen 754 Metern unser Etappenziel. Auf dem Weg dorthin erspähen wir zwischen den Bäumen unter anderem das Kunsthaus, die Medizinische Universität Graz und die „Flieger-Restaurants" – eine Boeing 727-200 und eine russische Iljuschin Il-62M, die als Attraktion auf das Dach des Hotels Novapark gesetzt wurden.

Tief unter uns, drinnen im Berg, verläuft der 10 Kilometer lange Plabutschtunnel, dessen erste Röhre im Jahr 1987 zweispurig eröffnet wurde, die zweite folgte 2004. Wir legen unser Augenmerk jetzt aber wieder auf die Welt über der Erde, die wohlverdiente Rast naht.

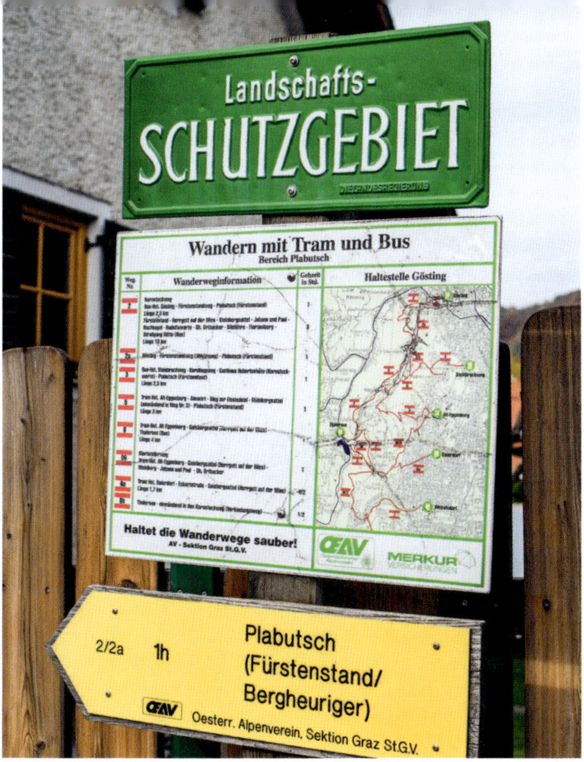

Der ambitionierte Weg zum Bergheurigen führt durch Landschaftsschutzgebiet

Schon erreichen wir das Damwild-Gehege, auf den letzten Metern säumen Vogelbeerbäume den Weg bis zum höchsten Punkt, den schon Erzherzog Johann als Wander- und Aussichtsberg für sich entdeckt hatte. 1830 fand eine Art Familienausflug statt, im Zuge dessen der Gipfel erobert wurde. Mit von der Partie waren – abgesehen von Johann – dessen Bruder Kaiser Franz I. samt vierter Gattin Karoline, Marie-Louise von Parma, die Tochter von Kaiser Franz, und deren Sohn mit Napoleon Bonaparte, der Herzog von Reichstadt. Zur Erinnerung wurde ein Gedenkstein gesetzt, der sogenannte Fürstenstein.

Die **AUSSICHTSWARTE** **4** ist schon seit längerem gesperrt und bedarf einer Sanierung. Der ersten Variante aus Holz folgte 1852 ein steinerner Schneckenbau, 1888 eine neue Version aus Stein und Eisen und 1936 die heutige Warte, die vom Grazer Alpenverein auf das alte Fundament gesetzt wurde. Anfang der 1980er-Jahre gab es sogar eine Buslinie vom

Der Dreizehnte

Gösting erlebte eine Transformation vom Dorf über den Industrieort bis zum 13. Stadtbezirk. Früher wurde Wein angebaut und ein Flughafen in der Au geplant. Das Burgareal war zum Zeitpunkt der Recherchen gesperrt.

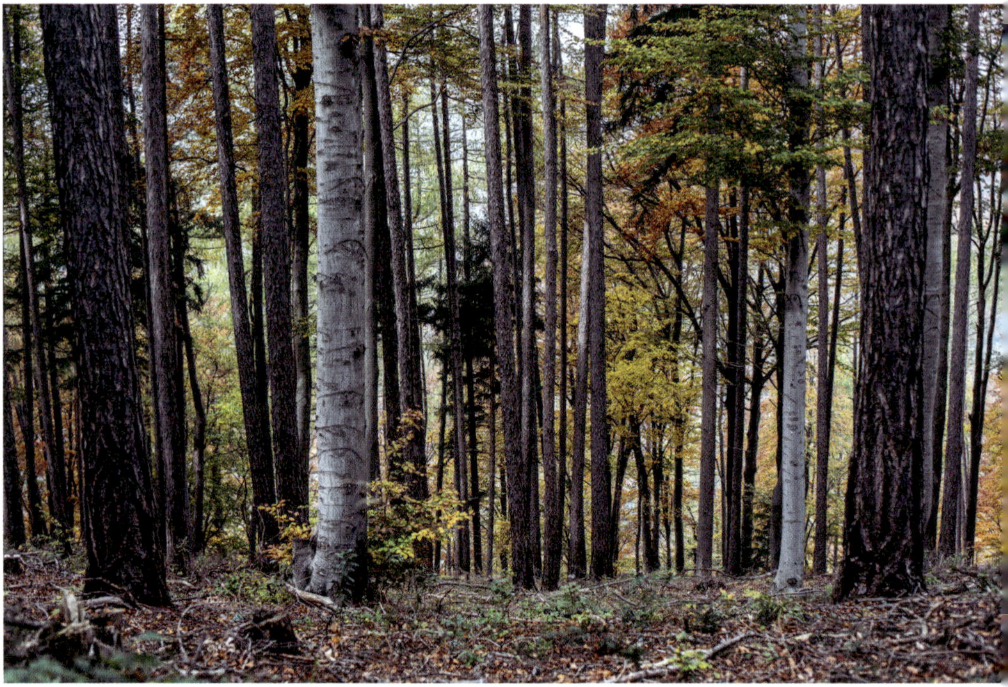

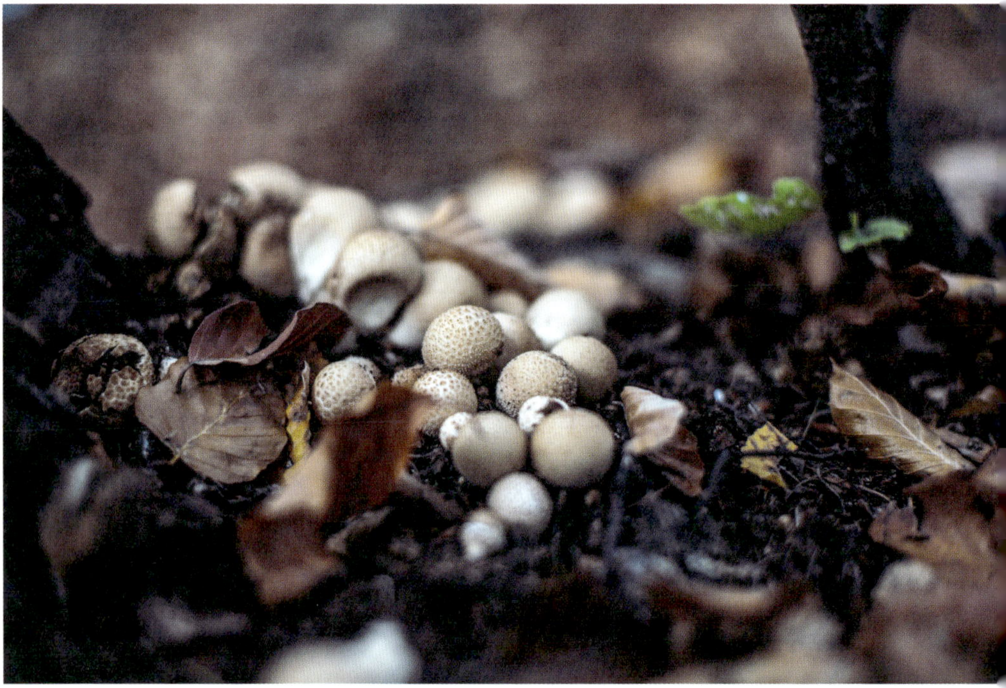

Jakominiplatz auf den Plabutsch. 1954 wurde eine Sesselliftanlage eröffnet, in sechs Minuten konnte man damals den Höhenunterschied vom Tal auf den Berg überwinden. Der Betrieb wurde 1970 wieder eingestellt. Die Talstation am Marktannerweg unweit der Göstinger Pfarrkirche existiert noch, befindet sich aber im fortgeschrittenen Verfallsstadium – sie ist einer der „lost places" in Graz. Die Errichtung einer neuen Seilbahn wurde immer wieder kontroversiell diskutiert.

Wir verlassen uns weiter auf unsere Muskelkraft. Im Bergheurigen Fürstenstand serviert die Familie Mausser Bodenständiges, Most und Saft aus eigener Produktion. Wem nach Weitermarsch ist, nur zu! Wir schauen noch einmal ins Tal, das Murbecken breitet sich panoramahaft aus. Vom Parkplatz führt der gekennzeichnete Weg rechts wieder direkt in den Wald hinein. Der höchste Punkt der Tour liegt hinter uns, jetzt geht es inmitten von Laub- und Nadelbäumen gemütlich bergab Richtung **THALERSEE** **5**.

Zur „Reifezeit" warten links und rechts des Weges Kindheitserinnerungen: Springkraut in rauen Mengen. Zwar genießt die ursprünglich aus Indien stammende und im 19. Jahrhundert auch in Europa als Zierpflanze beheimatete Himalaya-Balsamine kein besonders hohes Renommee, weil sie andere Pflanzen schnell überwuchert – dennoch: Ein paar Kapselfrüchte zu knacken, ist einfach zu verlockend. Bloß auf eine zarte Berührung hin schleudern diese ihre Samen heraus, während sich die Seiten kunstvoll zurückrollen.

Auf dem Weg ins Tal erblicken wir bei gutem Wetter in der Ferne schon Schloss Oberthal, das sich im Besitz einer Hamburger Reederfamilie befindet. Markierungen und Schilder führen uns weiter Richtung Ziel. An der Forststraße halten wir uns rechts, bis wir den See erreichen. Der hat übrigens keinen natürlichen Ursprung. Im 18. Jahrhundert wurden die vorhandenen Teiche trockengelegt, erst 1920 hat man neue aufgestaut – vor allem zur Eisgewinnung für Kühlzwecke.

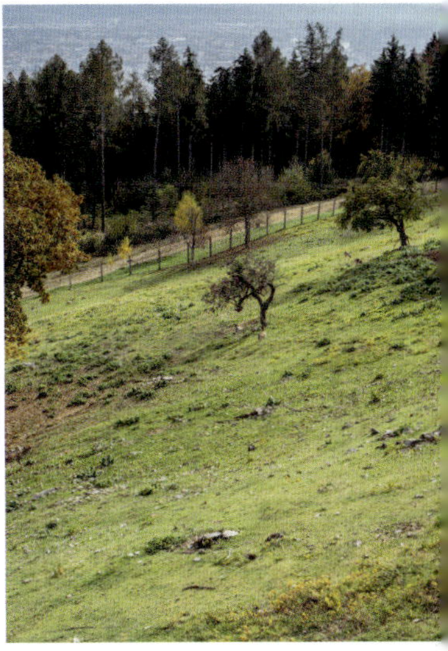

Mit offenen Augen durch die Natur: Ein Blick links und rechts des Weges lohnt sich

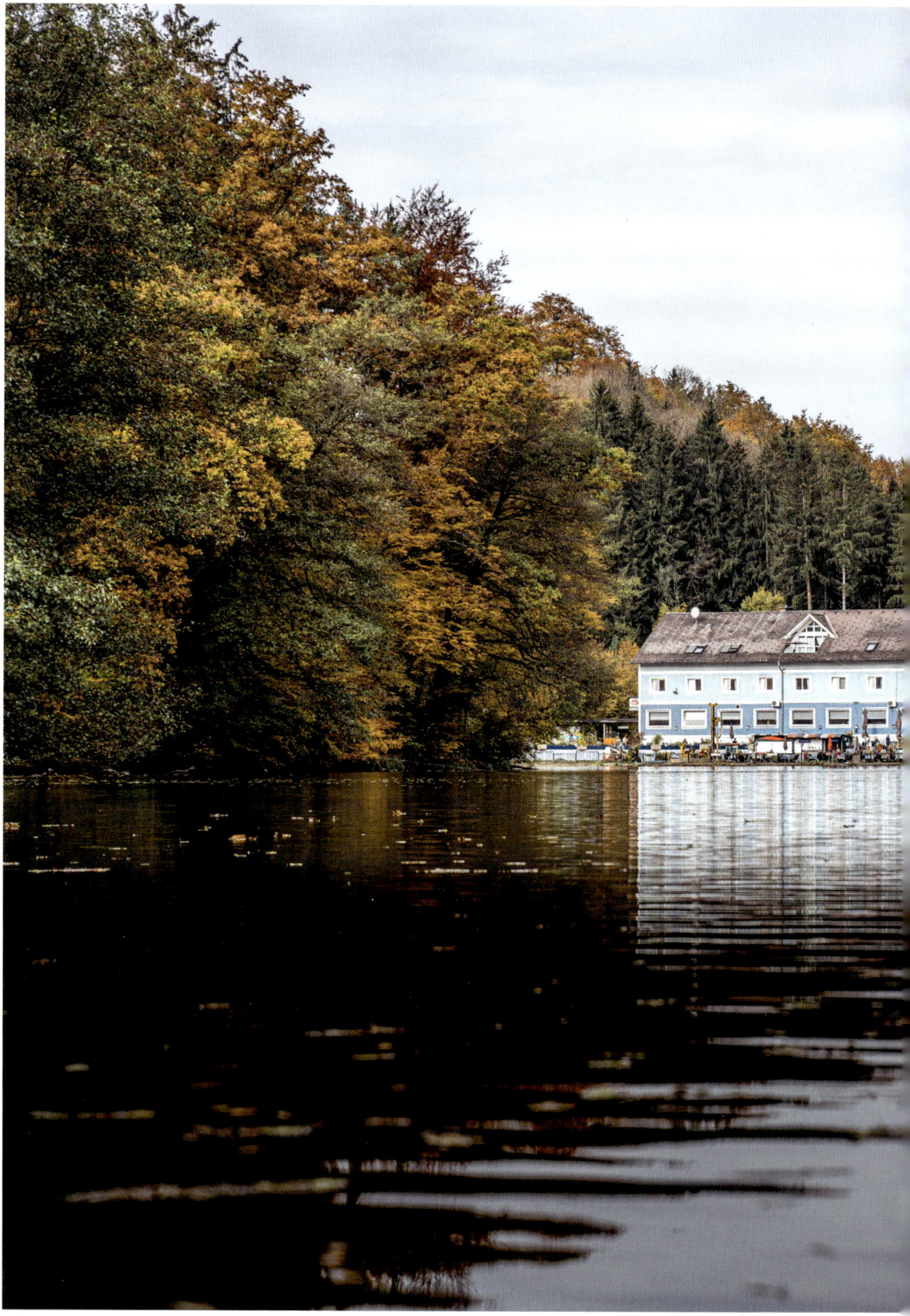

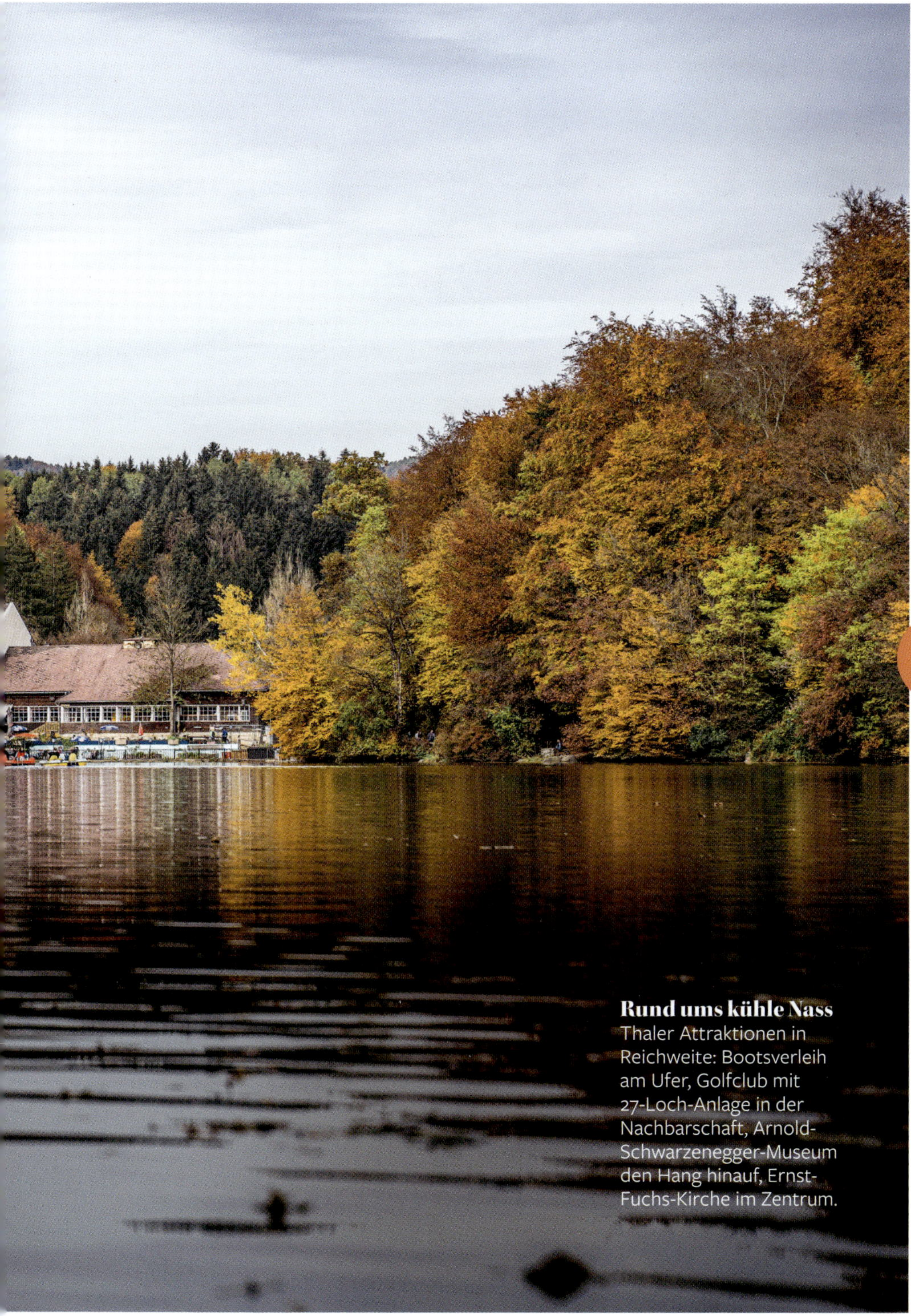

Rund ums kühle Nass
Thaler Attraktionen in Reichweite: Bootsverleih am Ufer, Golfclub mit 27-Loch-Anlage in der Nachbarschaft, Arnold-Schwarzenegger-Museum den Hang hinauf, Ernst-Fuchs-Kirche im Zentrum.

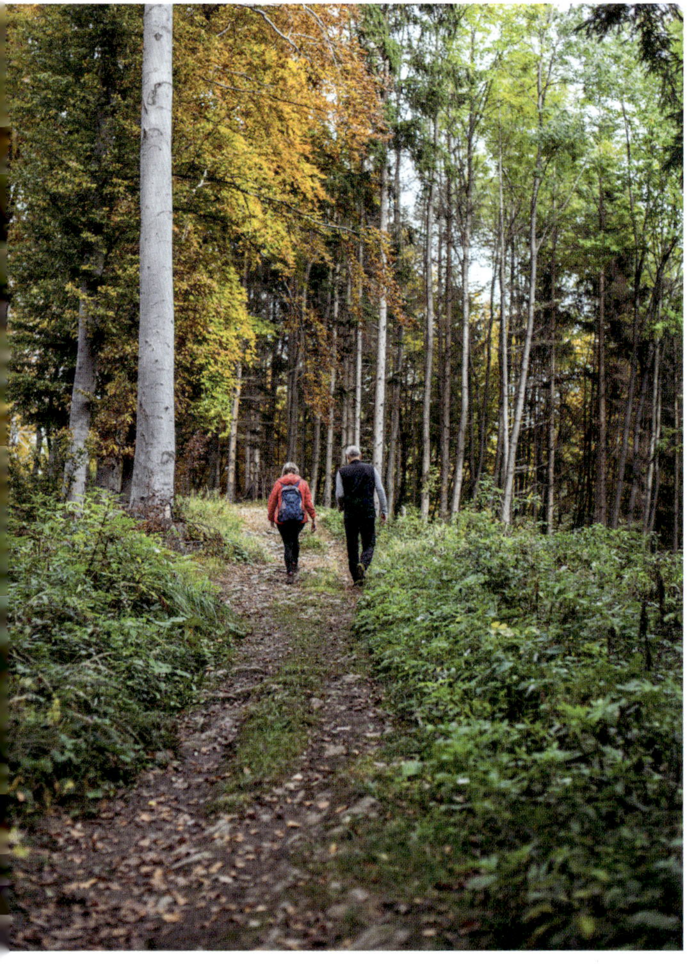

Abstecher
Vom Thalersee kann man auch in Richtung Gaisbergsattel zum Bildstock „Herrgott auf der Wies“ wandern. Seit 1840 hat die Statue dort ihren Platz.

1925 begann Hans von Reininghaus mit dem Ausbau des Thalersees zu einem modernen Strandbad, das mit 65.000 Quadratmetern Fläche als größtes seiner Art in der Steiermark galt. Bei großen Sportveranstaltungen wurden bis zu 24.000 Besucher gezählt.

Wir wollen den See zum Abschluss unserer Tour umrunden und kommen zuerst an der in die Jahre gekommenen Gaststätte vorbei. Bis zum Sommer 2022

Tipps

Die beste Version von sich selbst

Wie bleibt man körperlich und mental fit?
Sport ist wichtig, absolut. Aber langfristig gesehen ist vor allem Bewegung im Alltag unentbehrlich. Vielleicht geht man mit zunehmendem Alter nicht mehr so schnell, nicht mehr so weit, nicht mehr bei jeder Wetterlage – aber man tut es. Meine Oma, die 96 Jahre alt wurde, war da ein großes Vorbild. Es ist eine Frage der Priorität. Wie wichtig ist einem die eigene Gesundheit?

Bewegung beginnt im Kopf – warum ist das oft so schwierig?
Der Alltag ist vollgepackt. Es bleibt nicht immer Zeit für Training und Sport. Wofür immer Zeit bleibt: zu Fuß gehen. Es braucht keine Ratgeber, keine besondere Kleidung, kein besonderes Wissen, kein besonderes Material, keine besondere Technik. Es ist meine Entscheidung, ob ich den Bus nehme oder spaziere. Also: Aufstehen. Schuhe anziehen. Gehen.

Wie drückt sich mentale Stärke aus?
Sich selbst treu bleiben, eigene Entscheidungen treffen, Verantwortung übernehmen. Ich finde, es geht in jeder Lebenslage vor allem darum, die beste Version von sich selbst zu werden. Es zählt, was man aus den eigenen Voraussetzungen macht. Egal, wie unfit man ist, Hauptsache man startet damit, sich zu verbessern. Woche für Woche.

Wie bleibt man dran?
Man hat zwei Möglichkeiten: aufgeben oder durchhalten. Nicht das Beginnen wird belohnt, sondern das Durchhalten. Eine Mentaltechnik kann dabei helfen – zum Beispiel „WEPD“. W steht für Warum. Warum tust du etwas? E steht für Einfluss. Was kannst du im Moment beeinflussen? P steht für Perspektive. Wechsle die Sichtweise. D steht für Dankbarkeit. Sei dankbar!

KLARA FUCHS, Mentaltrainerin
Blog zu Selbstbewusstsein, Gesundheit und Stressprävention

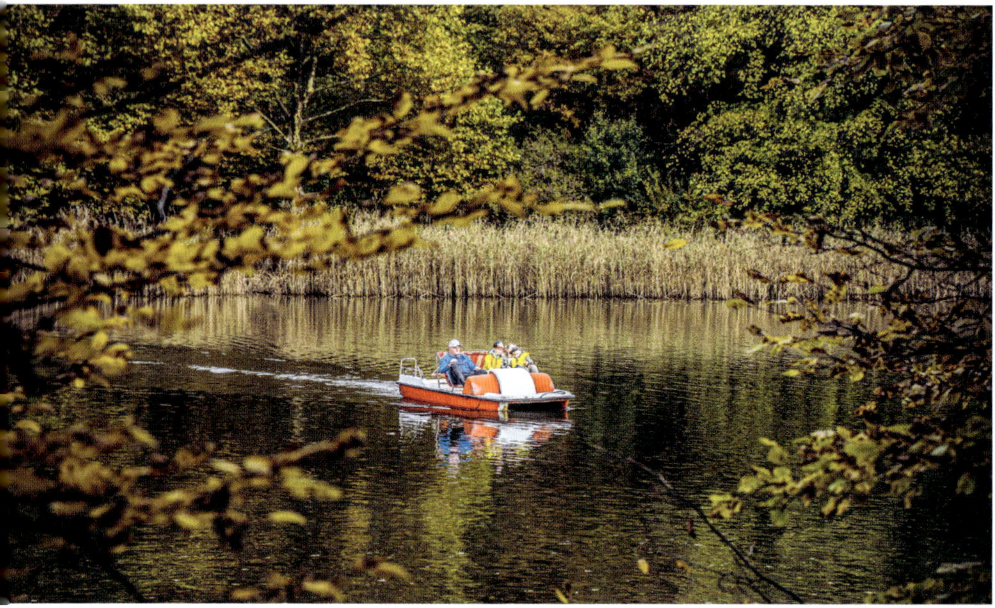

Auch so lässt sich der Thalersee erkunden

soll ein neues Restaurant mit viel Holz, mit acht Gästezimmern, Seeterrassen sowie einem neuen Anlegesteg für Boote entstehen. Apropos: Am Ufer präsentiert sich ein spezielles Thaler Exponat: das „Boot des Versprechens", in dem Thals großer Sohn Arnold Schwarzenegger 1985 um die Hand von Maria Shriver angehalten hat. Unweit des Sees steht sein Geburtshaus samt Museum. Die Filmografie des Terminators ist entlang des Rundweges genauso zu bestaunen wie eines seiner Trainingsgeräte aus den 1960er-Jahren. Auf der großen Wiese an der westlichen Seeseite lässt es sich gut pausieren, bevor wir den Kreis der 1,5 Kilometer langen Runde und unsere heutige Tour bei der Thalerseestraße schließen und die Buslinie 48 zurück nach Gösting nehmen können. In den Schulferien ist zusätzlich ein E-Shuttlebus auf der Strecke unterwegs.

Top 5 auf dieser Route

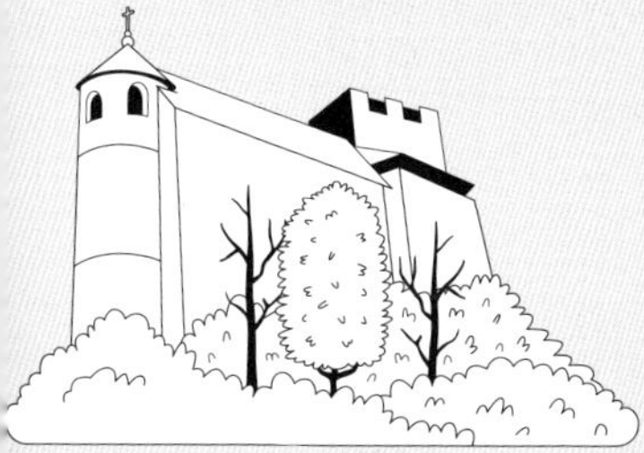

01.
Burgruine Gösting
Der steile, aber kurze Aufstieg zur Ruine vorbei am Jungfernsprung war zur Zeit der Recherche gesperrt. Wenn er wieder offen ist: Unbedingt raufgehen, man hat einen sagenhaften Ausblick auf die Umgebung.

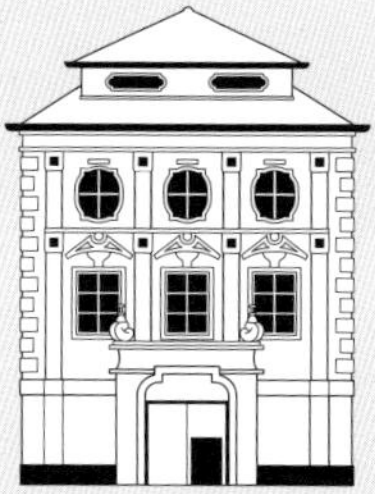

02.
Schloss Gösting
Im 18. Jahrhundert wurde am Fuße des Burgberges direkt am Thalerbach ein Sommerschloss errichtet. An der Fassade fällt der Blick auf sogenannte Ochsenaugen, eine nicht nur im Barock beliebte ovale oder runde Fensterform.

03.
Fürstenstand
Der Hauptgipfel des Höhenzugs Plabutsch ist mit 754 Metern zugleich die höchste Erhebung der Stadt. Von hier blickt man über Graz und die Weststeiermark bis nach Slowenien. Zur Einkehr lädt der Bergheurige Mausser.

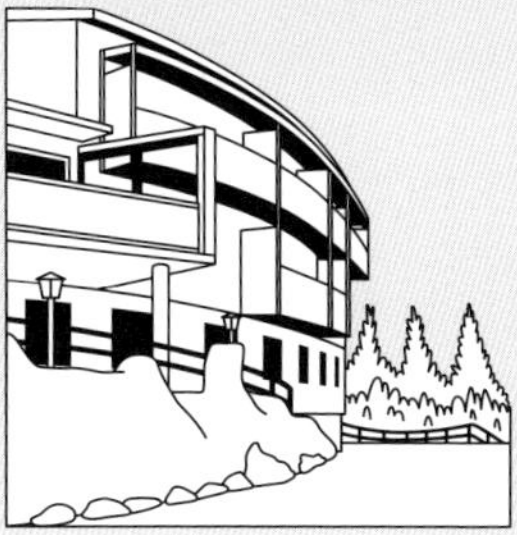

04.
Aussichtswarte
Ein Gedenkstein, der sogenannte Fürstenstein, erinnert an den Besuch von Erzherzog Johann mit Gefolge im Jahr 1830. Neun Jahre später wurde die erste Holzwarte errichtet, die heutige Warte besteht seit 1936.

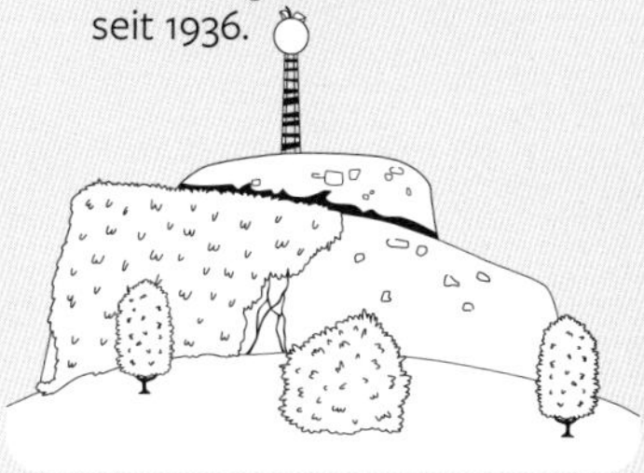

05.
Thalersee
Im Wasser tummeln sich Weißfische, Karpfen, Schleien, Forellen, Zander, Hecht und Wels – auf dem Wasser die Boote, die man vor Ort ausleihen kann. Am Wasser soll bis Sommer 2022 ein neues Restaurant mit Seeterrassen entstehen.

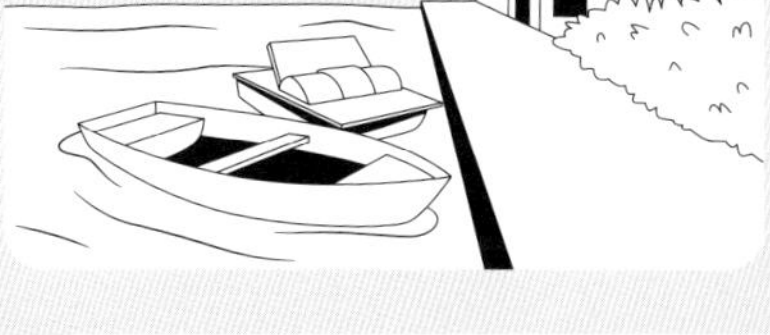

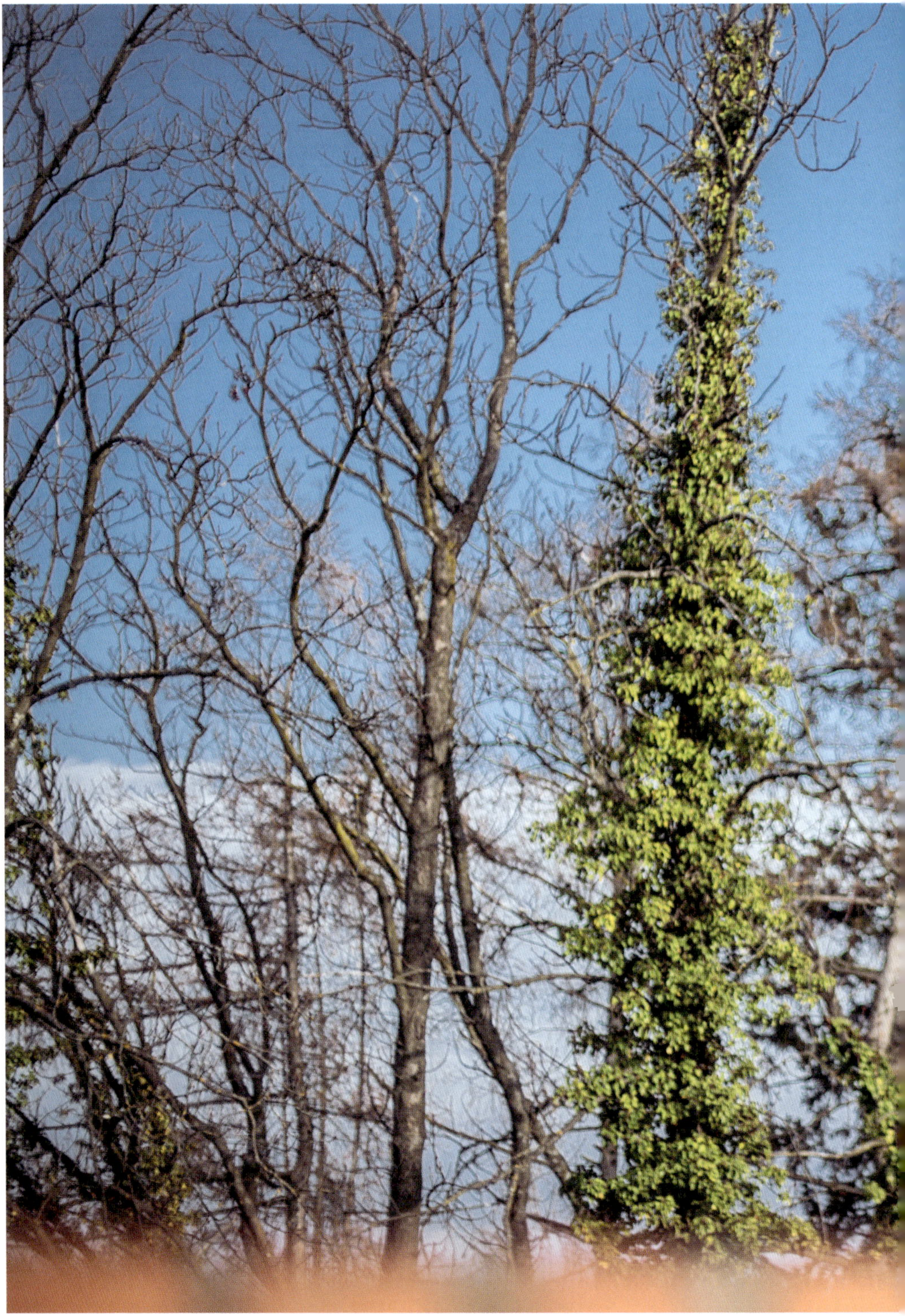

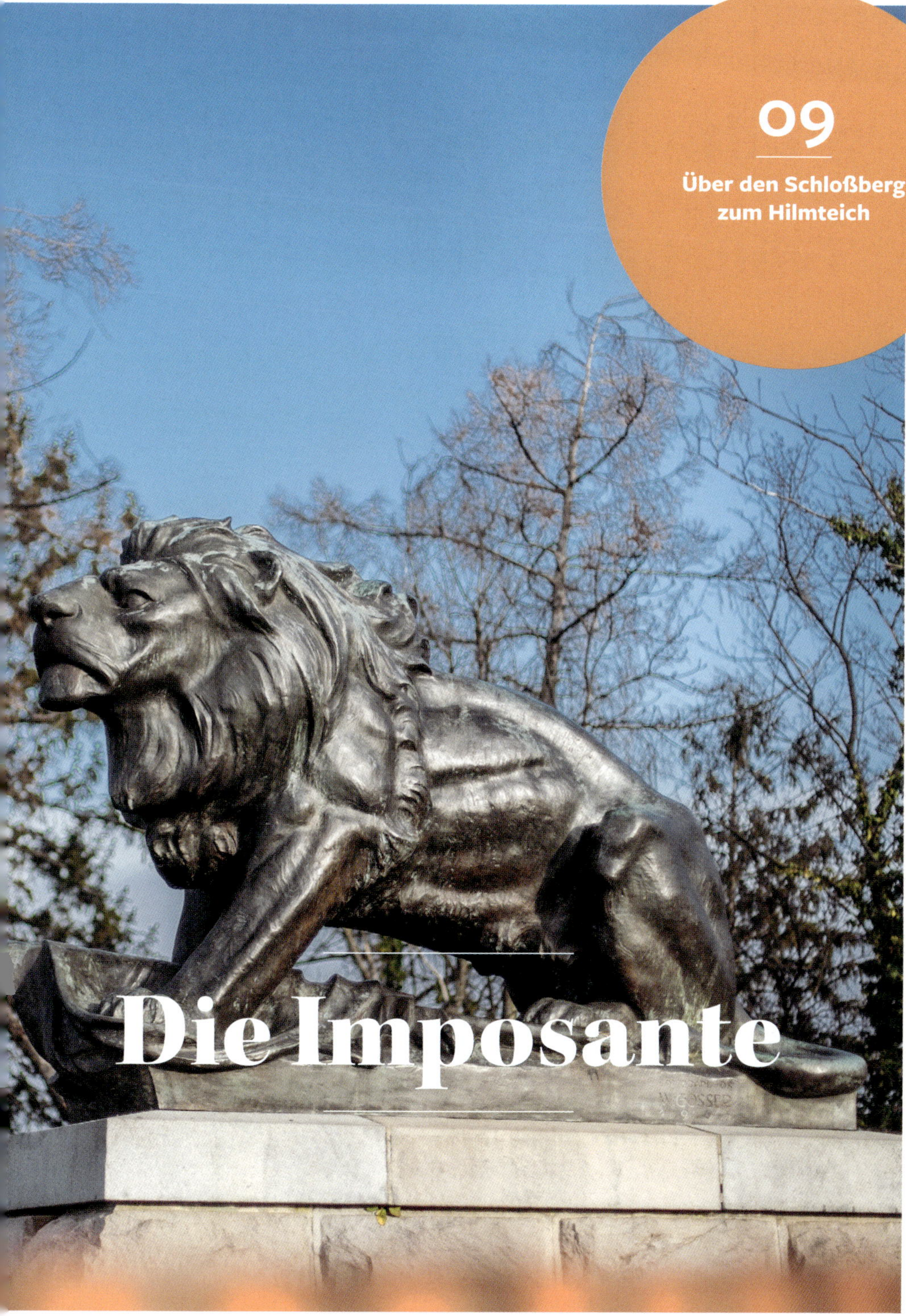

Die Imposante

09

Stadtwald am Berg. Seufzerallee im Villenviertel. Trüffeln am Hilmteich.

Charakter der Tour
Die Sporgasse und den Schloßberg hinauf gewinnt man schnell an Höhenmetern. Zurück in der Ebene säumen Parkflächen und pittoreske Villen den Weg bis zum Hilmteich.

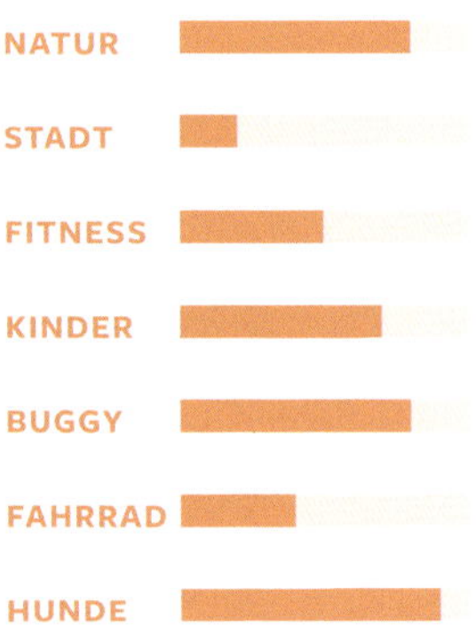

STARTPUNKT
Hauptplatz
Bim: Linie 1, 3, 4, 5, 6, 7

Ein Marktplatz war er schon im Mittelalter. Auch heute hat man auf dem **HAUPTPLATZ** (1) die Qual der Wahl. Es sind die Versuchungen der Gegenwart, die da lauten: zünftige Würstel mit Senf, verführerische Schokolade-Variationen, heiße Maroni aus dem Papierstanitzel oder erfrischende Smoothies als Vitaminspender. Über den Platz wacht Erzherzog Johann – als Brunnenfigur. Seit 1878 steht er inmitten von vier Frauengestalten da, welche die Flüsse symbolisieren, die sich ihren Weg durch die damalige Steiermark bahnten: Mur, Enns, Drau und Sann. Zu jeder Jahreszeit ist der Hauptplatz, der von historischen Häusern mit besonders schmucken Fassaden eingerahmt wird, Dreh- und Angelpunkt des städtischen Treibens. Das Rathaus trägt die Handschrift der Wiener Architekten Alexander Wieleman und Theodor Reuter. Es ist eine Erweiterung des Vorgängerbaus aus dem 19. Jahrhundert, für dessen Finanzierung – samt Gefängnis – man sogar eine eigene Weinsteuer eingeführt hatte.

Wir wenden uns heute von diesem zentralen Ausgangspunkt in der Altstadt – UNESCO-Weltkulturerbe seit 1999 – den Hausnummern 11 und 12 zu: An den Luegg-Häusern, die angeblich so heißen, weil man hier um die Ecke lugen kann, biegen wir in die Sporgasse ein. In der ältesten Straße der Stadt – sie war Teil einer vorgeschichtlichen Handelsroute – haben im 14. Jahrhundert Schmiede ihre Arbeit verrichtet, die Reitersporen gaben der Gasse ihren Namen. Über das Kopfsteinpflaster geht es nun in Richtung Karmeliterplatz, ungefähr auf halbem Weg liegt linker Hand die Stiegenkirche gut verborgen hinter mittelalterlichen

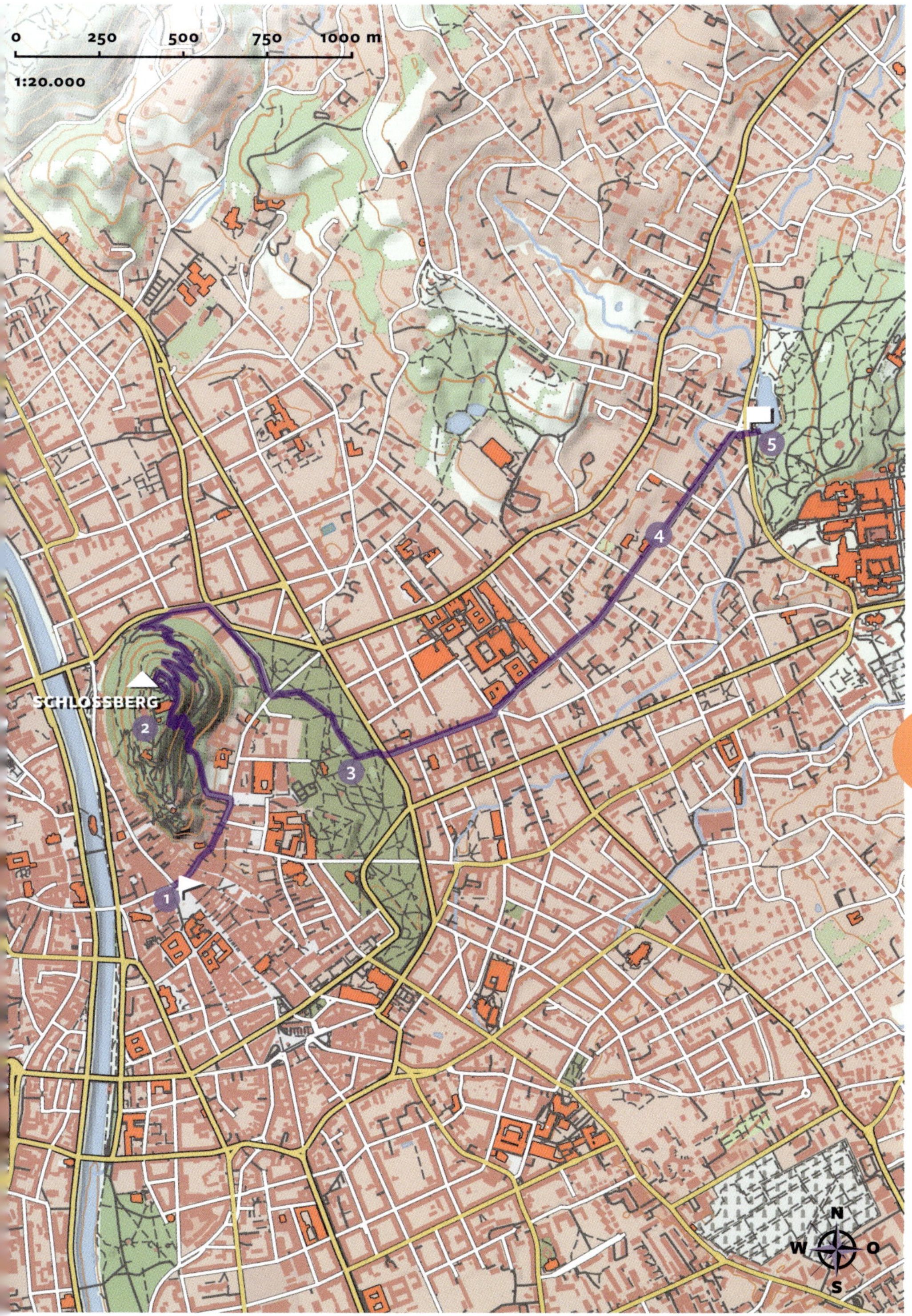
0
250
500
750
1000 m
1:20.000
SCHLOSSBERG
1
2
3
4
5
N
W
O
S

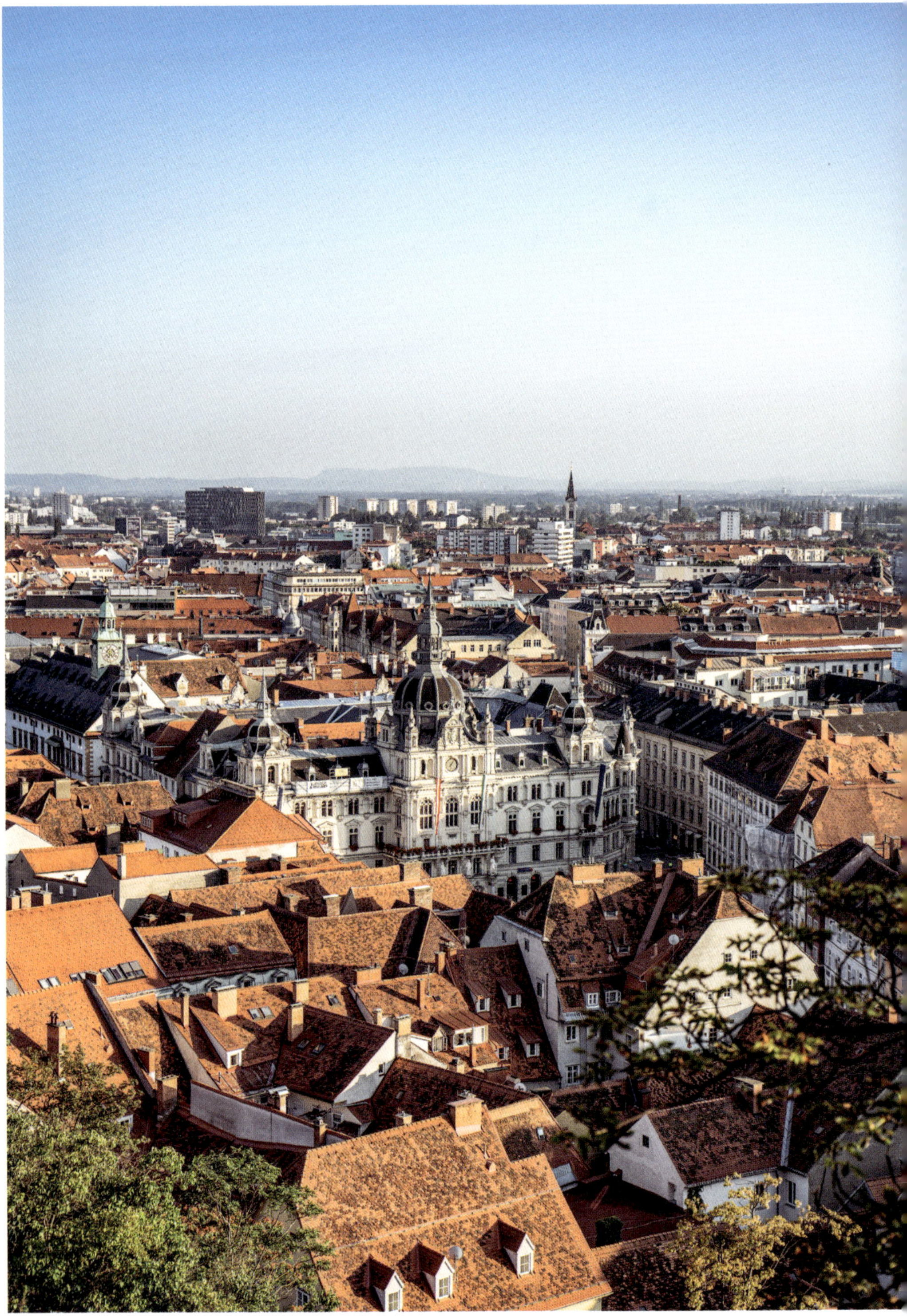

Mauern, ein Seitenblick lohnt. Von der kühlenden Eiskugel bis zum wärmenden Matcha-Tee bieten sich links wie rechts vielerlei schnelle Genussmöglichkeiten. Es geht zügig bergauf, für die Oberschenkelmuskulatur ist es aber erst ein Vorgeschmack auf die bevorstehende Eroberung des **SCHLOSSBERGS** **2**. Am Karmeliterplatz angekommen beginnt die wirkliche Besteigung.

Allerdings nehmen wir dieses Mal nicht den naheliegenden und direkten Weg zum Uhrturm, sondern widmen uns lieber der bewaldeten Seite des Stadtbergs. 8 Hektar ist dieser ganz spezielle Stadtwald groß. Wir biegen in der ersten scharfen Kurve nach rechts ab und streben über kleine Wege immer höher, bis wir schließlich die Kasematten erreichen. Die einstige Burg ist längst Geschichte. Die stärkste Festung aller Zeiten, wie das Guinness-Buch der Rekorde vermerkt hat, war Namensgeber für Graz. Niemand konnte sie einnehmen, auch Napoleon nicht. Er ließ die Anlage aber schleifen, eine Bedingung für den Frieden von Schönbrunn im Jahre 1809. Der Uhr- und Glockenturm konnten erhalten werden. Auf dem Plateau, auch ein guter Picknickplatz, werfen wir einen Blick auf den Hackher Löwen, der an jenen Major erinnert, der so vehement gegen Napoleon gekämpft hatte. Der Blick auf die Stadt: majestätisch.

Auf dem Plateau findet sich auch die Zisterne. 16 Meter tief wurde sie im 16. Jahrhundert in den Felsen gehauen, das Fassungsvermögen beträgt stolze 900.000 Liter Wasser. Wir verlassen den Schloßberg nun wieder „unauffällig“– nämlich über die hintere Seite, die weit weniger bevölkert ist. In der Wickenburggasse, wo auch die traditionsreiche Hutmanufaktur Kepka ihren Standort hat, folgen wir der Straße Richtung **STADTPARK** **3**. Er ist eine große grüne Insel inmitten des innerstädtischen Verkehrs. Wir müssen keine Eile walten lassen. Eine Balanceübung auf der Passamtswiese? Eine Rast auf einem der vielen Bankerl? Erlaubt. Wir passieren den Stadtparkbrunnen – ein Exponat der Weltausstellung 1873 in Wien – und den

Blick vom Dolomitfelsen

Der Schloßberg-Klassiker führt über den Kriegssteig hinauf in den Herbersteingarten. Mit reizvollen Ausblicken wird man aber auf allen Schloßberg-Wegen belohnt.

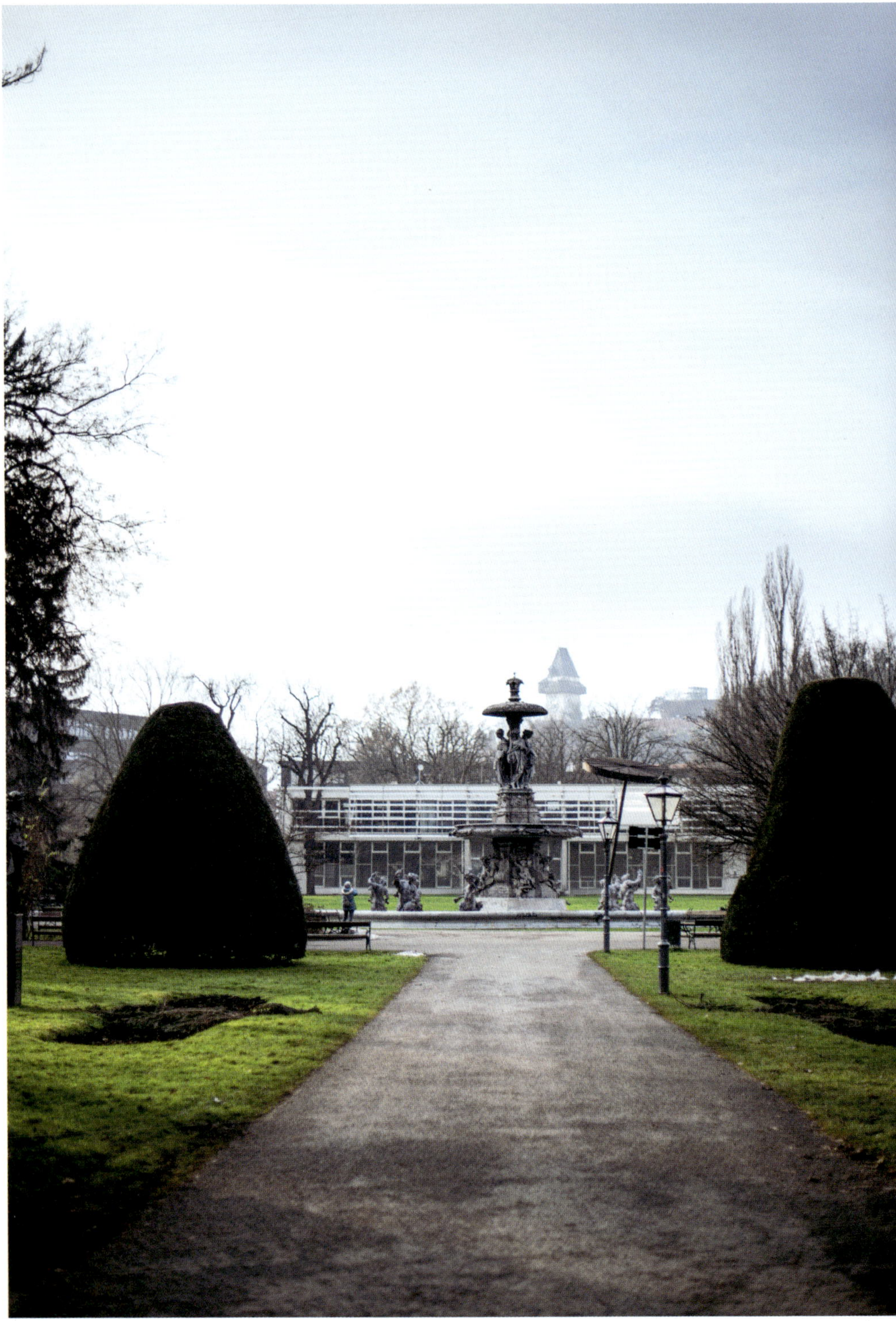

einst heiß diskutierten „Rostigen Nagel“, der nur im Volksmund so heißt. Das Kunstwerk von Serge Spitzer, das 1995 im Rahmen des Steirischen Herbstes errichtet wurde, trägt den Namen „Brunnenwerk“.

Wir verlassen den Stadtpark und biegen in die Zinzendorfgasse ein. Sie gehört mit ihren niedrig gehaltenen schmucken Bauten zu einer der reizvollsten Straßen in Graz. Hier pulsiert das studentische Leben, die Universität ist nur mehr einen Katzensprung entfernt. Wir queren den „shared space“, der auf gegenseitige Rücksichtnahme setzt, unter Radfahrern, Fußgängern und Autofahrern aber öfter einmal für unübersichtliche Szenen sorgt, weil die Vorfahrt jedes Mal aufs Neue miteinander ausgehandelt werden muss. Jetzt nehmen wir die **SCHUBERTSTRASSE** 4. Es ist eine Allee wie aus dem Bilderbuch. Original erhaltene, heute aber elektrisch betriebene Gaslaternen künden von längst vergangenen Zeiten. Wem angesichts der vielen schönen, großteils unter Denkmalschutz stehenden detailverliebten Villen nach einem Seufzer zumute ist – tatsächlich hieß die 1877 angelegte schnurgerade Straße anno dazumal „Seufzerallee“. Man konnte in kleine Kaffeewirtschaften einkehren und ein paar Stationen mit einer roten Straßenbahn fahren. Den Bewohnern erschien die Bezeichnung ihrer Wohnadresse aber allzu trist, sie wünschten sich einen berühmten Komponisten als Namensgeber – am liebsten Mozart. Der war allerdings schon vergeben. Schubert war noch frei.

In der Straße lebte übrigens auch der Direktor der k.u.k. Zuckerfabrik, die zwischen 1825 und 1881 hier im Geidorfviertel ihren Standort hatte. Ein Abstecher in die Herdergasse führt uns zu Haus Nummer 3, dem ehemaligen Direktionsgebäude der Fabrik. Sein Mauerwerk birgt reichlich Historie. Bis ins 16. Jahrhundert reichen die Wurzeln. Von 1811 bis 1813 bot es sogar dem Bruder von Napoleon – dem abgedankten holländischen König Louis Bonaparte – Unterschlupf in seinem Grazer Exil. Von der Zuckerfabrik selbst zeugt nur mehr

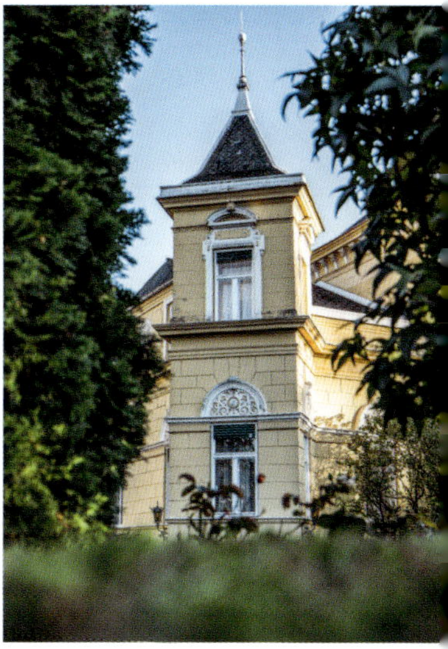

Die Villenbewohner wollten einst nicht in der Seufzerallee wohnen und bewirkten eine Umbenennung

Weltausstellungsstück

Den Stadtparkbrunnen hat Graz 1874 für 30.000 Gulden erworben, er steht am Platz der Menschenrechte. Unweit davon passiert man Austria und Styria, frühere Figuren an der Hauptbrücke.

Einblicke
Auf ihren Stadtführungen lassen die GrazGuides gedanklich hinter so manches Tor blicken: Heute hat in dieser Villa das Bundesdenkmalamt seinen Sitz, erbauen ließ sie 1892 ein Brauereibesitzer nach Plänen von Friedrich Sigmundt. Im Inneren: eine zweiläufige Treppe. Der Garten damals: 9 Hektar groß.

ein sichtbares Fundamentstück im Innengarten der Wohnsiedlung gegenüber.

Wir kehren in die Schubertstraße zurück und gehen weiter stadtauswärts. Immer einen Besuch wert ist der naturgemäß etwas verwunschene Botanische Garten. Er ist erst Ende des 19. Jahrhunderts von seinem großzügigen Platz mitten in der Innenstadt auf dieses Areal gesiedelt – freilich nicht zur ungeteilten Freude aller Grazerinnen und Grazer. Auch abseits der markanten Gewächshäuser in einzigartiger Formation und mit Klimazonen vom Dschungel bis zur Wüste gibt es viel zu entdecken. Die heimischen Heilkräuter gehören genauso dazu wie der Alpengarten und die 130 Jahre alten, schon halb verfallenen Glashäuser – einer der atmosphärischen „Lost Places" in Graz. Ihre Rettung wurde nach langem Hin und Her nun doch fixiert.

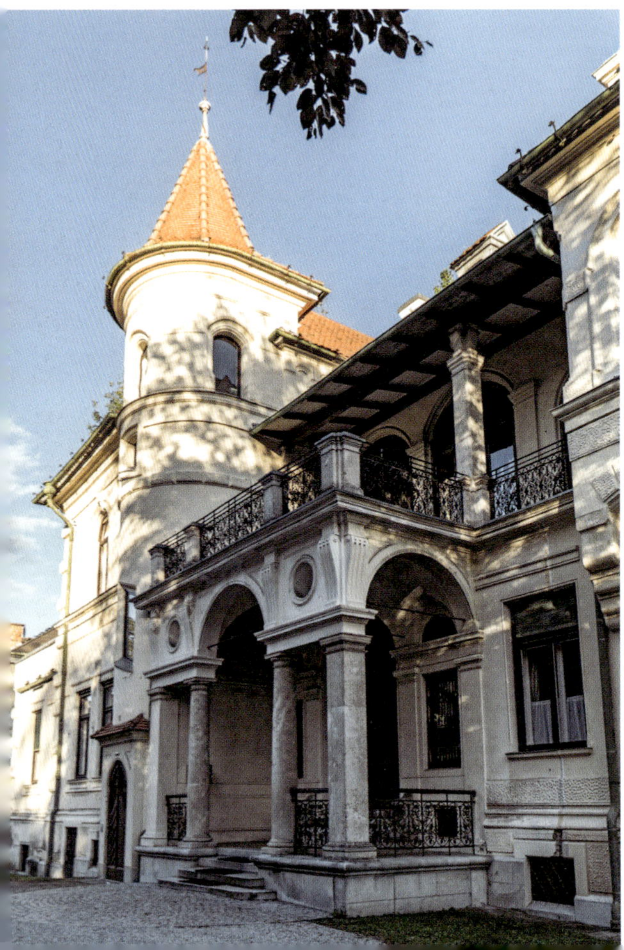

Wir folgen der Schubertstraße nun bis zum **HILMTEICH** **5**, den schon Generationen von Kindern auf Sonntagsspaziergängen umrundet haben. Ein echter Grazer Klassiker, der auch über die Jahrzehnte nichts an Reiz verloren hat. Vor allem auch, weil gleich anschließend der Leechwald lockt. Dort frönen nicht nur Flanierer und Läufer ihren Ambitionen, dort gedeiht auch der Grazer Trüffel! Die Entdeckung war eine kleine kulinarische Sensation. 2018 wurde ein Trüffelfestival ins Leben gerufen, auf Trüffelwanderungen kann man sich selbst von der Existenz des exklusiven knolligen Pilzes überzeugen.

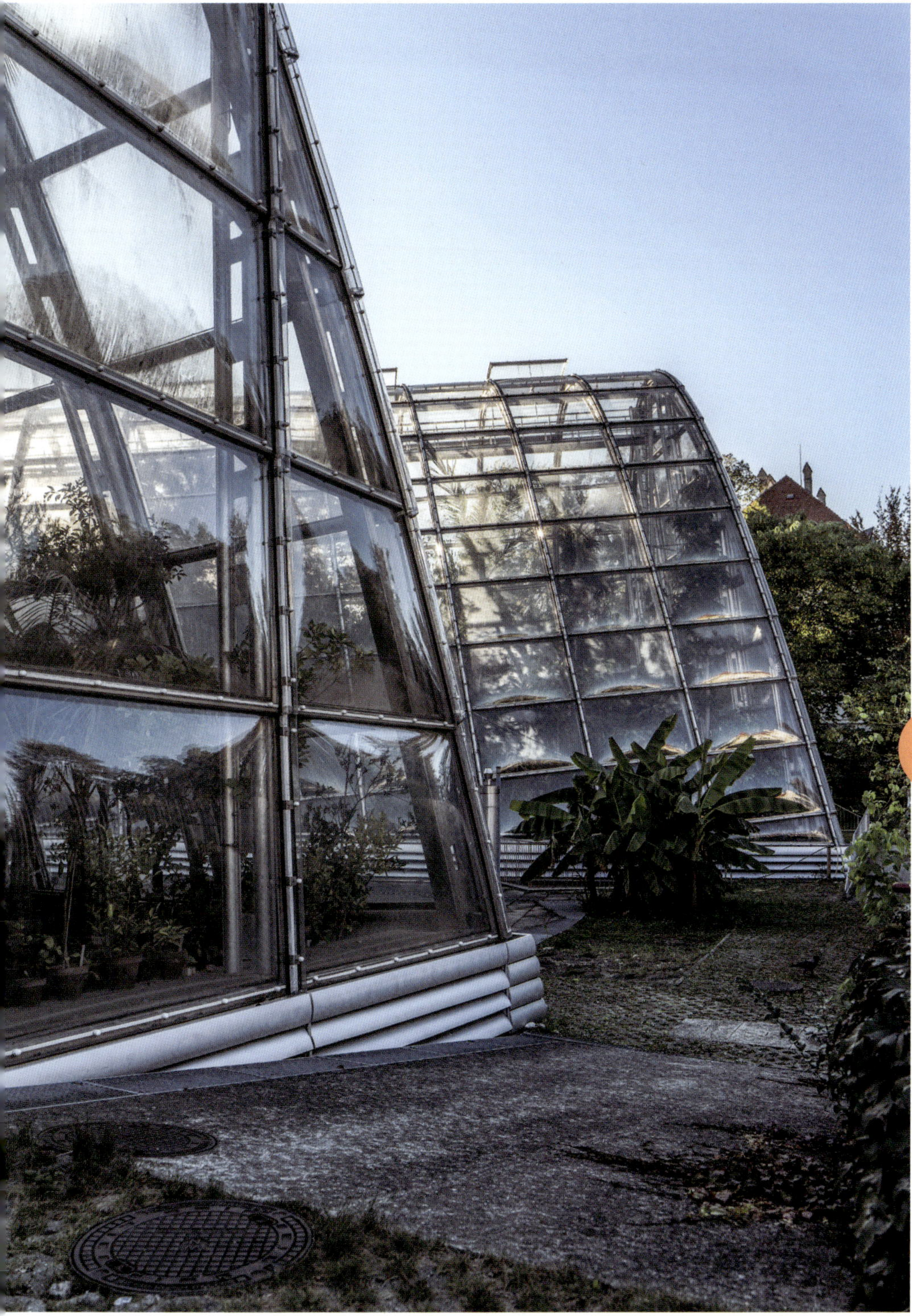

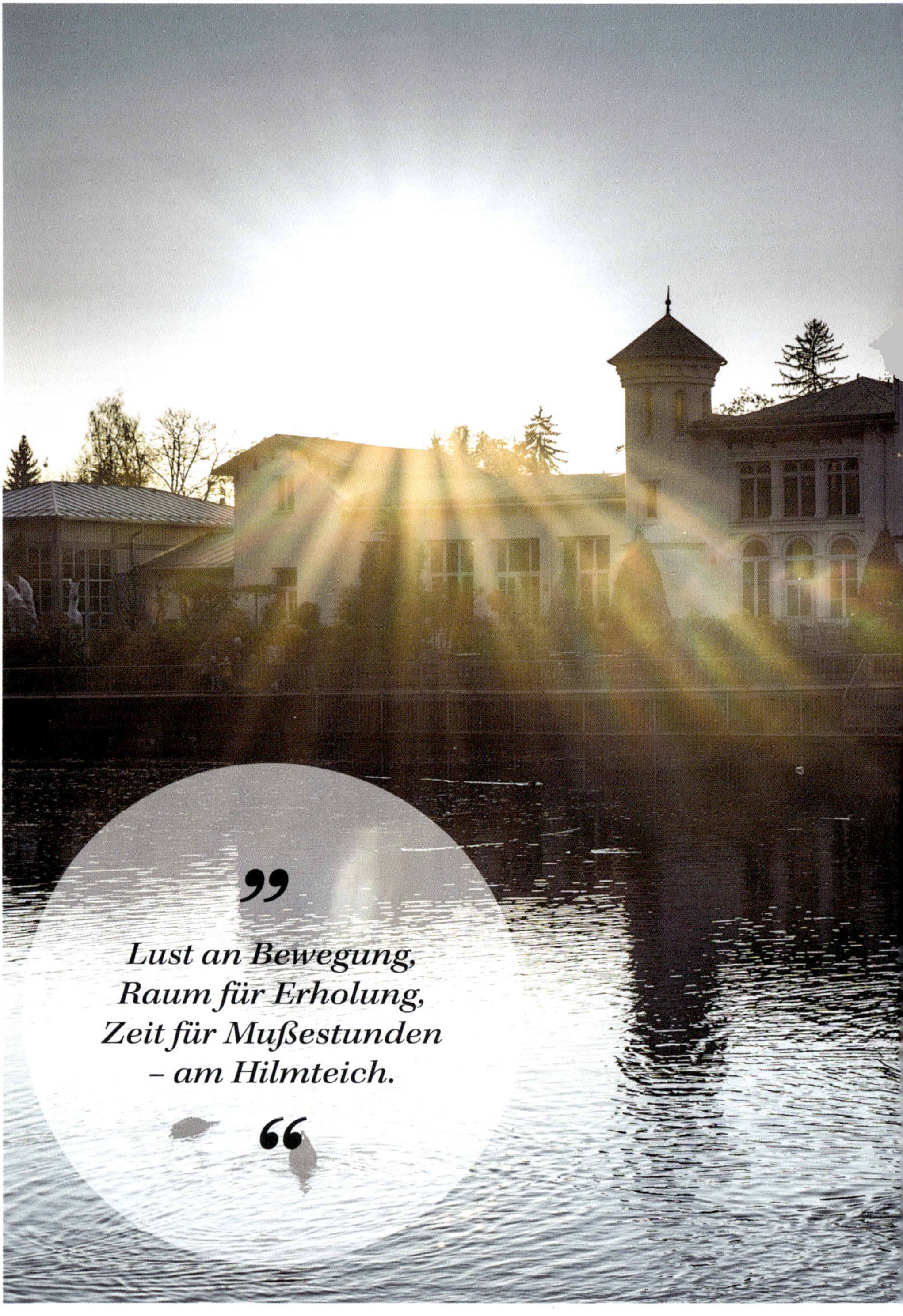

*„Lust an Bewegung,
Raum für Erholung,
Zeit für Mußestunden
– am Hilmteich.“*

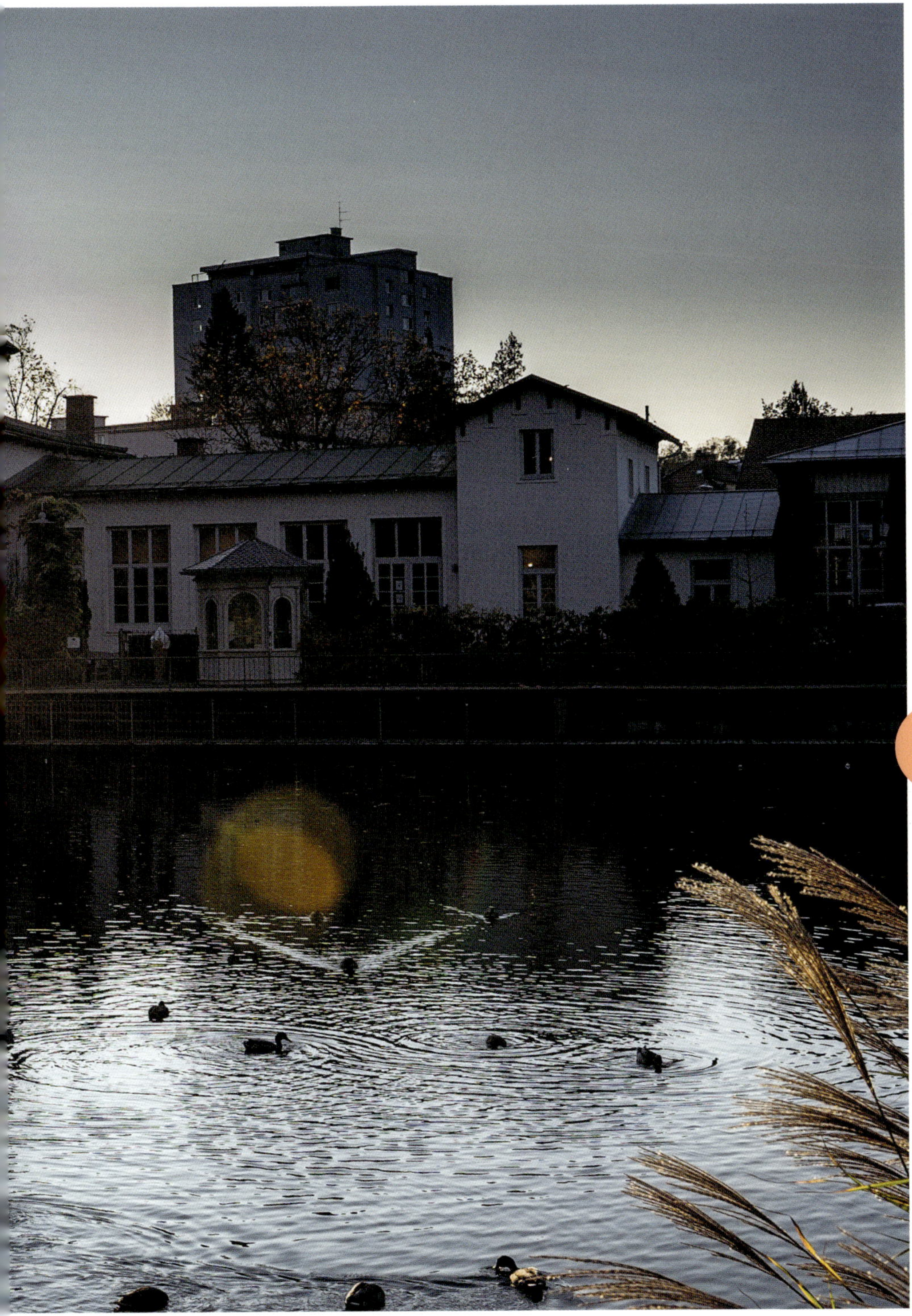

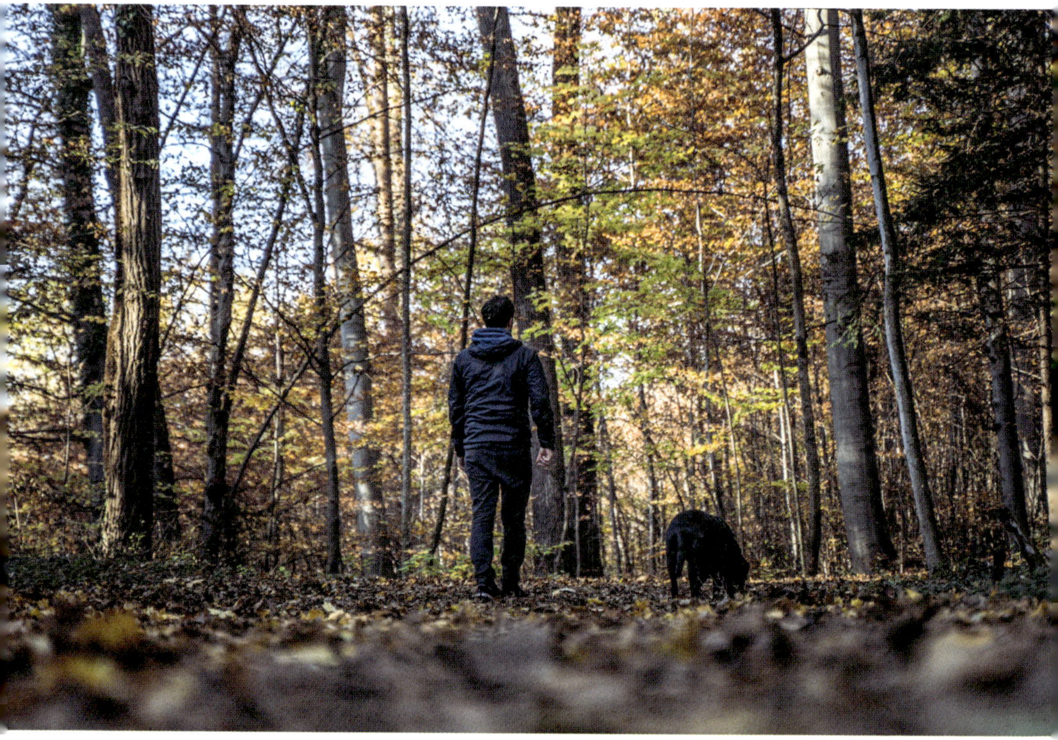

Der Leechwald birgt einen Menschenrechtsweg, Kraftplätze, Laufstrecken und Trüffelverstecke

Ob Kaffee und Kuchen im bezaubernden Hilmteichschlössl, Menschenrechtsweg, der auf Tafeln die Artikel der Menschenrechtsdeklaration ins Gedächtnis ruft, oder Wanderung nach Mariatrost – die rund 7.000 bisher getanen Schritte können in wunderbarer Stadtumgebung beliebig verlängert werden. Die romantische Straßenbahnlinie 1 führt zurück ins Zentrum.

Top 5 auf dieser Route

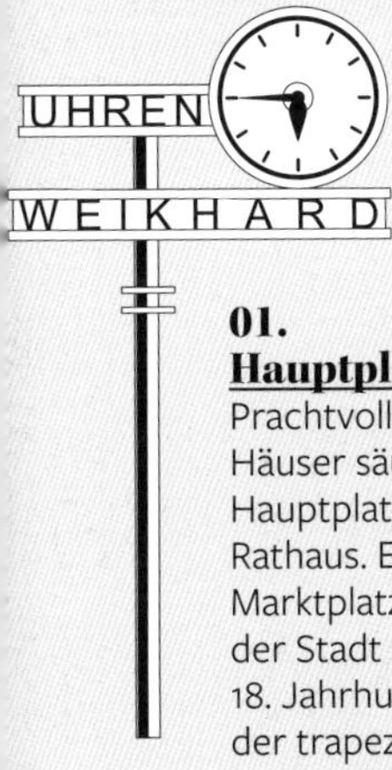

01.
Hauptplatz
Prachtvolle historische Häuser säumen den Hauptplatz, allen voran das Rathaus. Ein geschäftiger Marktplatz war das Herz der Stadt seit jeher. Bis ins 18. Jahrhundert fand auf der trapezförmigen Fläche auch Strafvollzug statt.

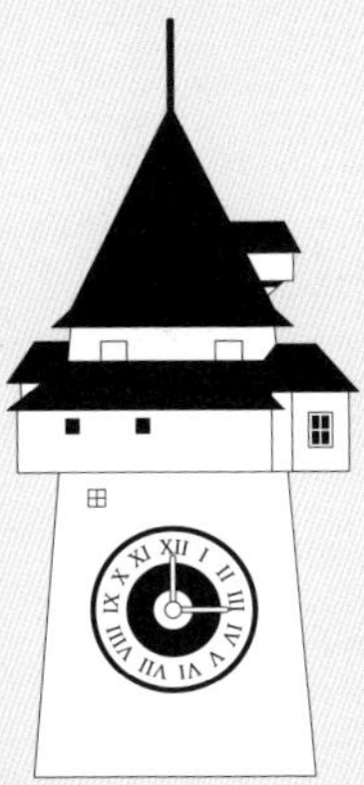

02.
Schloßberg
„Gradec" hieß die Burg, die auf dem Schloßberg einst errichtet wurde. Sie gab der Stadt den Namen. Den Schloßberg kann man auch über die Schloßbergbahn erreichen. Die Standseilbahn überwindet dabei eine Steigung von rund 60 Prozent.

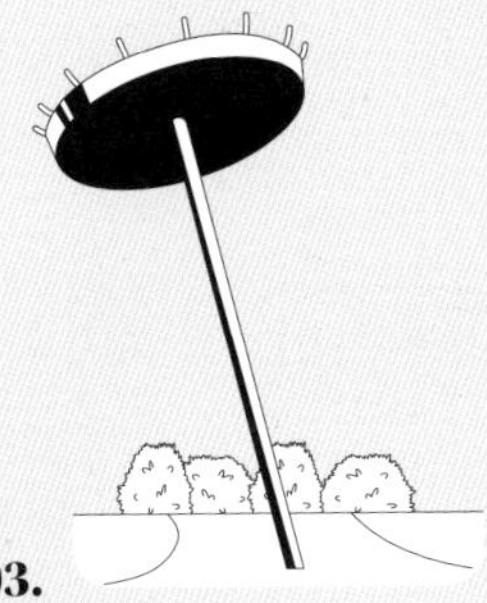

03.
Stadtpark
Die grüne Insel der Stadt wurde 1872 aus der Taufe gehoben. Groß und Klein teilen sich den 22 Hektar großen Erholungsraum mit den „Stadtpark-Hansis", den Eichkätzchen. Für sie sind 2.000 Bäume, vor allem Rosskastanien, zum Klettern da.

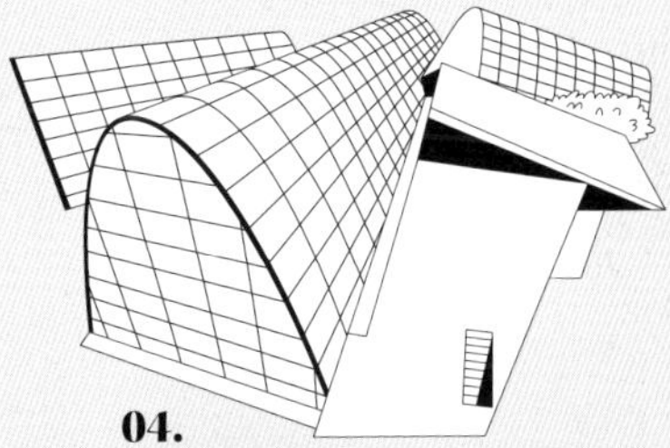

04.
Schubertstraße
Der Straßenzug vom Sonnenfelsplatz bis zum Hilmteich ist der einzige in Graz, in dem noch Gaslaternen die Fahrbahn säumen. Sie stammen aus der Zeit um 1900. Früher verkehrte in der Schubertstraße auch eine Straßenbahn.

05.
Hilmteich
Bootsfahrt am Teich, Abenteuer im Kletterpark, Picknick auf der Wiese, Laufrunde im Leechwald, Erfrischung im Café-Restaurant Purberg – Hilmteich und Hilmteichschössl bieten eine feine Kulisse für Wochenend- und Wochentagausflüge.

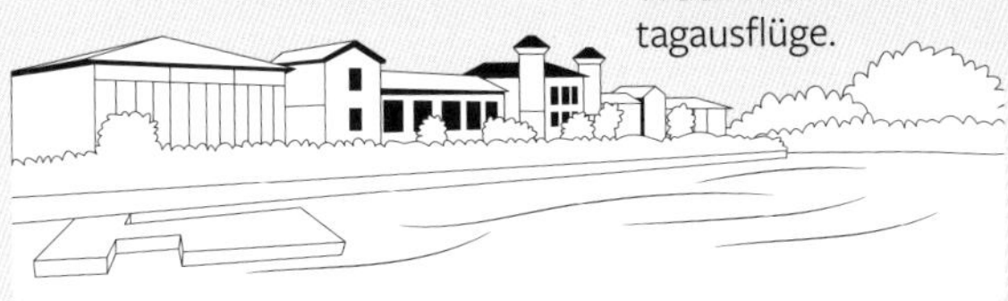

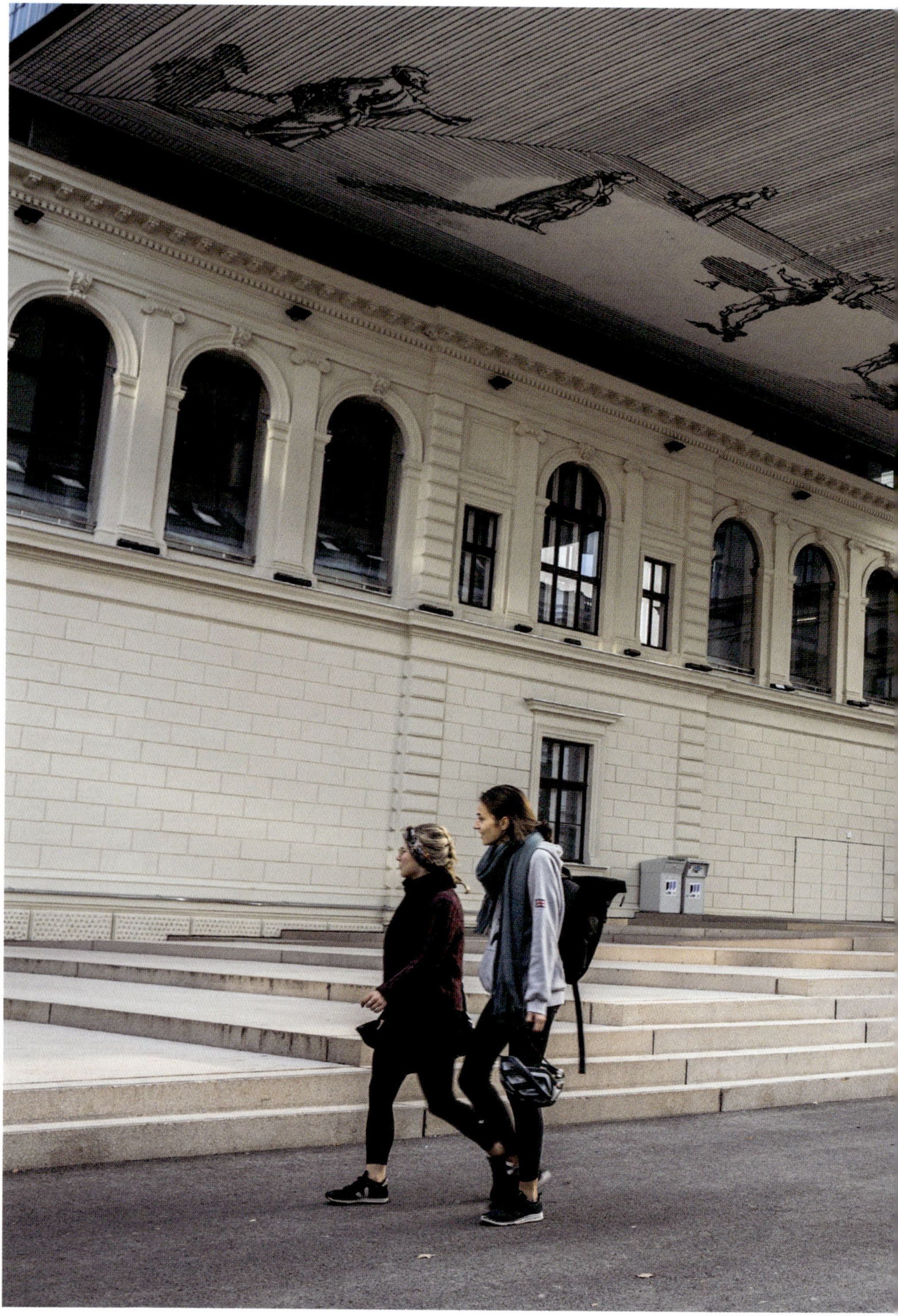

10

Über den Rosenhain nach Andritz

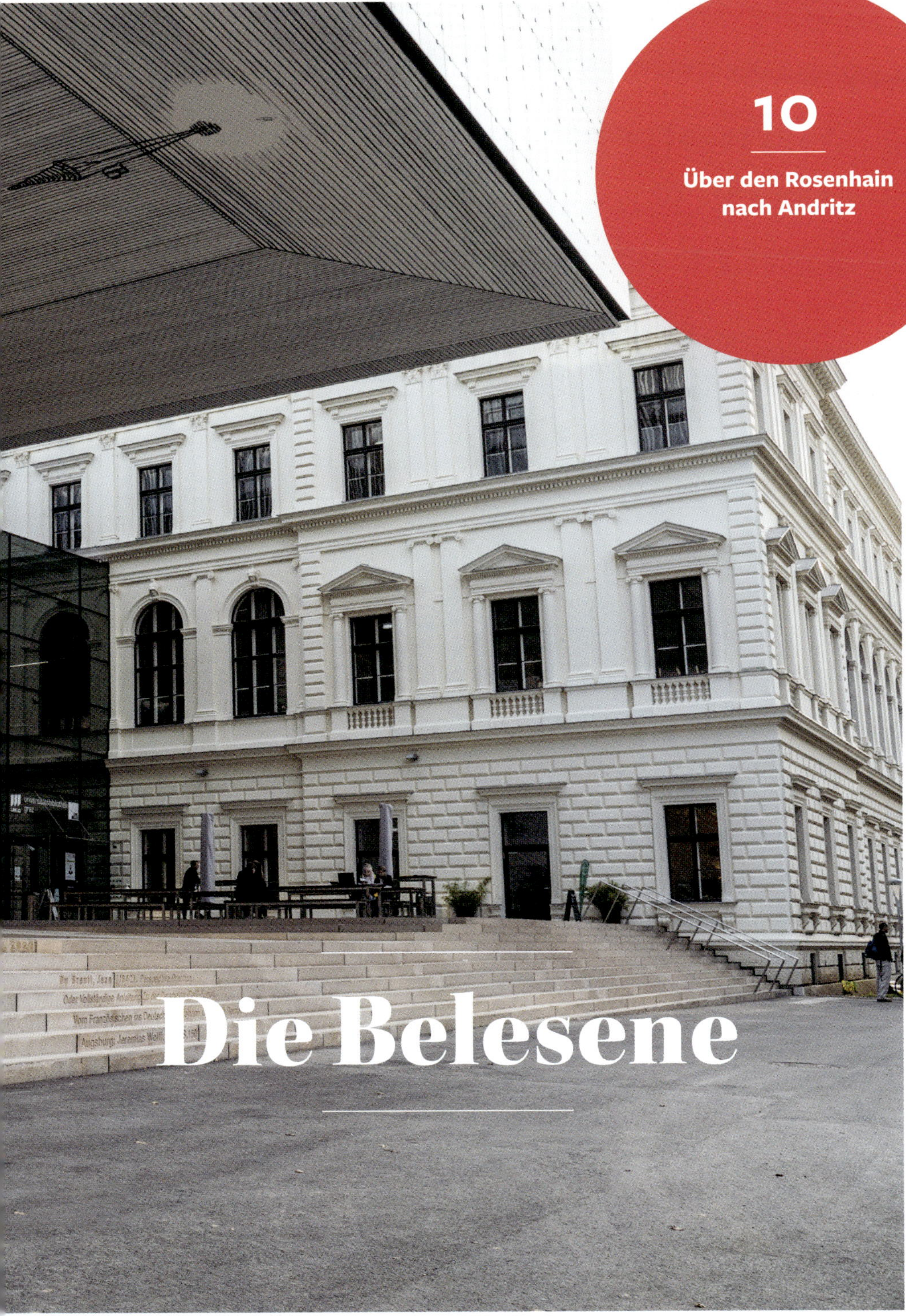

Die Belesene

Millionenfache Lektüre. Trinkwasser im XL-Format. Leiter ohne Sprossen.

Charakter der Tour
Die Welt der Wissenschaft, pittoreskes Flair am Rosenhain, ein Flanierweg vorbei an schmucken Domizilen und ein Walderlebnisweg über den Reinerkogel.

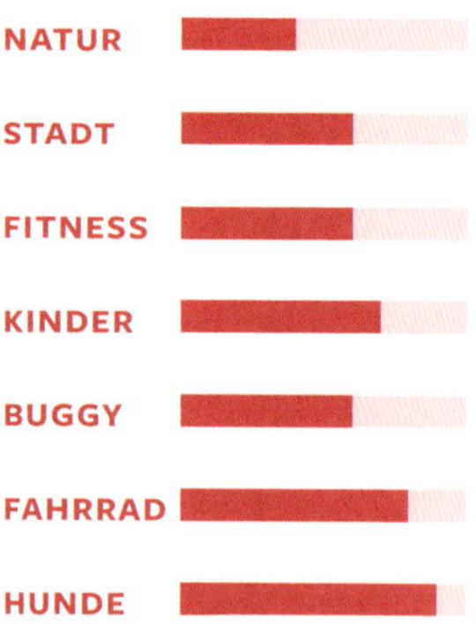

STARTPUNKT
Geidorfplatz
Bus: Linie 39, 41, 58, 63

Einst war hier, im heutigen Herzen des Viertels, das „Dorf am flachen Land“, wie die mittelhochdeutsche Bezeichnung „Gaidorf“ noch verrät. Die Siedlung hat sich im Laufe der Zeit zur Vorstadt gewandelt, mittlerweile liegt der 3. Bezirk längst zentral in der Landeshauptstadt. Aus allen Richtungen kann man zum Ausgangspunkt unserer Tour am Geidorfplatz anreisen. Wer sich für den Fußmarsch noch kulinarisch stärken will: Der Marktstand „Oskar am Markt“ lockt mit urbanem Charme und bodenständiger Ungezwungenheit.

Die Heinrichstraße ist zwar ob des Verkehrsaufkommens nicht gerade idyllisch, sie führt uns aber schnurstracks zum Fuße des Rosenhains. Ein kleiner Schlenker darf, soll, ja muss erlaubt sein: Sobald wir das Universitätsgelände erreicht haben, biegen wir direkt vor dem ReSoWi-Zentrum rechts in die Universitätsstraße ein. Nur ein paar Meter weiter werfen wir einen Blick auf die **UNIVERSITÄTSBIBLIOTHEK** (1) der Karl-Franzens-Universität. Architekt Thomas Pucher machte im Zuge des Umbaus 2019 Altes wieder sichtbar und ergänzte durch Neues. Ein Glasquader kragt nun aus der schmucken historischen Substanz. Seine Unterseite versah die Wiener Künstlerin Anna Artaker mit der Nachempfindung einer Lehrbuch-Illustration zum perspektivischen Zeichnen aus dem Jahr 1642. Theoretisch könnten wir uns jetzt – sofern an der Uni inskribiert – Wissen aus 4 Millionen Werken aneignen. Vielleicht später.

Wir gehen zurück Richtung Heinrichstraße, queren selbige und wählen an Haus Nummer 45, dem

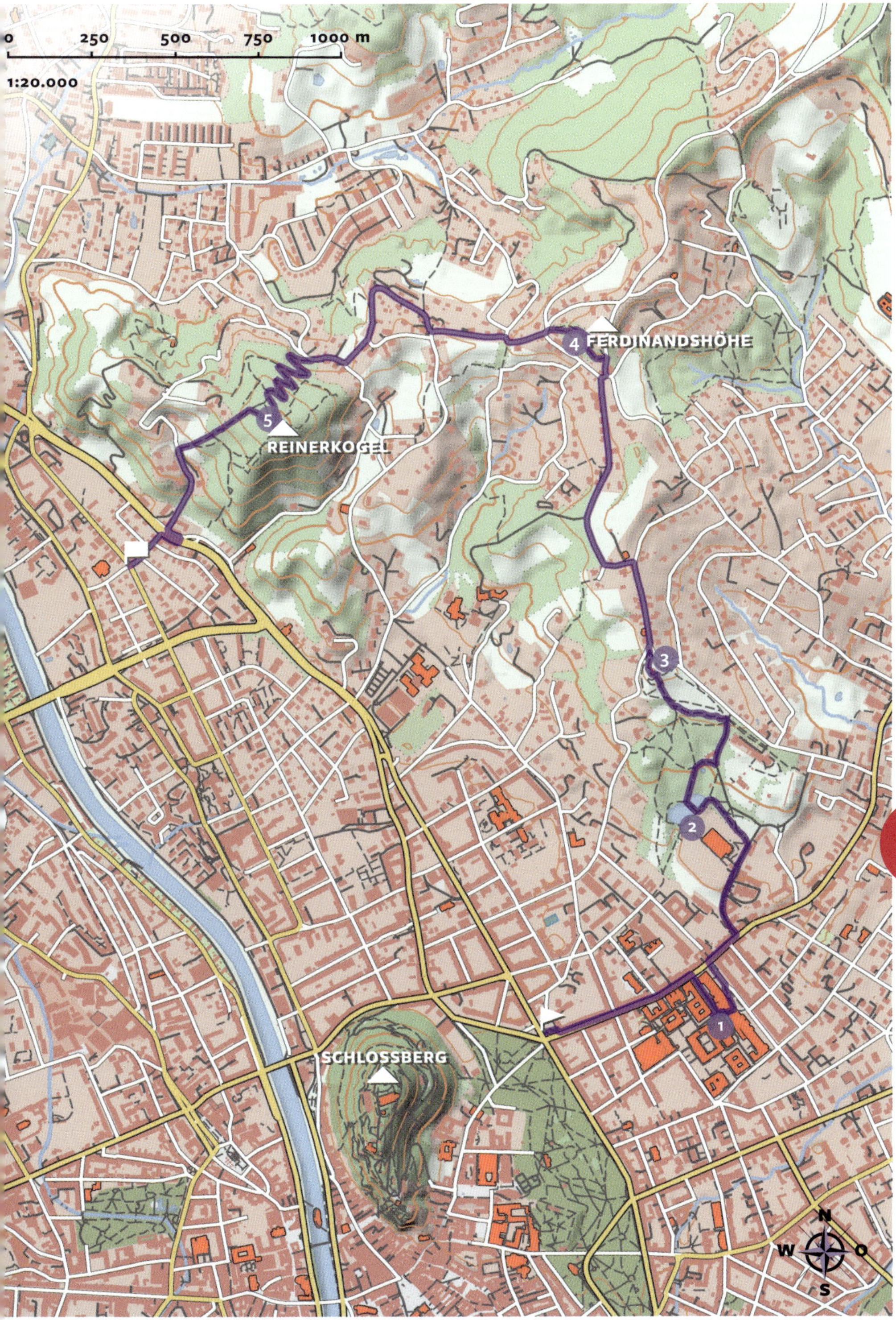

0
250
500
750
1000 m
1:20.000
FERDINANDSHÖHE
REINERKOGEL
SCHLOSSBERG
4
5
3
2
1
N
W
O
S

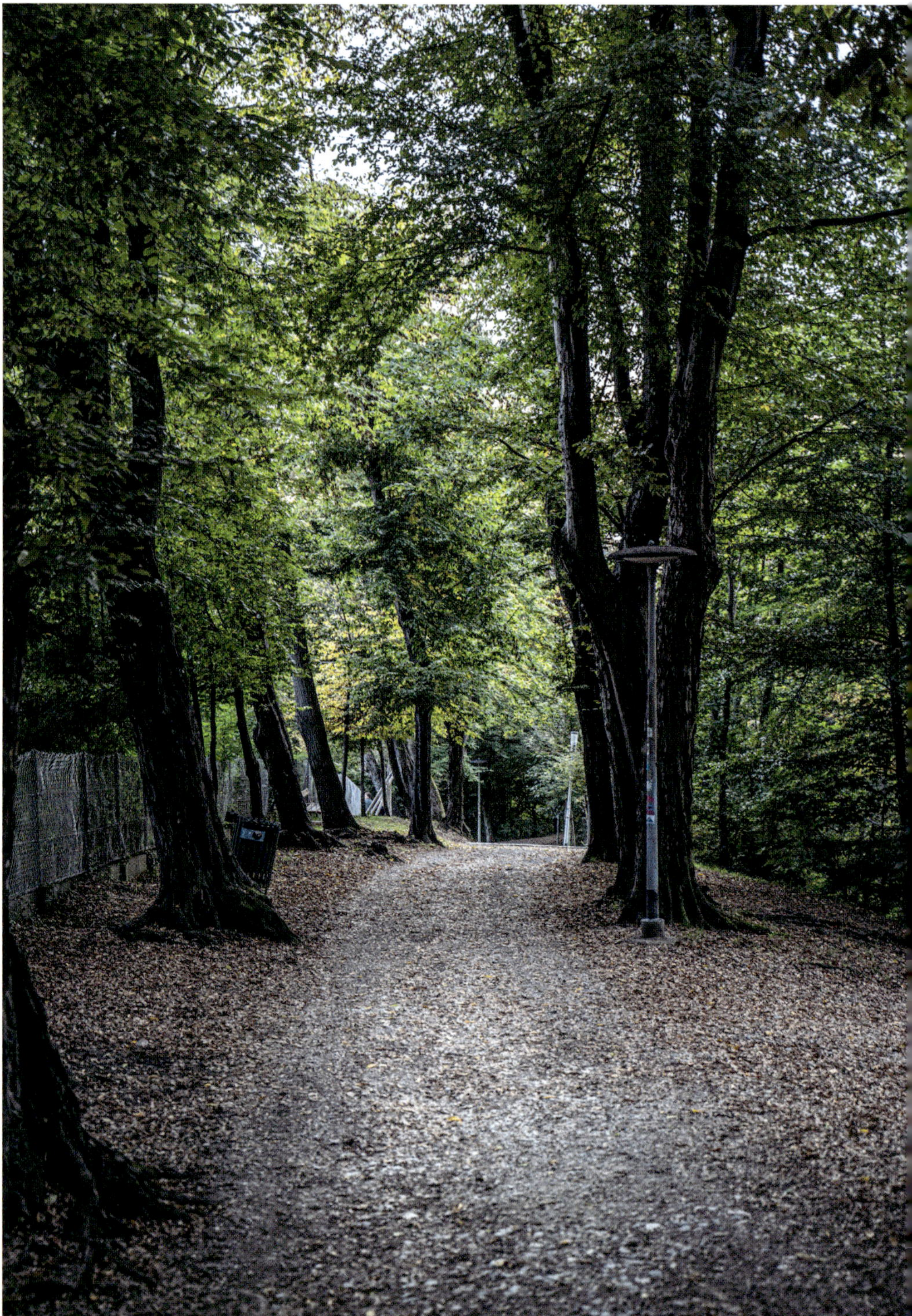

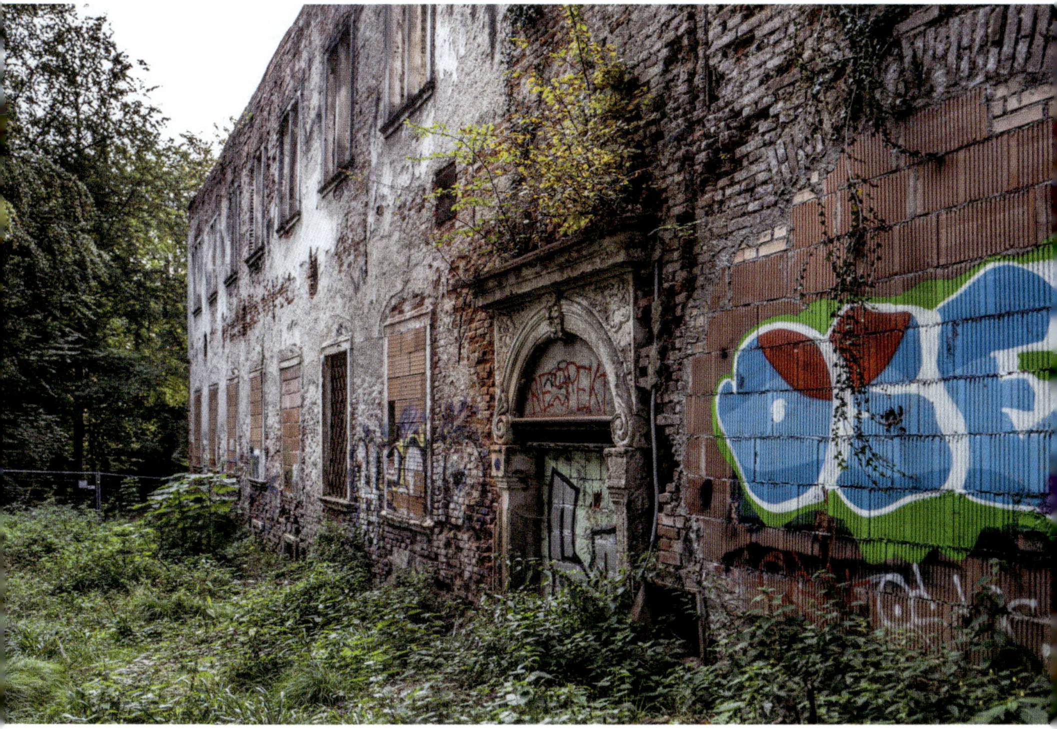

Gasthaus Klöcherperle, den Rosenberggürtel. An der nächsten Kreuzung biegen wir rechts in die Aigner-Rollett-Allee ab. Der Straßenname erinnert an Oktavia Aigner-Rollett, die 1905 als zweite Frau in Graz ihr Medizinstudium abschloss und als erste Ärztin in der Steiermark arbeitete. Linker Hand schweift der Blick bald über die **ROSENHAINTEICHE** **2**, die 2020 zur La-Strada-Bühne für die ersten Tümpelfestspiele hätten werden sollen. Doch dann kam Corona. Rechter Hand liegt das Universitätssportzentrum – aus Studierendensicht legendär vor allem für seine USI-Feste. Gleich daneben toben sich Vierbeiner auf der Hundewiese aus. Knorrige Ahornriesen säumen den Weg der Max-Mell-Allee, in die wir bergwärts einbiegen. Zwischen den Bäumen steht eine Ruine. Dabei handelt es sich um das ehemalige Sommerrefektorium der Jesuiten, das 1654 als Erholungsheim für den Orden errichtet wurde, später in Staatsbesitz überging und seit einem Brand in den 1980er-Jahren bis 2020 langsam vor sich hinbrö-

Was vom früheren Prachtbau nach dem Brand in den 1980er-Jahren übrig blieb

Neues Leben

Das verfallene Jesuitenrefektorium soll jetzt von der Universität Graz revitalisiert werden. Ein neues Sportzentrum soll in der denkmalgeschützten Ruine entstehen.

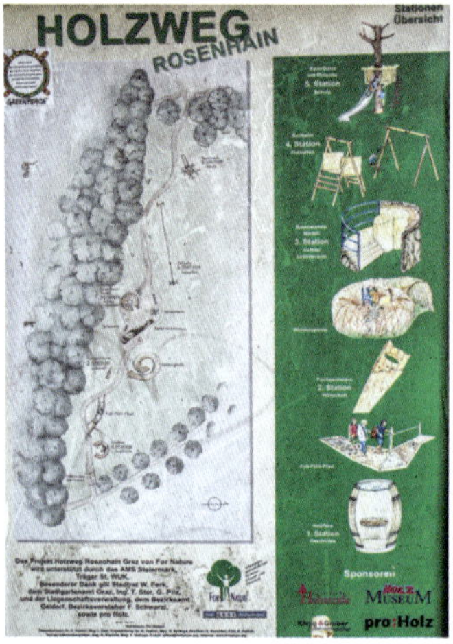

Der Spielplatz auf dem Weg zum Rosenhaincafé ist ganz dem Thema Holz gewidmet

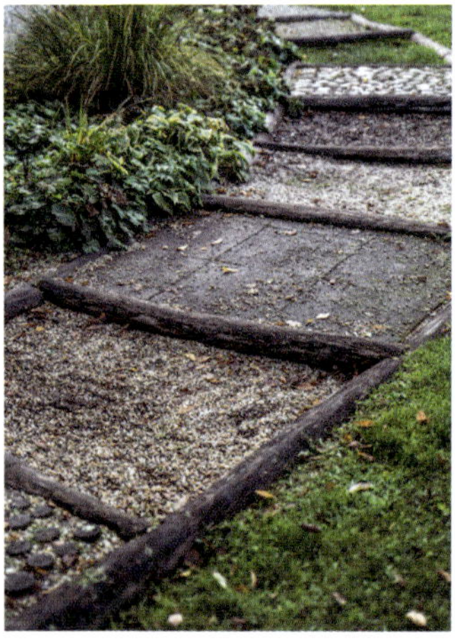

Die Vielfalt spüren: generationenübergreifender Parcours für mehr Bodenhaftung

ckelt. Pläne seiner Reanimation sind bislang gescheitert, den einstigen Glanz kann man dunkel erahnen.

Bald weitet sich das Wäldchen, links liegt ein Kinderspielplatz, der dem Thema Holz gewidmet ist, das **CAFÉ ROSENHAIN** 3 ist ins Blickfeld gerückt. Man kann den Hügel entlang der Straße, vorbei an einer Naturdenkmal-Eiche, oder querfeldein über die Wiese erklimmen. Der gelbe Pavillon samt großer Terrasse hat eine malerische Lage, die Stadt liegt einem zu Füßen. Peter Rosegger hat im schmalen Gärtnerhaus nebenan übrigens die eine oder andere Zeile verfasst. „Wenn die Götter von den Giganten aus dem Himmel wären vertrieben worden, so hätten sie sich gewiß keine andere Wohnstätte als diesen Winkel der Welt erwählt", schrieb Georg Stobäus von Palmburg, von 1584 bis 1618 Fürstbischof von Lavant, dereinst entzückt über den Rosenberg.

Der Bischof war 1603 im Minoriten-Schlössl zu Gast, das wir, wenn wir der Panoramagasse folgen, weiter oben erreichen. Das Anwesen in der Quellengasse, in die wir an der Gabelung links einbiegen, erhielt 1618 den Namen Rosegg, wie eine Tafel neben dem Portal der Außenmauer verrät. Der Name Minoriten-Schlössl rührt daher, dass sich der Bau von 1637 bis 1789 im Besitz des Minoritenkonvents befand, bevor er in bürgerliches Eigentum überging. In der Mitte des 19. Jahrhunderts beherbergte das Schlössl sogar ein Kaffeehaus, heute ist alles Privatbesitz. Links und rechts der Straße wechseln sich weiterhin schmucke alte Villen mit modernen Refugien in privilegierter Lage ab.

Am Haus Quellengasse 68 ist es an der Zeit, den Oberen Plattenweg zu nehmen. In der Hecke rechts neben der Haltestelle versteckt sich das Franzosenkreuz – es erinnert an die am 26. Juni 1809 bei den Kämpfen um Graz gefallenen Soldaten. Eine kleine Lektion Geschichte als geistiger Proviant? Nun gut: Im Gefecht am Ruckerl- und Rosenberg behielt damals die französische Division Broussier gegenüber den Österreichern die Oberhand und zwang selbige zum Rückzug. Infolge

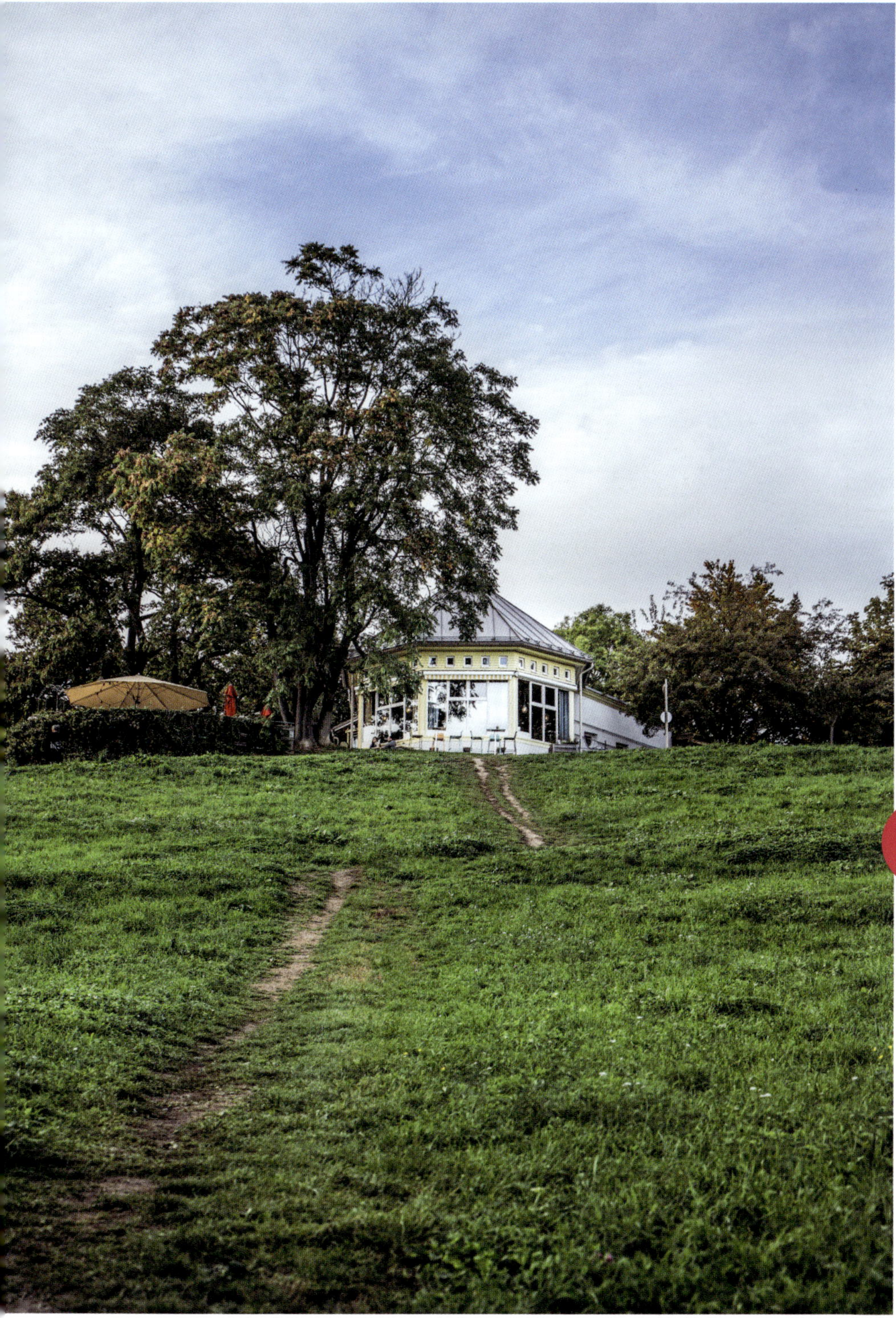

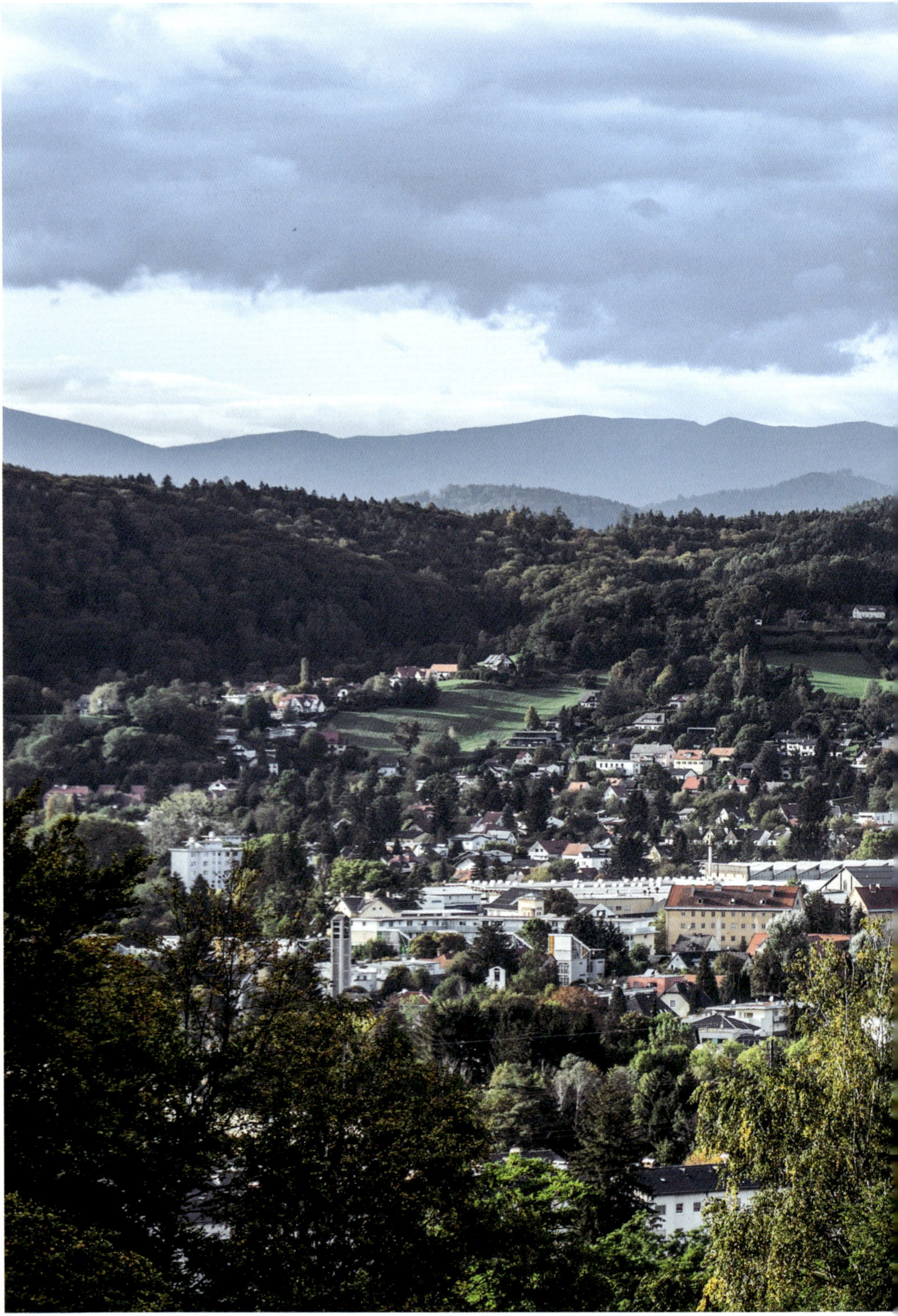

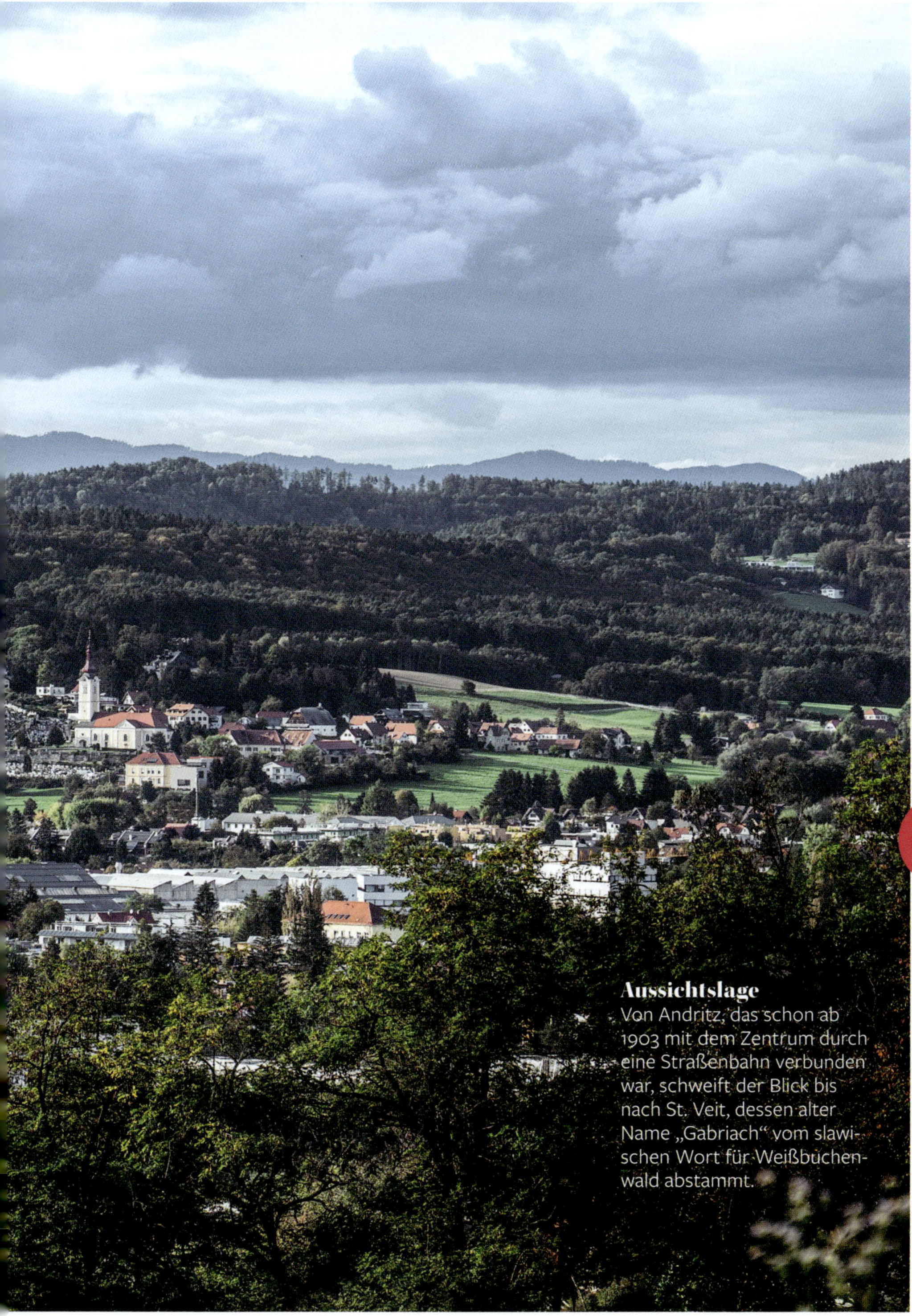

Aussichtslage
Von Andritz, das schon ab 1903 mit dem Zentrum durch eine Straßenbahn verbunden war, schweift der Blick bis nach St. Veit, dessen alter Name „Gabriach" vom slawischen Wort für Weißbuchenwald abstammt.

Rosenbergrunde
Das Minoriten-Schlössl liegt an der Ecke von Panoramagasse und Quellengasse. Es steht auch mit dem Namen Rosegg in den Geschichtsbüchern und beherbergte im 19. Jahrhundert ein Kaffeehaus.

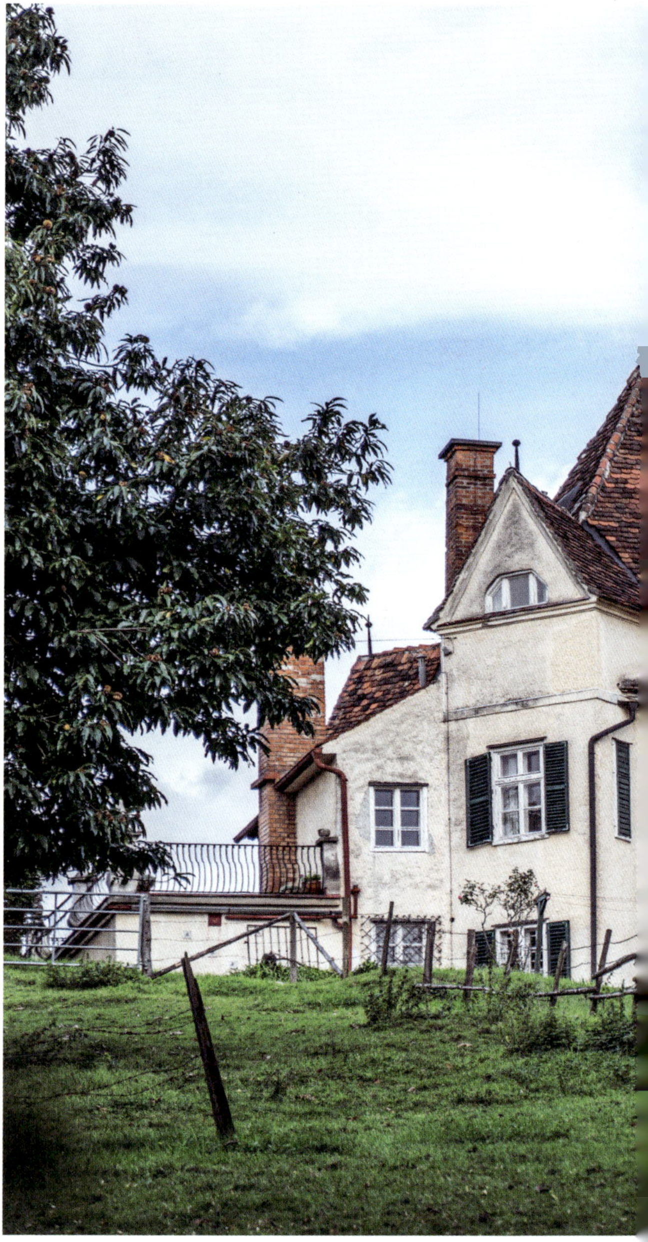

des Waffenstillstands von Znaim musste der Kommandant der noch gehaltenen österreichischen Garnison, Major Hackher, am 12. Juli kapitulieren und den Schloßberg an die Franzosen übergeben.

Gegenwart präsentiert die fast höchste Erhebung unserer Tour: Auf der **FERDINANDSHÖHE** 4 wird ein neuer Hochbehälter errichtet. Bevor das Trinkwasser in die Grazer Haushalte gelangt, fließt es nämlich durch einen von insge-

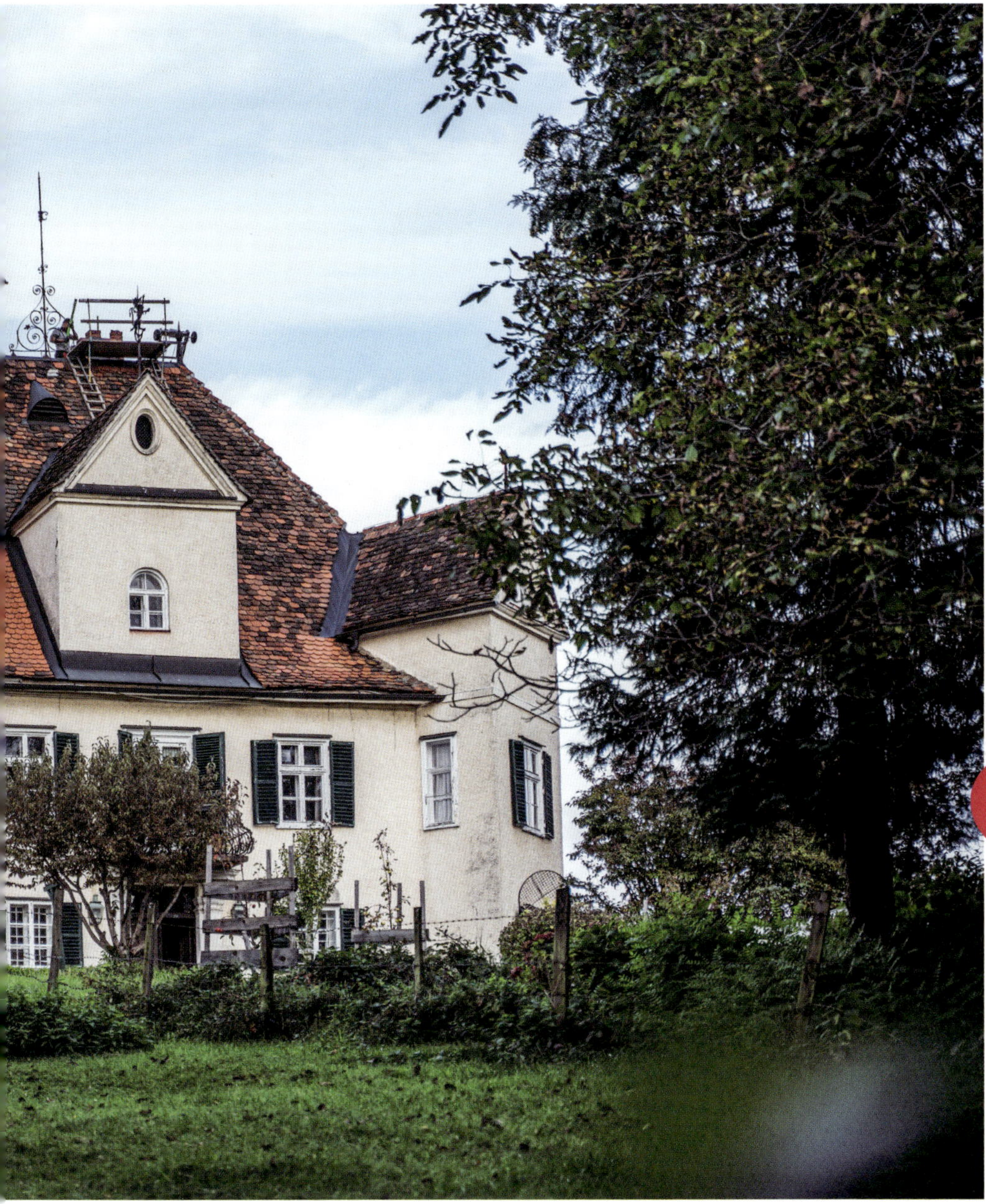

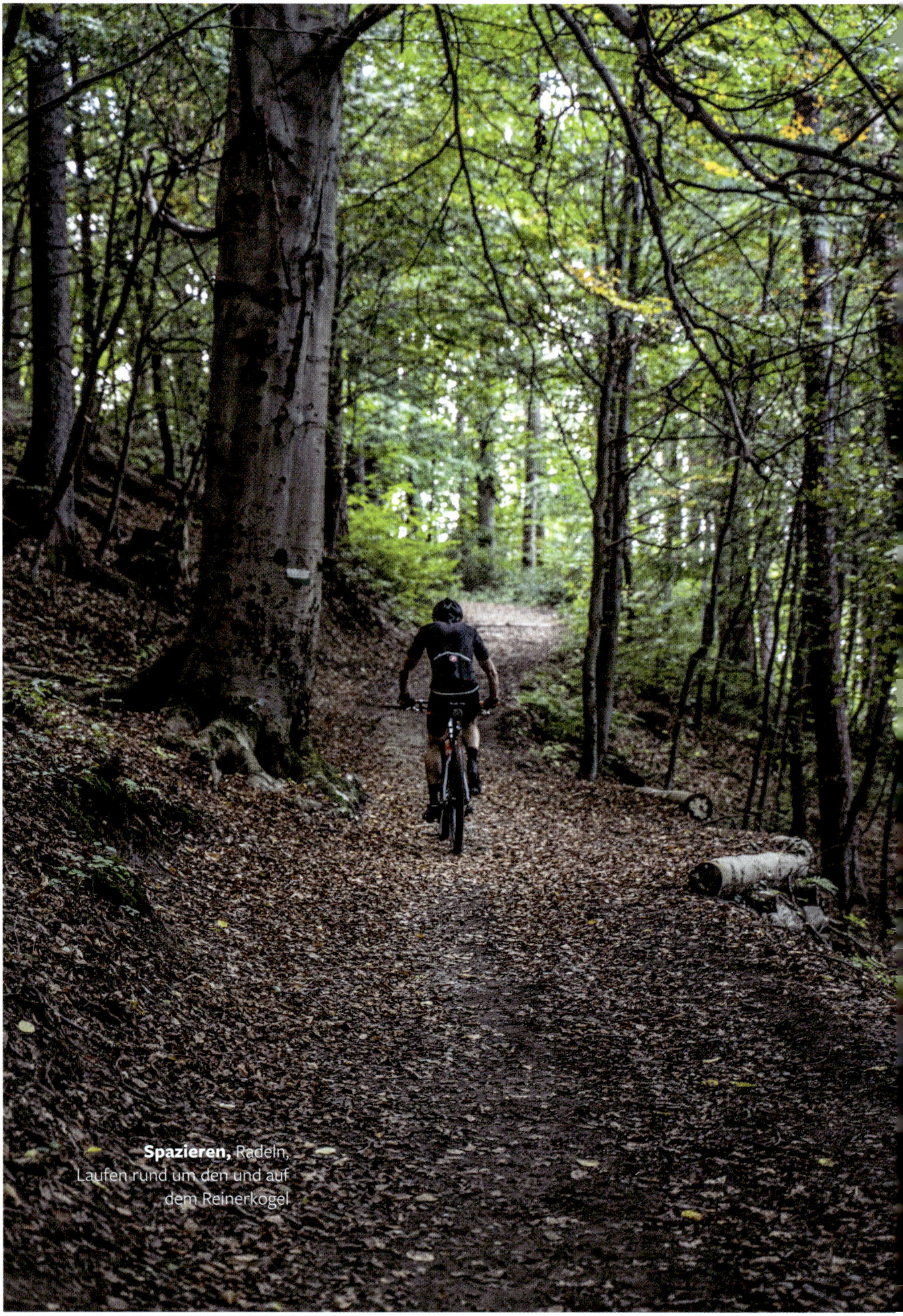

Spazieren, Radeln, Laufen rund um den und auf dem Reinerkogel

Tipps

Alles im Gleichgewicht

Welchen Stellenwert hat das Gehen im Sinne eines gesunden Gewichts?
Jeder Schritt zählt tatsächlich, da es vor allem die regelmäßige und stressfreie Bewegung ist, die zum Ziel führt. Unser Belohnungssystem im Gehirn wird auf diese Weise aktiviert, die Muskulatur wird trainiert. Die Folgen sind ein besseres Sättigungsgefühl und ein entsprechender Energieverbrauch.

Wie kann man die Anzeige der Waage bestmöglich in Zaum halten?
Viele haben Berufe oder verrichten Tätigkeiten in sitzenden Positionen oder mit einseitigen, belastenden Bewegungsabläufen. Eine ganzheitliche Strategie greift immer die individuelle Lebenssituation auf. Jeder sollte für sich eine Bewegungsform finden, die Spaß macht und angenehm zu organisieren ist. Das kann die Wahl der Treppen statt des Lifts sein, der Einkauf oder Arbeitsweg zu Fuß – oder der tägliche Spaziergang.

Inwiefern wirken sich Fußmärsche positiv auf die Verdauung aus?
Regelmäßige Bewegung unterstützt ein gesundes Darm-Mikrobiom. Es enthält bis zu 100 Billionen Bakterien rund 1.000 verschiedener Arten. Es geht vor allem um die Vielfalt an Bakterien, die wichtige Helfer in unserem Verdauungssystem sind. Bleiben wir in Bewegung, wirkt das beispielsweise antidepressiv und beugt Heißhungerattacken vor.

„Nach dem Essen sollst du ruhen oder tausend Schritte tun." – Wie viel Wahrheit steckt in diesem Sprichwort?
Eine Mahlzeit ist dann richtig, wenn ich mich danach nicht zu müde für einen Spaziergang fühle. Körperliche Aktivität bringt den Darm in Bewegung und unterstützt einen nicht zu vollen Bauch bei der Verdauung.

SANDRA HOLASEK, Ernährungswissenschafterin
Leiterin der Forschungseinheit „Nutrition and Metabolism" am Otto Loewi Forschungszentrum, Lehrstuhl für Immunologie und Pathophysiologie, Medizinische Universität Graz

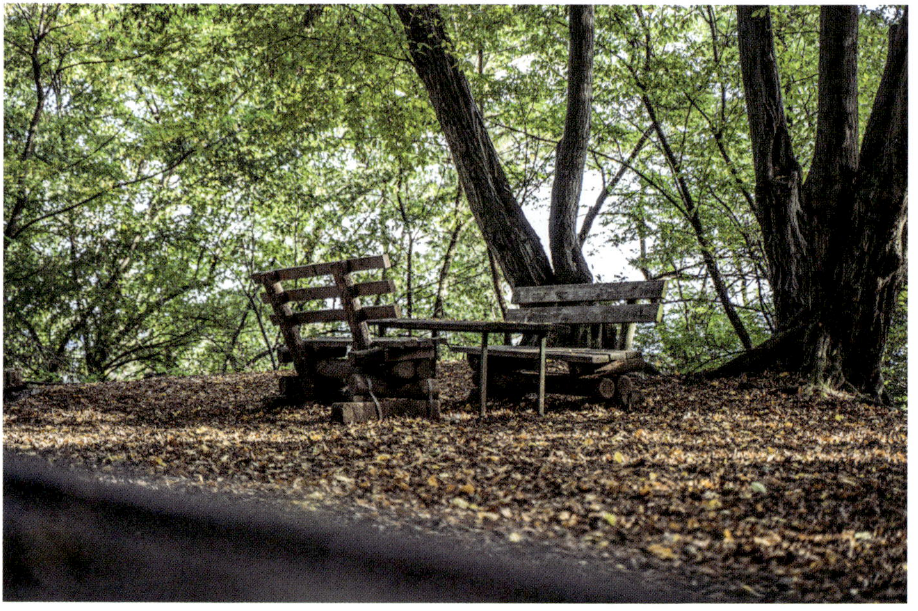

Unterwegs laden Sitzmöglichkeiten unter lauschigen Blätterdächern zum Verweilen ein

samt 22 Hochbehältern am Stadtrand. Detail am Rande: Die allererste Wasserleitung in Graz transportierte ebenfalls Wasser vom Rosenberg hinunter in die Stadt. Errichten ließ sie Kaiser Maximilian im Jahr 1490 für den kaiserlichen Bedarf, das Wasser floss nämlich nur direkt in die Grazer Burg.

Vom naturbelassenen Aussichtspunkt gehen wir weiter, bis wir die Saumgasse erreichen, die uns direkt hinunter zum „Kreuzwirt" führt. Das Traditionsgasthaus wurde von Hans von der Sann – ein Pseudonym für den Oberlehrer Johann Krainz – bereits 1892 erwähnt. Nach regem Wechsel von Pächtern und Besitzern wurde es schließlich still um das Haus. Seit Herbst 2020 kommen wieder Klassiker der Wirtshausküche auf die Teller – auch im idyllischen Gastgarten. Wir folgen der Saumgasse, bis sie in den Viktor-Zack-Weg mündet. Wer die fahrrad- und kinderwagentaugliche Route vorzieht, der erreicht die gleichnamige Bushaltestelle weiter unten in der Ziegelstraße.

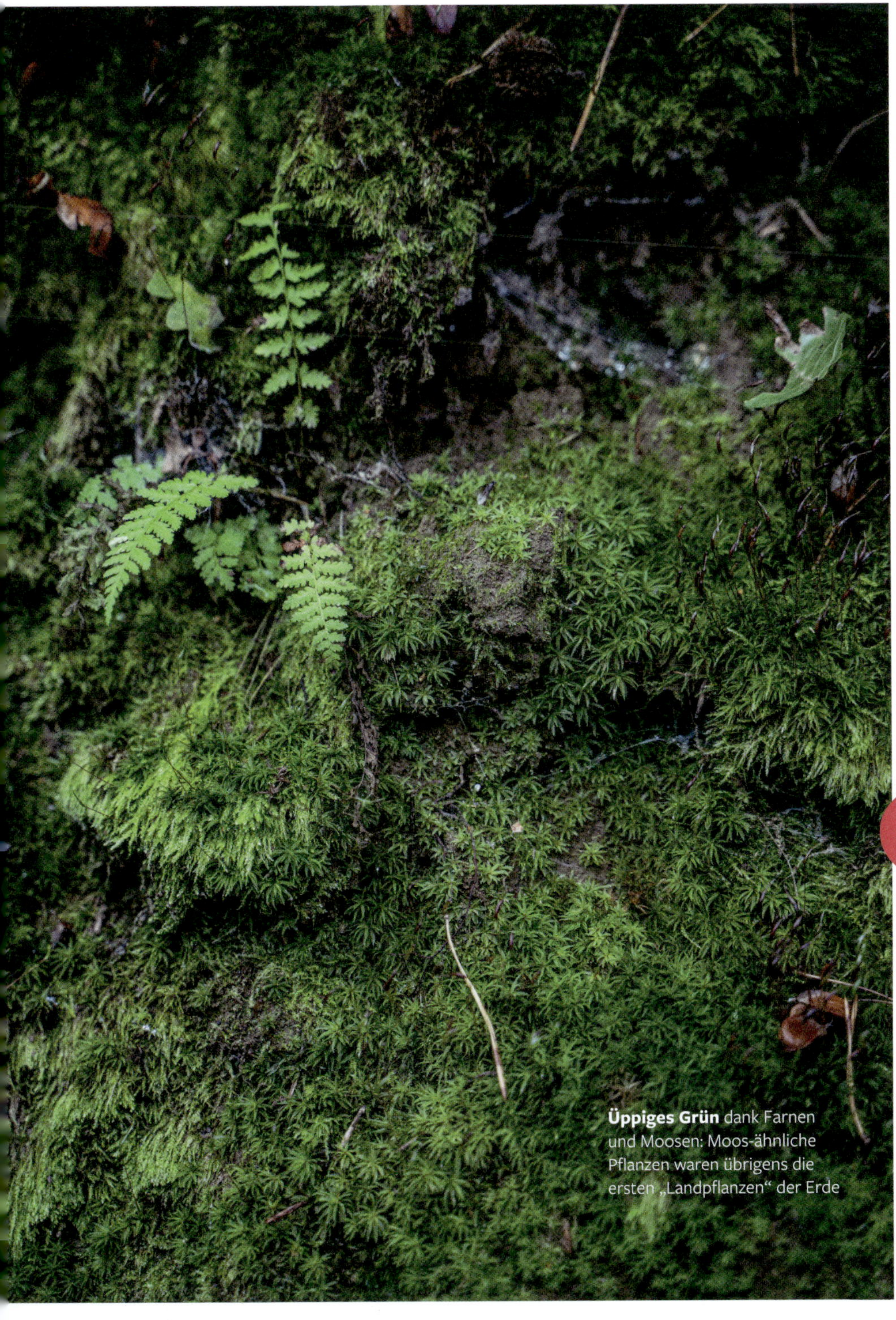

Üppiges Grün dank Farnen und Moosen: Moos-ähnliche Pflanzen waren übrigens die ersten „Landpflanzen" der Erde

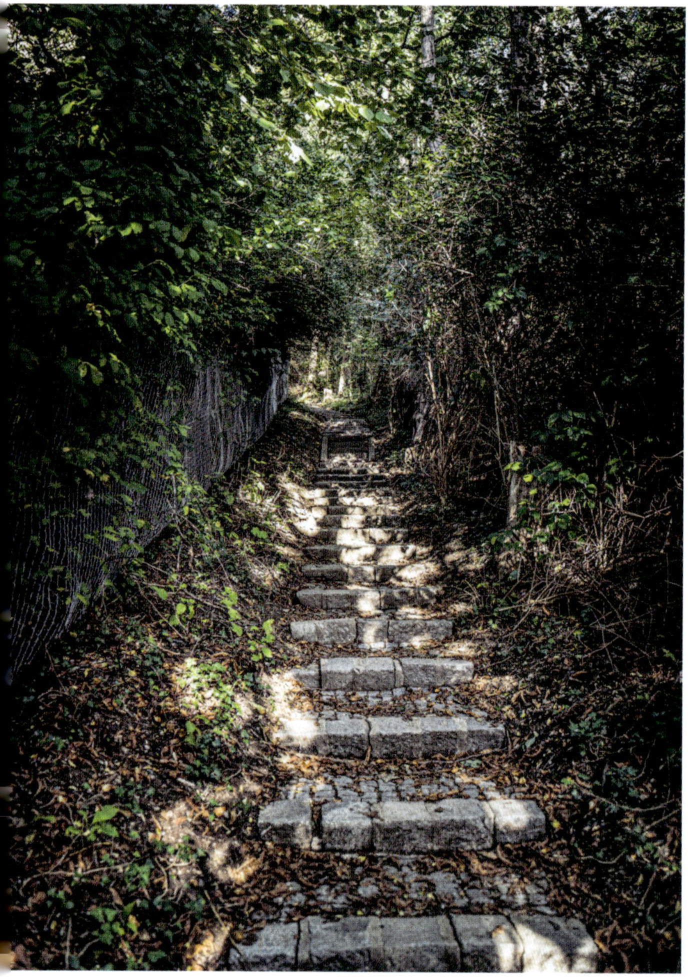

Alle anderen erobern noch den knapp 500 Meter hohen Reinerkogel. Achtung: Abzweigung links in den Wald nicht verpassen! Um etwaige müde Glieder auszuruhen, stehen auf dem **REINER-KOGEL 5**, der einst zum Besitz des Stiftes Rhein gehörte und daher seinen Namen hat, viele Sitzbänke bereit. Auch bei sommerlichen Temperaturen ist Schatten gesichert. Allerdings: Je weniger Blätterwerk sich in den Weg stellt, desto mehr Ausblicke auf die Stadt tun sich auf, wenn man die Jakobsleiter hinuntersteigt. Es sind 150 oder 300 oder fast 400 Stufen, die Quellen behaupten da ganz Unterschiedliches. Man muss einfach selbst nachzählen, bergwärts scheinen es gar doppelt so viele …

Der „Weg zum Reinerkogel" führt uns schließlich zur Grabenstraße, die man quert, um durch die Robert-Stolz-Gasse zur Straßenbahnhaltestelle zu gelangen. Genug der Schritte und des Gehirnjoggings. Feierabend!

Die Jakobsleiter führt über viele Stufen hinunter in die urbane Ebene

Top 5 auf dieser Route

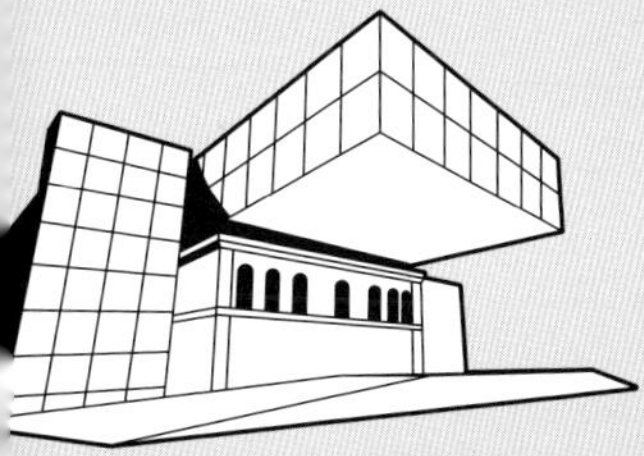

01.
Universitätsbibliothek

1895 erbaut erstrahlt die Universitätsbibliothek seit 2019 neu – dank eines imposanten Glasquaders. Die vormals hinter einem Eingangstrakt aus Beton versteckte ornamentgeschmückte Originalfassade wurde wieder freigelegt.

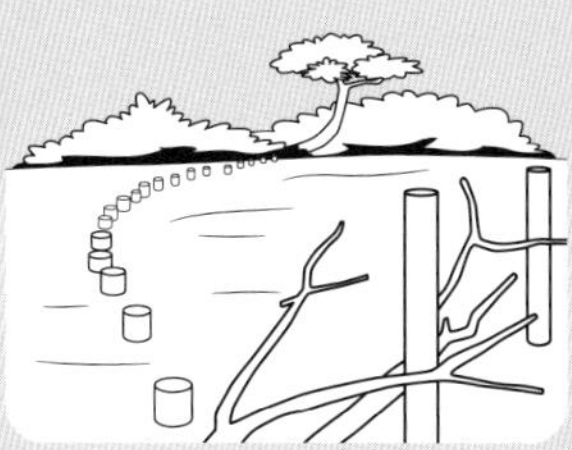

02.
Rosenhainteiche

Im Geidorfviertel ist der Rosenberg ein reizvolles Terrain für Unternehmungen aller Art. Die Teiche schaffen ein zusätzliches Naturerlebnis, ihre Erhaltung bringt aber durchaus einige Herausforderungen mit sich.

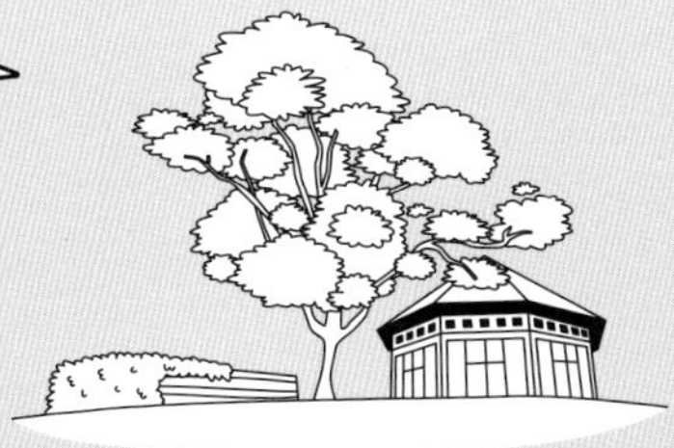

03.
Café Rosenhain

Hier stand früher ein altes Winzerhaus über einem Weingarten. Diesem folgte ein Restaurant, das allerdings in den 1970er-Jahren einem Brand zum Opfer fiel. Heute ist der zitronengelbe Pavillon ein höchst beliebtes Plätzchen für Müßiggang.

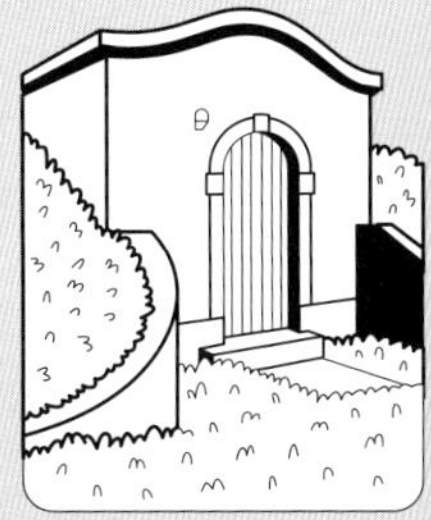

04.
Ferdinandshöhe

Der naturbelassene bewaldete Rastpunkt befindet sich auf 490 Meter Seehöhe. Der Hochbehälter vor Ort dient als Speicher für Grazer Trinkwasser, sein Speichervolumen wurde von 200 auf 1.500 Kubikmeter erweitert.

05.
Reinerkogel

Anno dazumal stand ein hölzerner Aussichtsturm samt Café am Reinerkogel: die Rainerwarte. Sie wurde jedoch in den 1950er-Jahren abgetragen. Zur Warte führte eine Freitreppe, die auch heute noch gerne frequentiert wird: die Jakobsleiter.

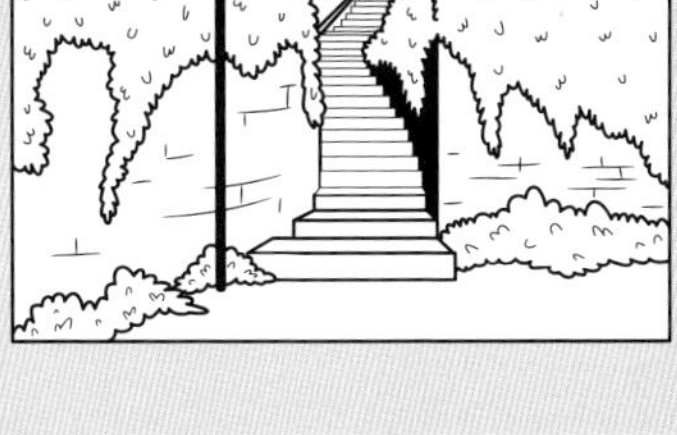

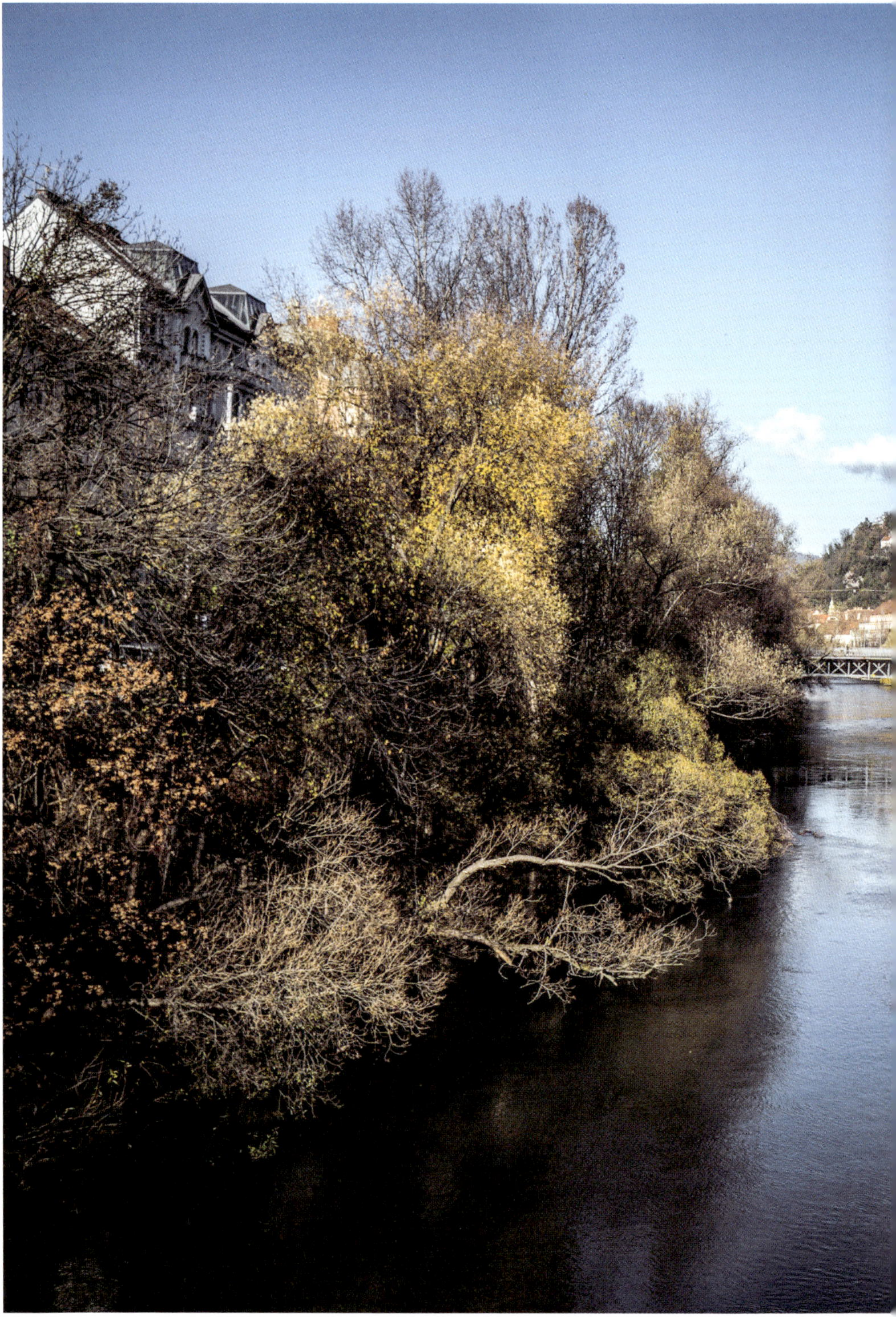

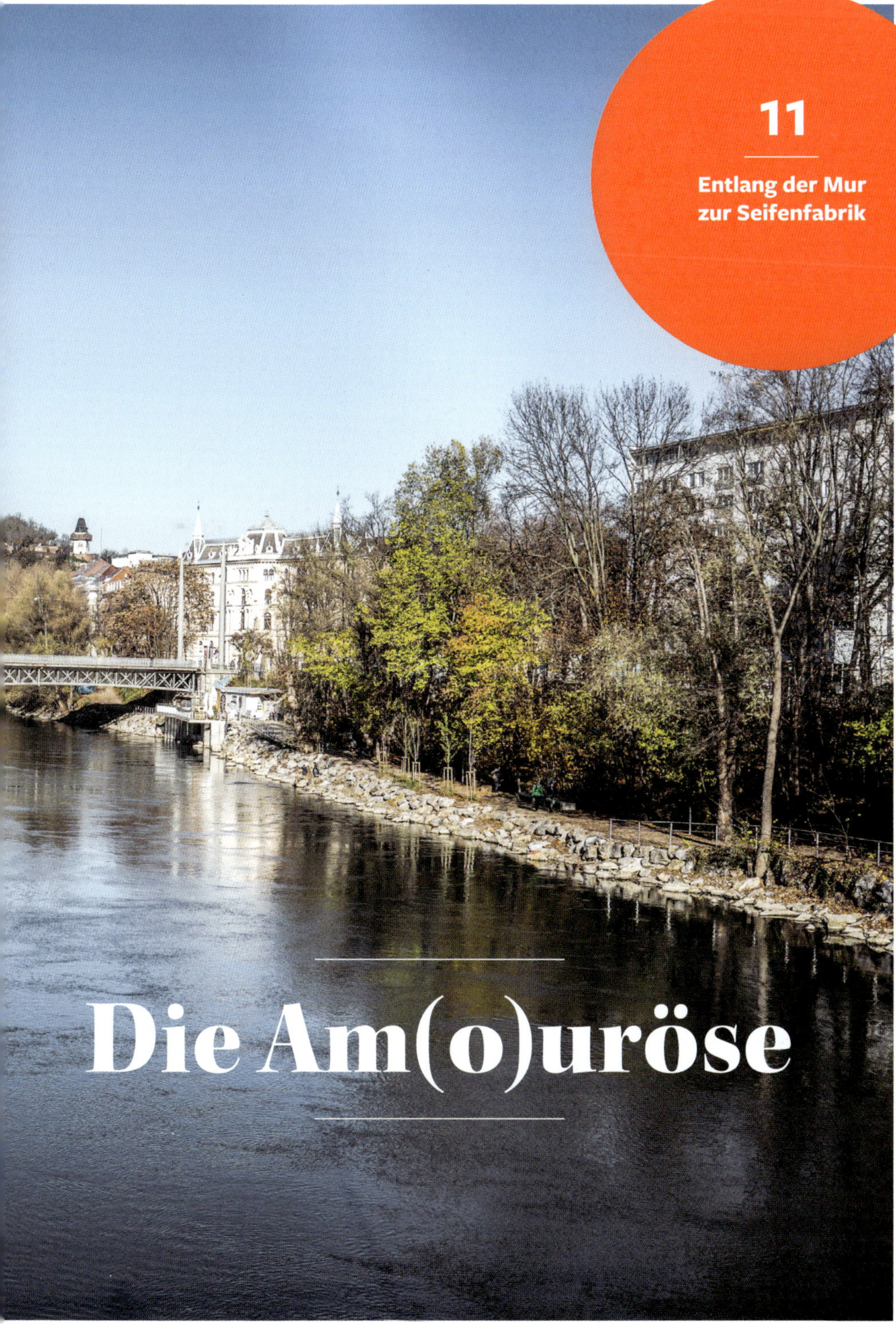

11

Entlang der Mur zur Seifenfabrik

Die Am(o)uröse

11

Außerirdische Begegnung. Göttliche Wandtattoos. Grüne Lebensader.

Charakter der Tour
Über fünf Brücken sollst du gehen: Sie führen entlang des rechten und linken Murufers vom Zentrum über den Augartenpark zur Seifenfabrik.

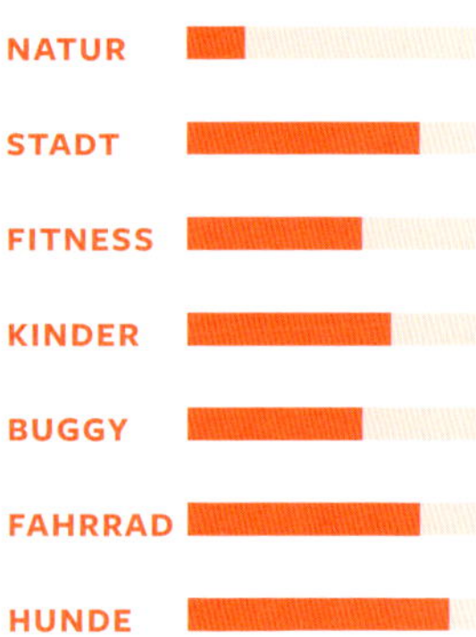

STARTPUNKT
Kunsthaus
Bim: Linie 1, 3, 6, 7

Der „friendly alien" gehört seit dem legendären europäischen Kulturhauptstadtjahr 2003 zu den Wahrzeichen der Stadt. Sein Kosename stammt von Architekt Colin Fournier, der den einzigartigen Bau am Lendkai gemeinsam mit Peter Cook erdacht hat. Er markiert den auffälligen Ausgangspunkt einer Tour, die rechtes und linkes Murufer miteinander verbindet. Kontinuierlich. Als Teil des Universalmuseums Joanneum gibt das **KUNSTHAUS** (1) immer wieder spannende Einblicke in zeitgenössische Werke, schafft aber auch reizvolle Ausblicke – von der verglasten Aussichtsplattform „Needle" oder von einer der „Nozzles": Die Lichtöffnung hat den Uhrturm im Fokus. Direkter Nachbar des Kunsthauses ist das Eiserne Haus, dessen Gusseisenkonstruktion den schmückenden Superlativ „die älteste Mitteleuropas" trägt.

Über die Erzherzog-Johann-Brücke, formerly known as „Hauptbrücke", wechseln wir die Murseite. Die klassischen Postkartenmotive reihen sich in diesem Teil der Stadt eng aneinander. Schloßberg, Uhrturm, Murinsel. Für ein Liebesschloss am Geländer ist immer Platz. Unter der Brücke wird alljährlich der Sommer, das Leben und die Liebe musikalisch zelebriert. Die enge Murgasse verlassen wir bereits an der ersten möglichen Abzweigung nach rechts. Am Ende der Nürnbergergasse tut sich der ganze Charme des pittoresken **FRANZISKANERPLATZES** (2) auf. Kopfsteinpflaster, kleine Läden im historischen Gemäuer, lauschige Gastgärten im Sommer, Lichterglanz im Winter – das alles verliert auch nach der x-ten Flanierstunde nicht an Reiz. Wer lebhaftes Stimmengewirr

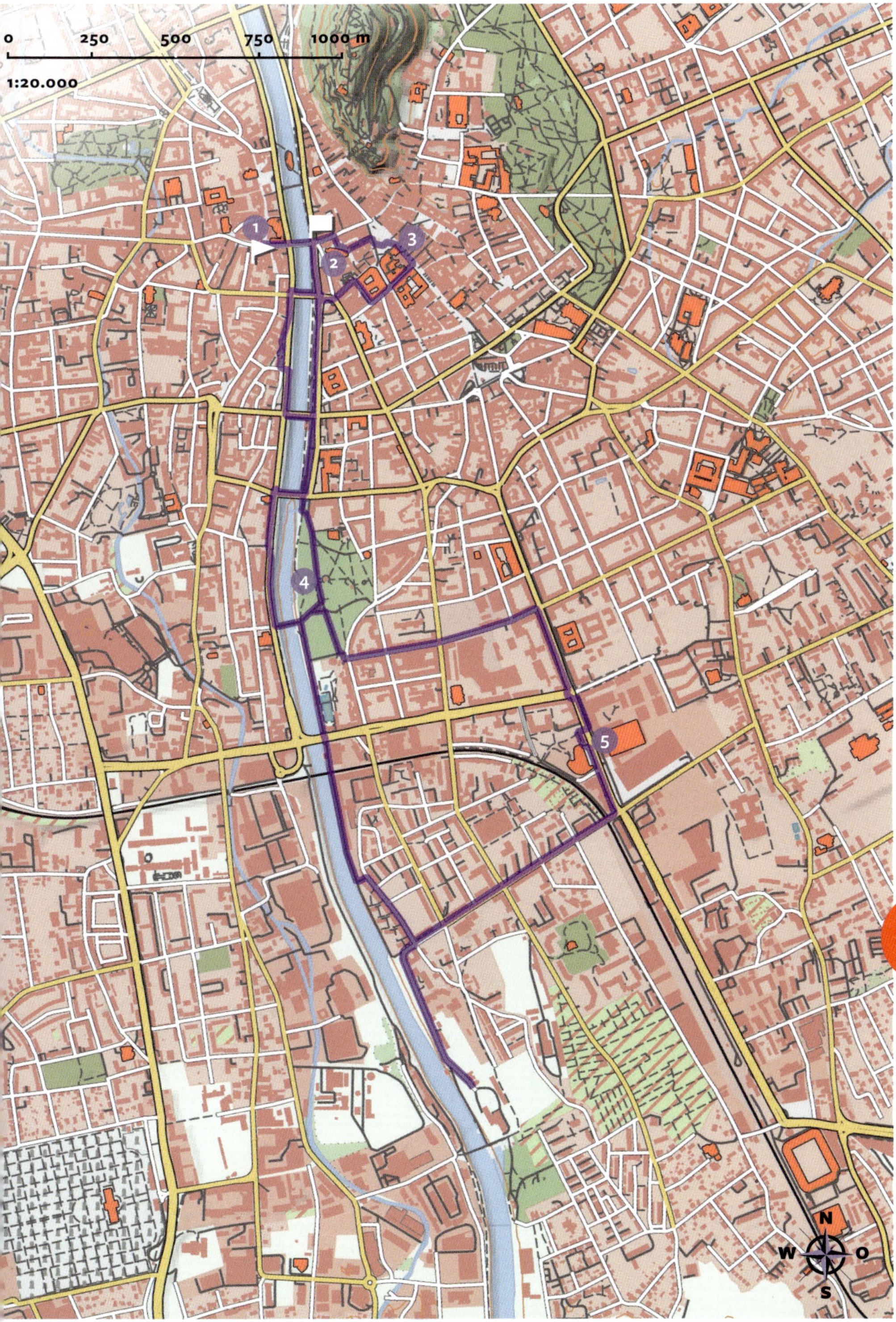

0
250
500
750
1000 m
1:20.000
1
2
3
4
5
N
W
O
S

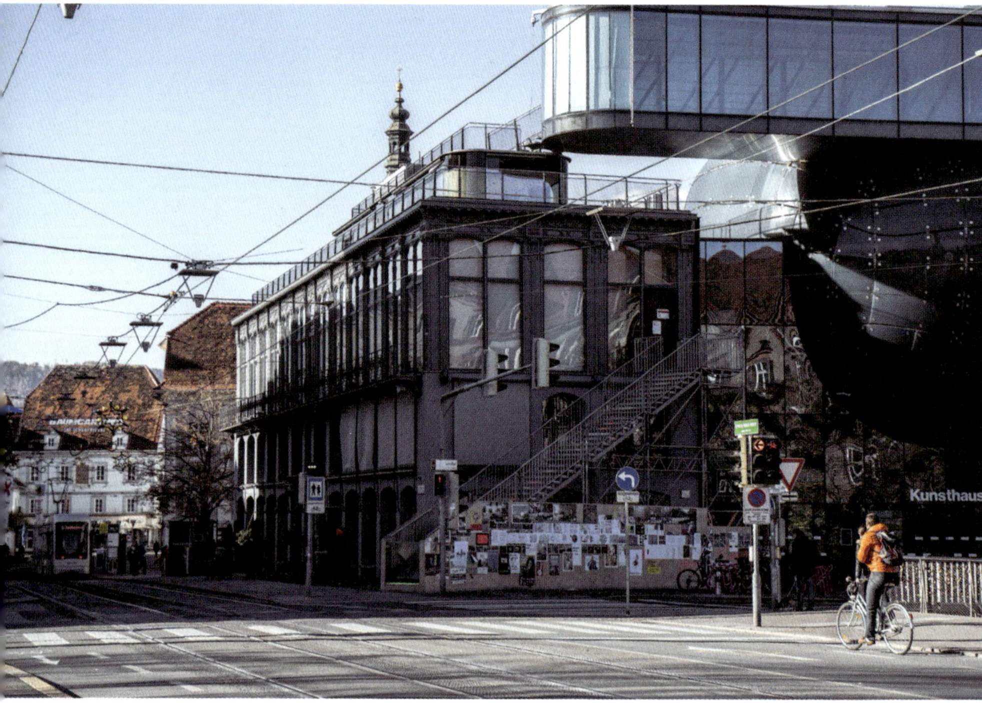

Eisernes Haus: eines der architektonischen Wahrzeichen der Stadt

kurzzeitig ausblenden möchte: Der Garten des Klosters ist ein stimmiger Ort dafür.

Die Neue-Welt-Gasse führt uns über den Hauptplatz in die Herrengasse. Wann haben Sie das **GEMALTE HAUS** 3 zuletzt eingehend betrachtet? Eben. Griechische und römische Götter zieren die Wand des Herzogshofs, dessen Historie bis 1360 zurückreicht. Die heutige, allerdings nicht allererste Bemalung geht auf das Jahr 1742 zurück. Sie zeigt Bacchus (Gott des Weines), Vulkan (Gott der Handwerker) und Vesta (Göttin des Herdfeuers) in der unteren Zone, über ihnen stehen Apollo (Gott des Lichts), Jupiter (Göttervater) und Pluto (Gott der Unterwelt). Der Götterhimmel wird ergänzt durch Merkur (Gott der Kaufleute und Reisenden), Mars (Kriegsgott), Minerva (Göttin des Krieges und der Künste) sowie Aeskulap (Gott der Medizin).

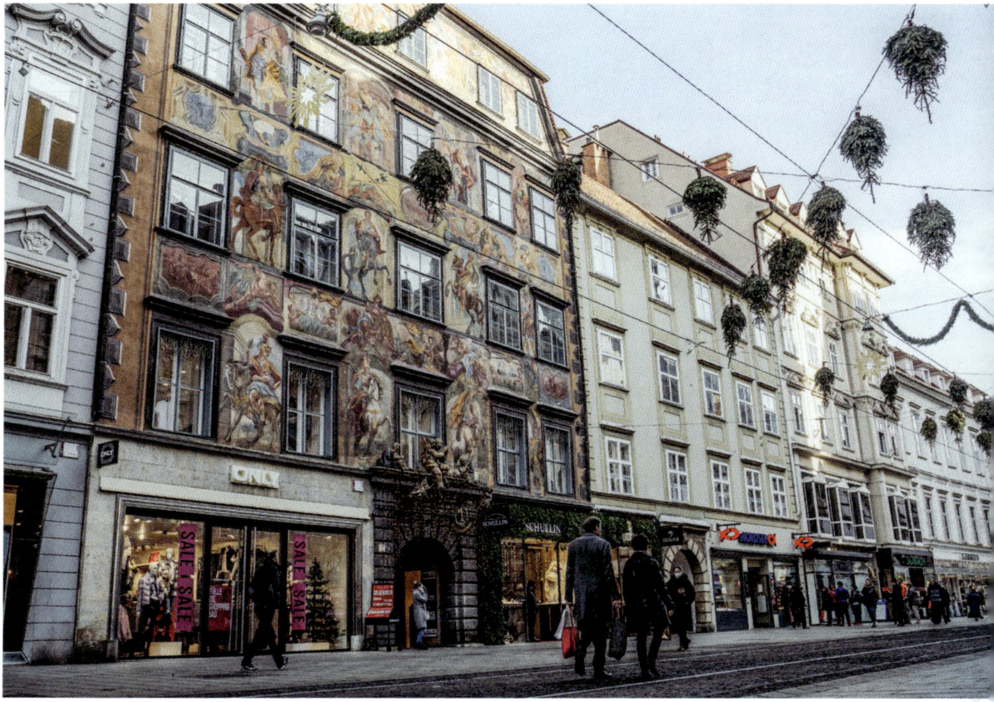

Stadtader
Die Herrengasse, die einst Bürgergasse hieß, wird eingefasst von Barockfassaden, Spätrenaissancebauten und Gebäuden aus der Gründerzeit. Die Fußgängerzone gibt es seit 1972.

Wir biegen in die Landhausgasse ab und kreuzen bald die Schmiedgasse, deren erster Abschnitt 2020 als Fußgängerzone neu gestaltet wurde. Weiter vorne erreichen wir über den Sparkassenplatz die Albrechtgasse. Sie bringt uns wieder näher an die Mur, über die Tegetthoffbrücke gelangen wir zurück ans andere Ufer. Die Brücke ist eine von insgesamt 16 Möglichkeiten, den Fluss in der Stadt zu Fuß zu queren. Im Zuge des geplanten Neubaus wird die Tegetthoffbrücke künftig Teil einer Straßenbahnstrecke sein und einen Abgang zur Murpromenade haben.

Wir schlendern nun den Grieskai entlang und passieren den Nikolaiplatz, auf dem grüne Sitzbuchstaben das Wort Graz formen. Der nächste Wechsel von der Neustadt in die Altstadt ist schon in Reichweite. Die seit 1898 in dieser Form bestehende Radetzkybrücke

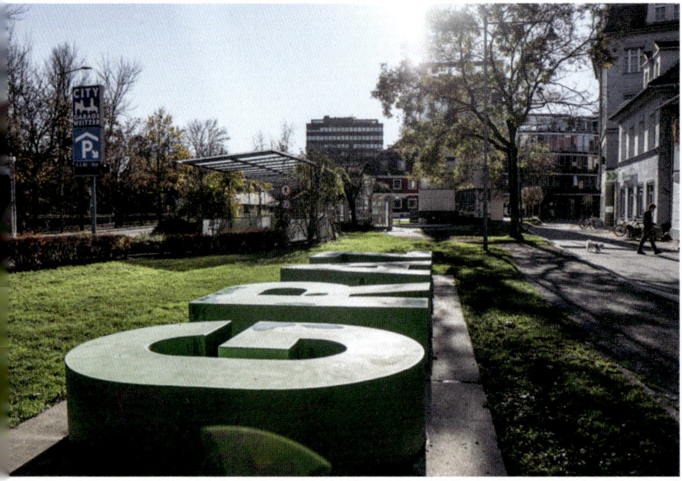

Kurze Rast gefällig?
Die Sitzmöbel in Form grüner Buchstaben wurden im Zuge der Ernennung von Graz zur „City of Design" 2011 von Johanna Prechtl aus der Taufe gehoben.

führt uns kurz zurück in den 1. Bezirk, sie bildet die Grenze zum Stadtteil Jakomini, in den wir nun wechseln. Der Stadtbalkon direkt an der Murpromenade Graz-Süd wirkt etwas improvisiert, ist aber ein zentraler Ausgangspunkt für sportliche Touren auf der Mur – ob Kajak, Tubing, Stand Up Paddeln oder das elektrische Board eFoil.

Der Augarten rückt mit jedem Schritt näher. Bevor wir allerdings in das Grün am Fluss eintauchen, widmen wir der Synagoge jenseits der Augartenbrücke unsere Aufmerksamkeit. Ihre Wiederrichtung wurde 1998 von der Stadt Graz beschlossen, im Jahr 2000 wurde sie an die jüdische Gemeinde übergeben. 9.600 Ziegel der alten Synagoge, die im Zuge der Novemberpogrome am 9. November 1938 in Brand gesetzt und zerstört worden war, sind in den neuen Bau integriert. Die verglaste Kuppel trägt Verse aus der Thora – in hebräischer Schrift.

Wir folgen abermals dem Grieskai. Der Augartensteg, für den im Spannungsaufbau Anleihen am Prinzip eines Segelmasten genommen wurden, stellt die Eingangspforte in die Augartenbucht dar, die einen direktem Zugang zum Wasser bietet.

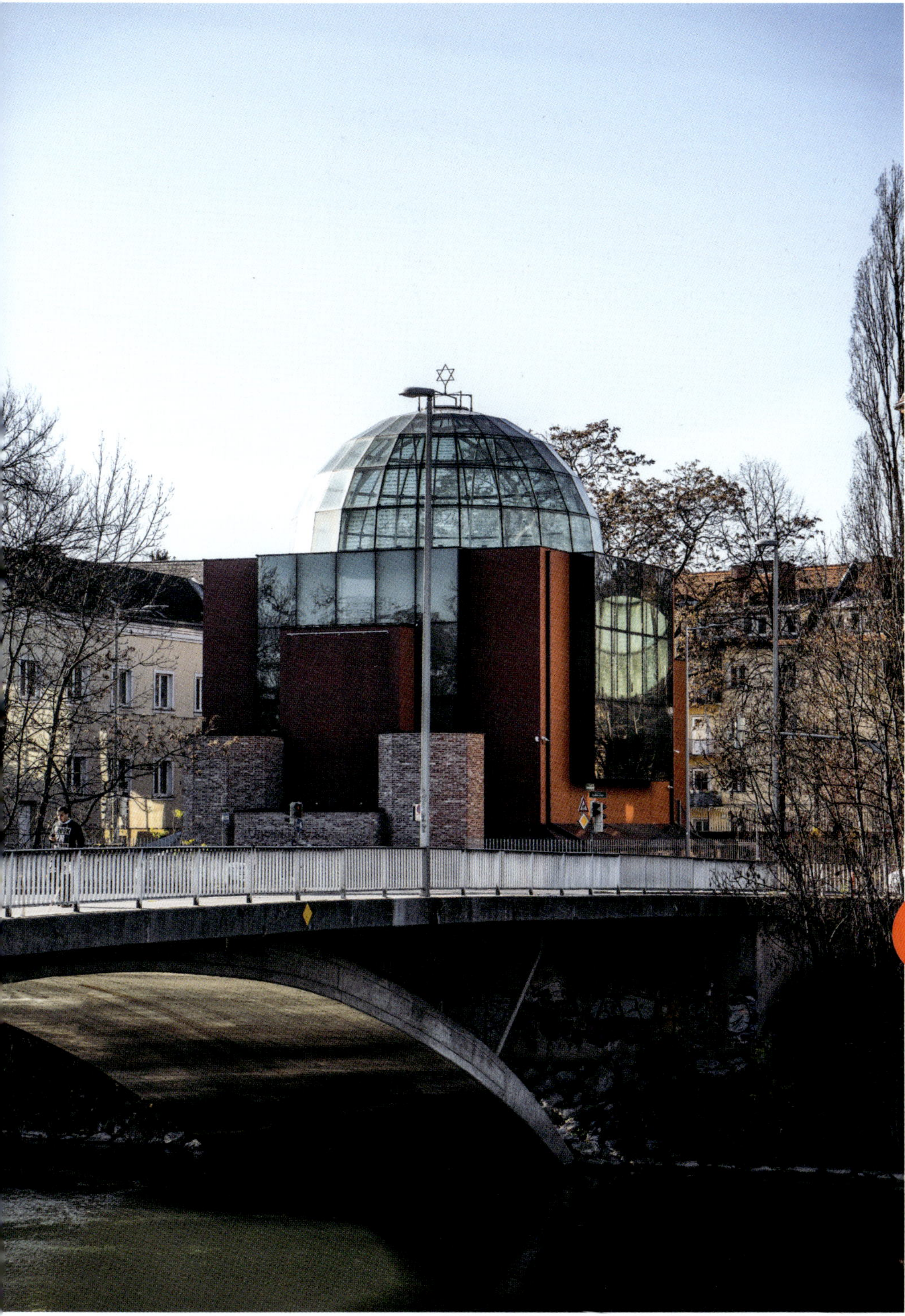

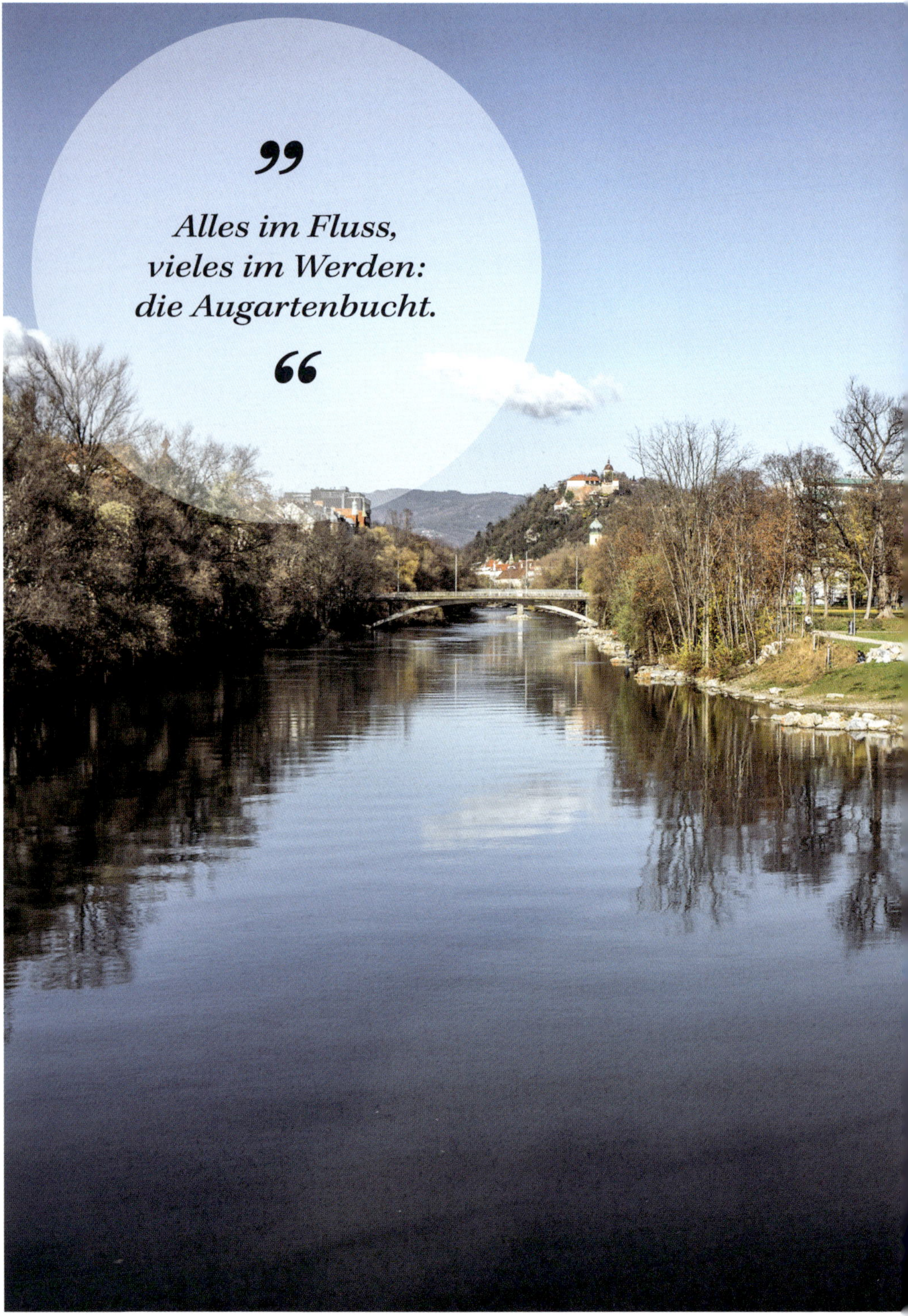
"
Alles im Fluss,
vieles im Werden:
die Augartenbucht.
"

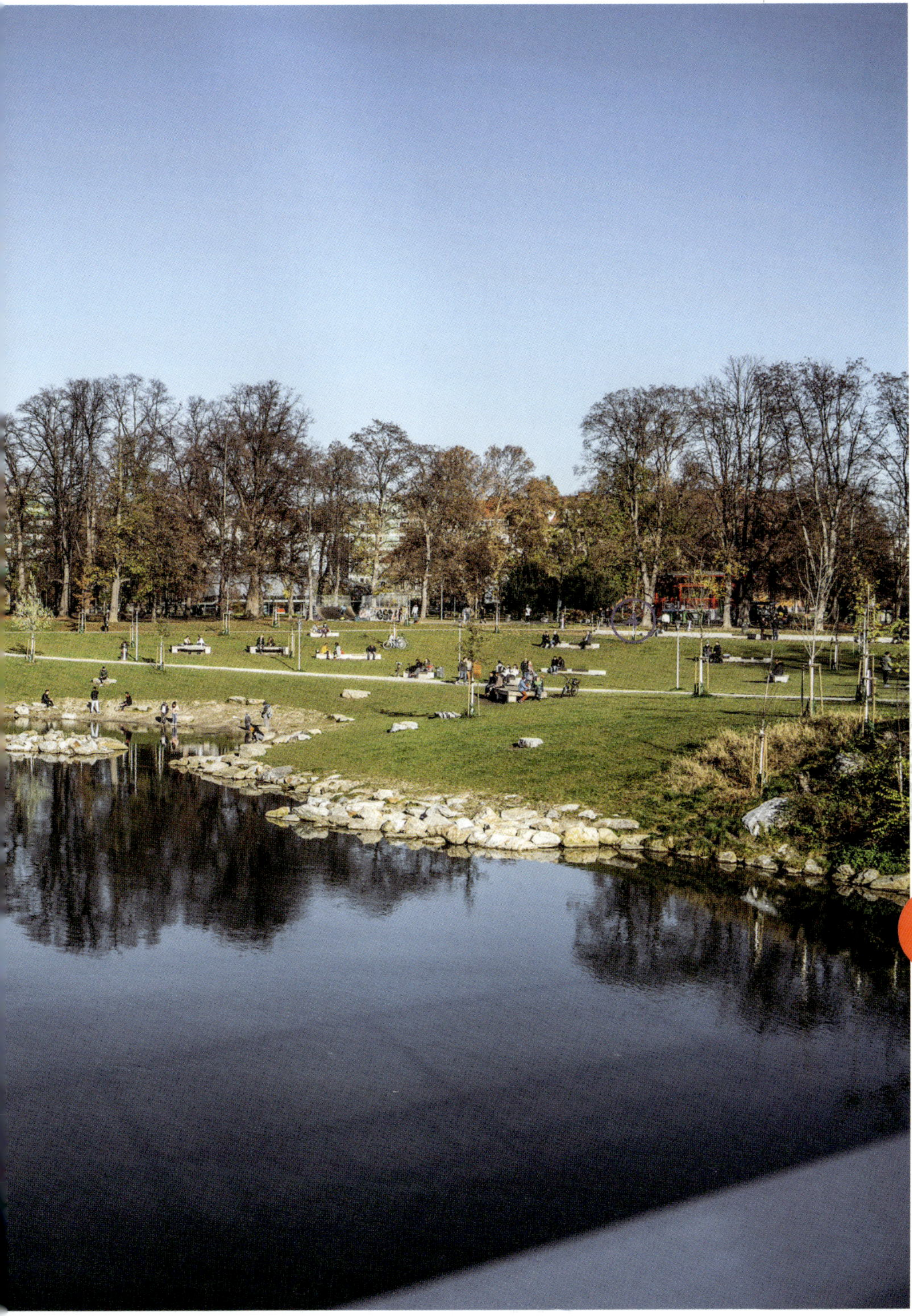

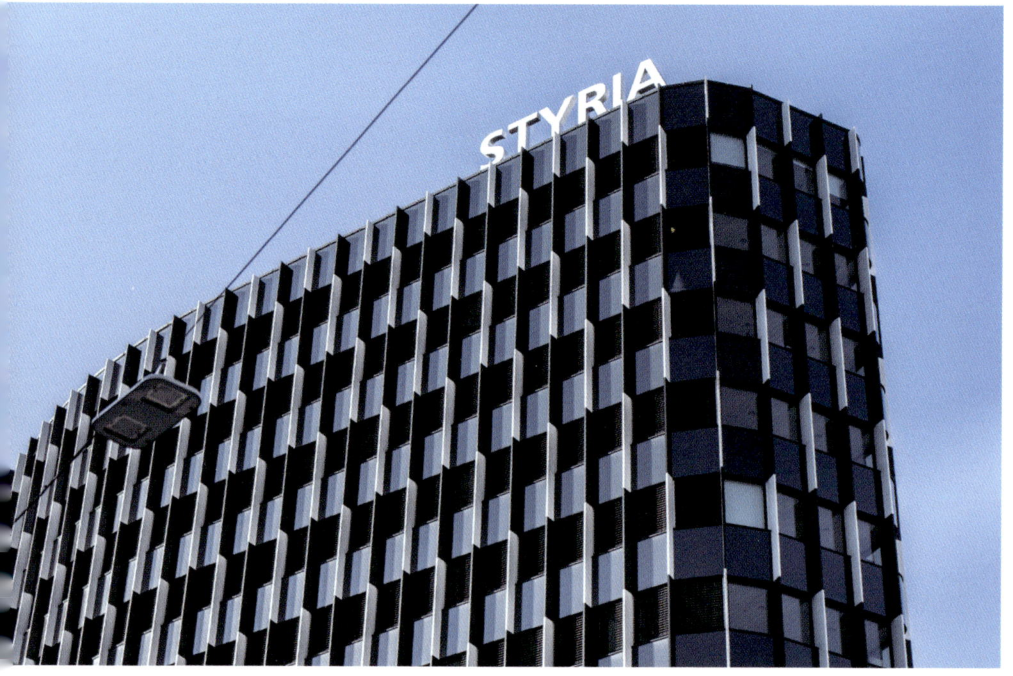

Styria Media Tower:
Medienzentrum mit Skyroom im 13. Stockwerk

Der **AUGARTENPARK** 4 mit seinen 75.000 Quadratmetern funktioniert als gemeinsame Spielwiese und Begegnungszone für Menschen ganz unterschiedlicher Interessen und Kulturen. Spiel und Sport sind hier Programm. Zuschauen, mitmachen, selbst aktiv werden – es gibt immer etwas zu tun. Rund um den Park reihen sich das „paul" im Auschlössl – ein ReUse-Café der Caritas –, das Kindermuseum FRida & freD sowie das Museum der Wahrnehmung.

Wir verlassen den Park über die Steyrergasse, kreuzen die Schönaugasse – hier wurde vor einiger Zeit für den Brenner-Krimi „Das ewige Leben" von Wolf Haas gedreht – und gelangen schließlich in die Conrad-von-Hötzendorf-Straße. Nach dem Landesgericht zieht bereits die spektakuläre Dachkonstruktion der **STADTHALLE** 5 die Blicke auf sich. Architekt Klaus Kada zeichnet für die Optik der größten Multifunktionshalle der Stadt mit 14.520 Stehplätzen verantwortlich, mit Messecongress Graz und Messe Graz bildet sie einen Veranstaltungskomplex auf 20.000 Quadratmetern.

Gegenüber ragt der 60 Meter hohe Büroturm des Styria Media Center in den Himmel. Auf 13 Stockwerken wurden 8.000 Kubikmeter Beton und 1.800 Tonnen Stahl verbaut. Vom Skyroom samt Dachterrasse hat man einen sagenhaften Blick über die Stadt. Gleich nebenan, im Headquarter einer Gesundheitsversicherung, wird im „Arravané" nach allen Regeln der kulinarischen Kunst des Sterne- und Haubenkochs Konstantin Filippou aufgekocht.

Wir folgen der Fröhlichgasse Richtung Seifenfabrik bis diese in die Angergasse mündet. Unweit von hier befindet sich bereits der markante Backsteinbau mit seinem freistehenden Kamin. Heute ist die Seifenfabrik ein trendiges Veranstaltungszentrum.

Imposant
Ein riesiges Dach, das 46 Meter in den Straßenraum reicht, und eine Halle, die Raum für mehr als 14.500 Besucher bietet: die Stadthalle nach Entwürfen des Architekten Klaus Kada.

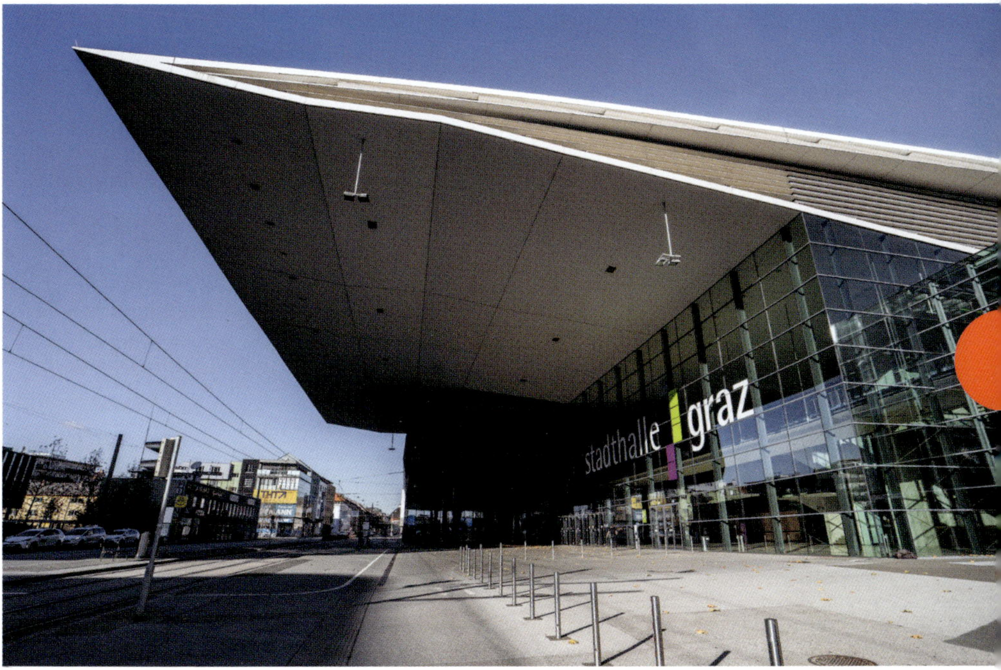

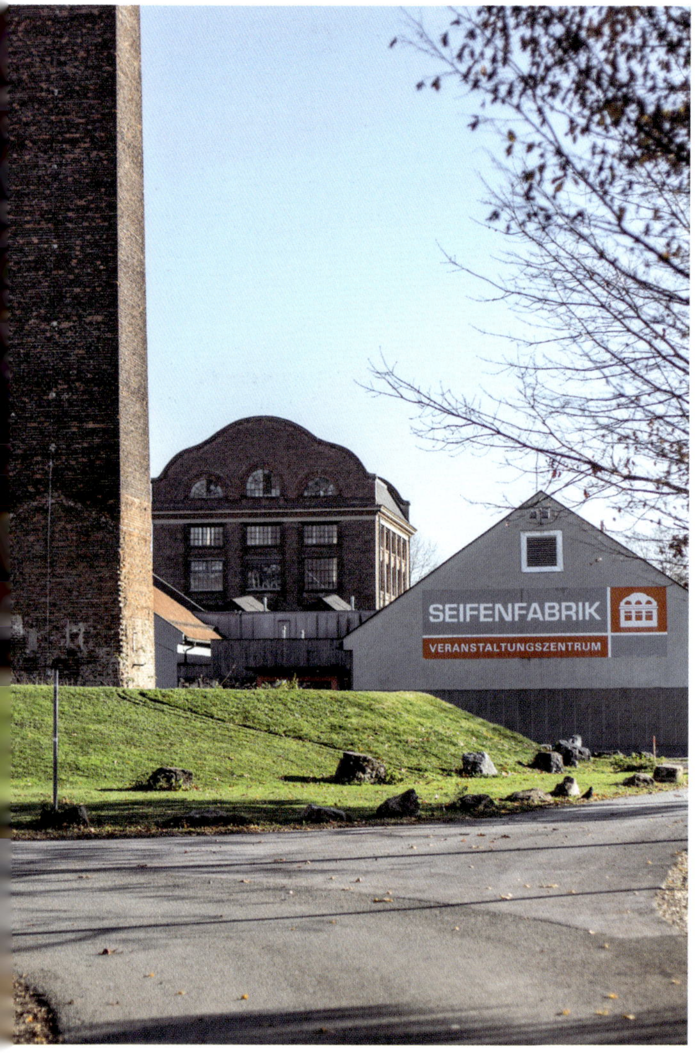

Von der Poudrettefabrik zur Veranstaltungslocation: die Seifenfabrik

1872 war auf dem Areal eine Poudrettefabrik errichtet worden, in der der Inhalt der Grazer Latrinen zu Dünger verarbeitet wurde. In den 1920er-Jahren hatte man sie stillgelegt und ab 1946 als Seifenfabrik wiederbelebt. Diese bestand bis 1998. Fünf Jahre später vollzog das Haus eine Transformation zur Bühne für allerlei Feierlichkeiten, Märkte und mehr. Die Mur fließt unmittelbar vor der Türe, Bauzäune verhindern derzeit allerdings ein intensiveres Erleben. Wenn wir den Mur-Rad-, Lauf- und Fußweg zurück in die Innenstadt nehmen, bleiben wir der Nähe zum Wasser treu.

Top 5 auf dieser Route

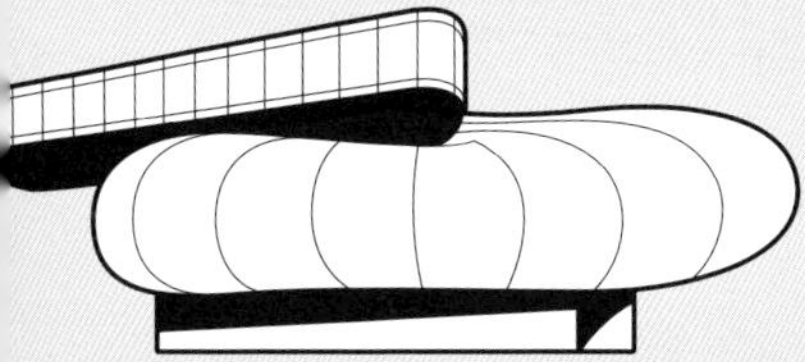

01.
Kunsthaus
Der „Friendly Alien“ ist ein Haus für zeitgenössische Kunst, ein architektonisches Chamäleon und ein ikonisches Fotomotiv. Mit dem Eisernen Haus nebenan, das als Warenhaus 1848 eröffnet wurde, steht es in besonderer Verbindung.

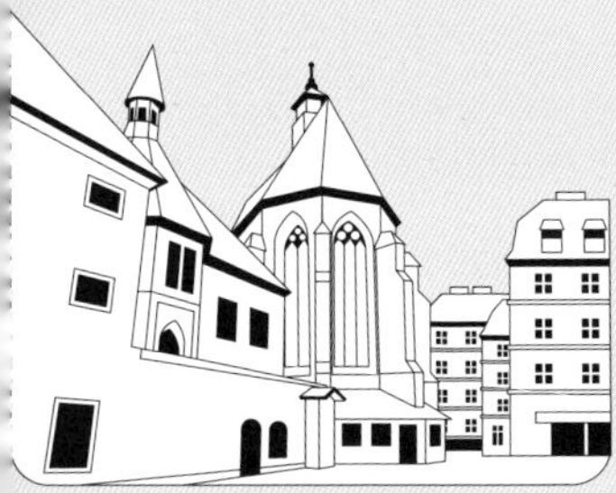

02.
Franziskanerplatz
Das Franziskanerkloster ist die älteste Klosterniederlassung auf Grazer Stadtgebiet. Die gotische Kirche prägt das Gesicht des charmanten Platzes, auf dem vor allem, aber nicht nur an lauen Sommerabenden das Leben zelebriert wird.

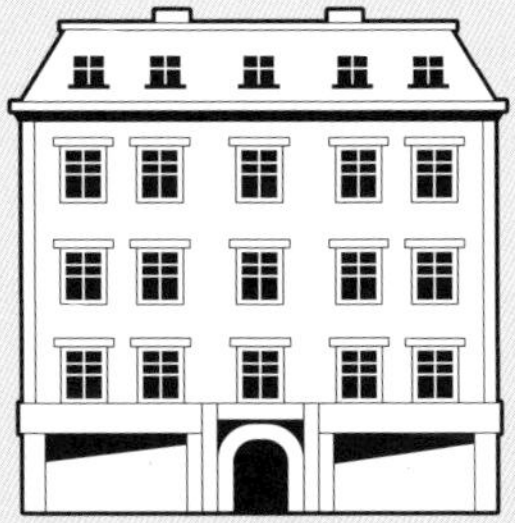

03.
Gemaltes Haus
Erstmals bemalt wurde die Fassade des Herzogshofs 1600. Die versammelten Götter entstammen allerdings dem Pinsel von Barockmaler Johann Mayer. Mit seinen Fresken auf über 200 Quadratmetern ist das „Gemalte Haus“ einzigartig in Österreich.

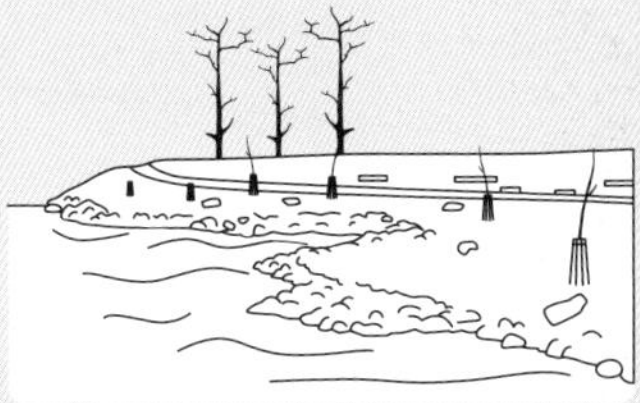

04.
Augartenpark
75.000 Quadratmeter zum Flanieren, zum Spielen, zum Bankerlsitzen, zum Slacklinen, zum Skateboarden, zum Erfahren kultureller Verbindungen – das ist der Grazer Augarten. Jüngster Zugang 2020: die Augartenbucht.

05.
Stadthalle
Laut oder leiser, wild oder sanfter, geradlinig oder freigeistiger: Die Stadthalle bietet Musik, Kunst und Kultur, TV-Shows, Sportevents, Kongressen, Empfängen und Galas Raum. 6.500 Quadratmeter der Fläche sind säulenfrei.

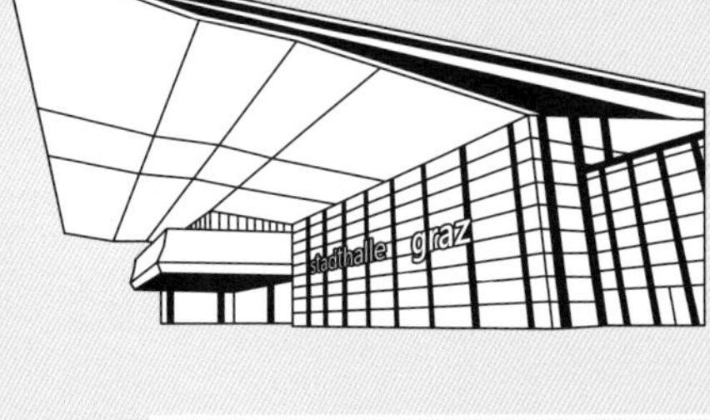

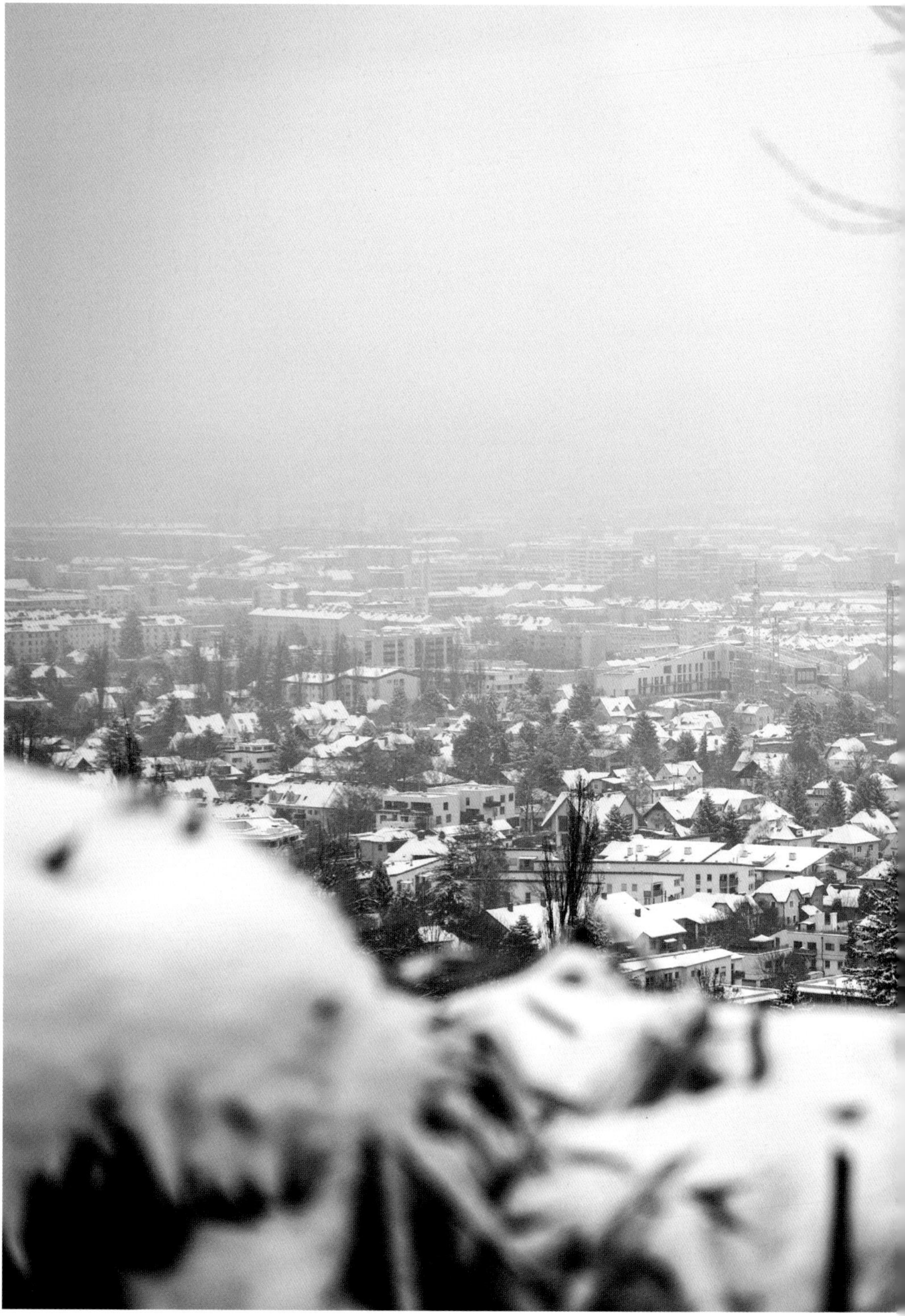

12

Von den Reininghausgründen auf den Buchkogel

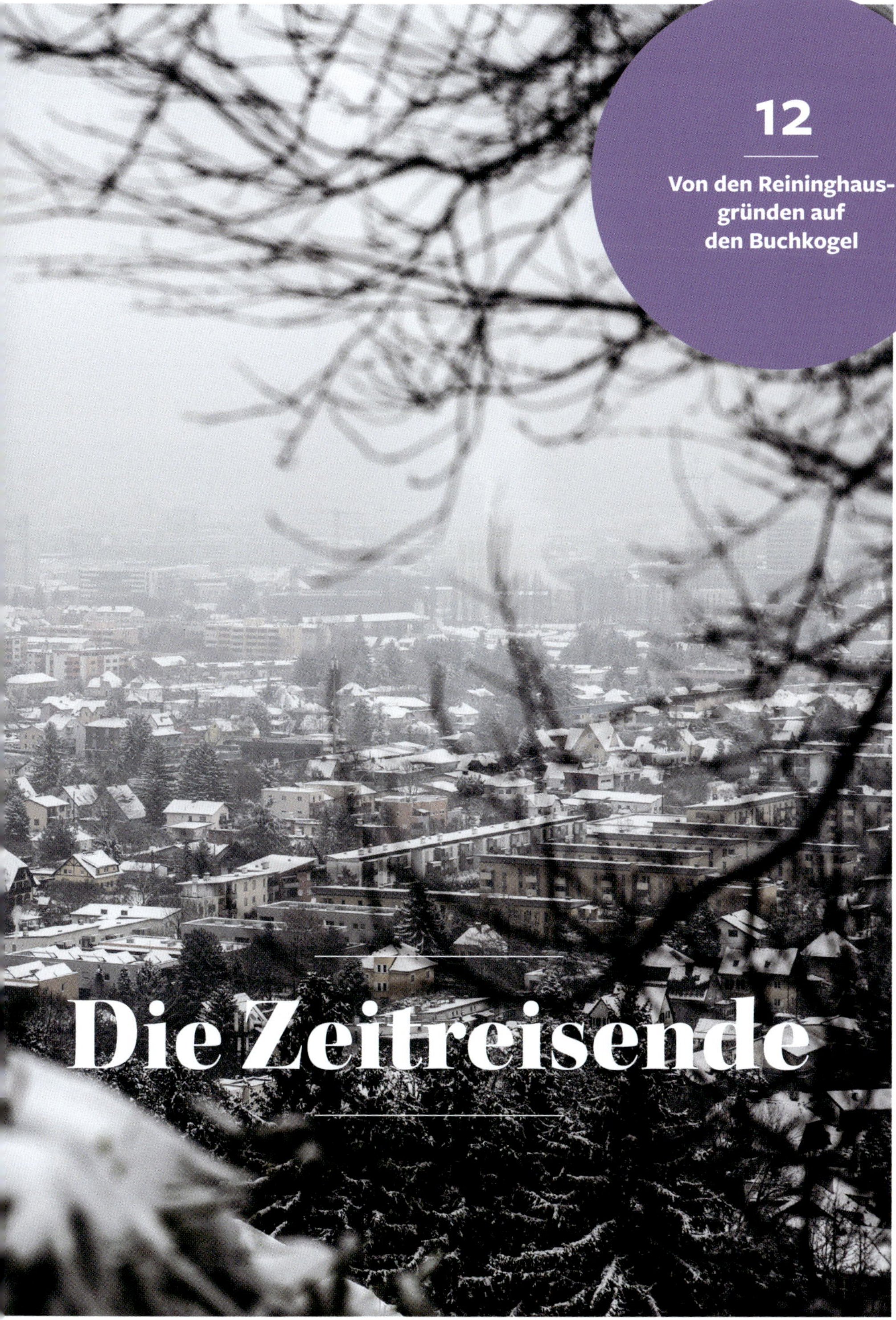

Die Zeitreisende

Blick in die Zukunft. Blick in die Ferne. Blick in die Vergangenheit.

Charakter der Tour
Vom Werden zum Sein: vom neuen Stadtteil auf den Reininghausgründen unterwegs zum Kirchlein St. Johann und Paul – und den ältesten dokumentierten steirischen Häusern.

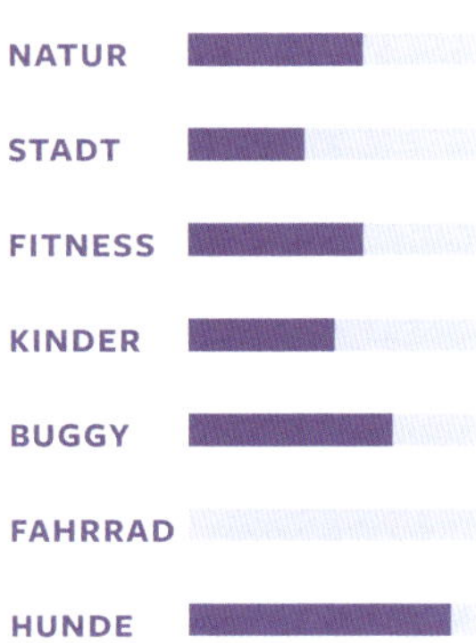

STARTPUNKT
Alte Poststraße
Bim: Linie 1, 7

Dort, wo die Eggenberger Allee die Alte Poststraße kreuzt und die Fachhochschule Joanneum ambitionierte Studierende für zukunftsträchtige Jobs ausbildet, beginnt unser heutiger Fußmarsch. Wir erschließen einen gänzlich neuen Stadtteil, der noch im Werden begriffen ist: die **REININGHAUSGRÜNDE** 1. Es hat mehrere Konzepte, viele Nachdenkprozesse und heftige Diskussionen gebraucht, bis es schlussendlich so weit war, aber nun manifestiert sich die Zukunft sukzessive in einem Ziegelstein über dem anderen. Auf einer Fläche so groß wie 73 Fußballfelder entstehen bis zum Jahr 2025 Wohn- und Gewerbeflächen, belebte Sockelzonen und ein Schulcampus. Das neue Quartier bietet bis zu 10.000 Menschen Platz, die ersten sind 2020 eingezogen.

Der Schloßberg ist zum Greifen nahe, die Innenstadt liegt nicht einmal 2 Kilometer entfernt. Wir gehen ein Stück die Alte Poststraße entlang. Stattlicher Zeuge der Veränderung am Wegesrand: die denkmalgeschützte **TENNENMÄLZEREI** 2. 2020 fungierte sie als Denk- und Kreativlabor von La Strada. Seit 2006 ist das internationale Festival für Straßen- und Figurentheater eng mit Reininghaus verbunden und hat hier bereits des Öfteren eine spannungsreiche Bühne gefunden und genutzt. Die Tennenmälzerei, erbaut anno 1888, ist immer wieder auch als Kulturzentrum des neuen Stadtteils im Gespräch.

Wir tauchen in das Areal ein. Schon im 16. Jahrhundert stand hier ein Mauthaus. 1853 wurde es von Johann Peter Reininghaus und dessen Frau Therese Mautner Markhof gekauft. Mit seinem Bruder Julius

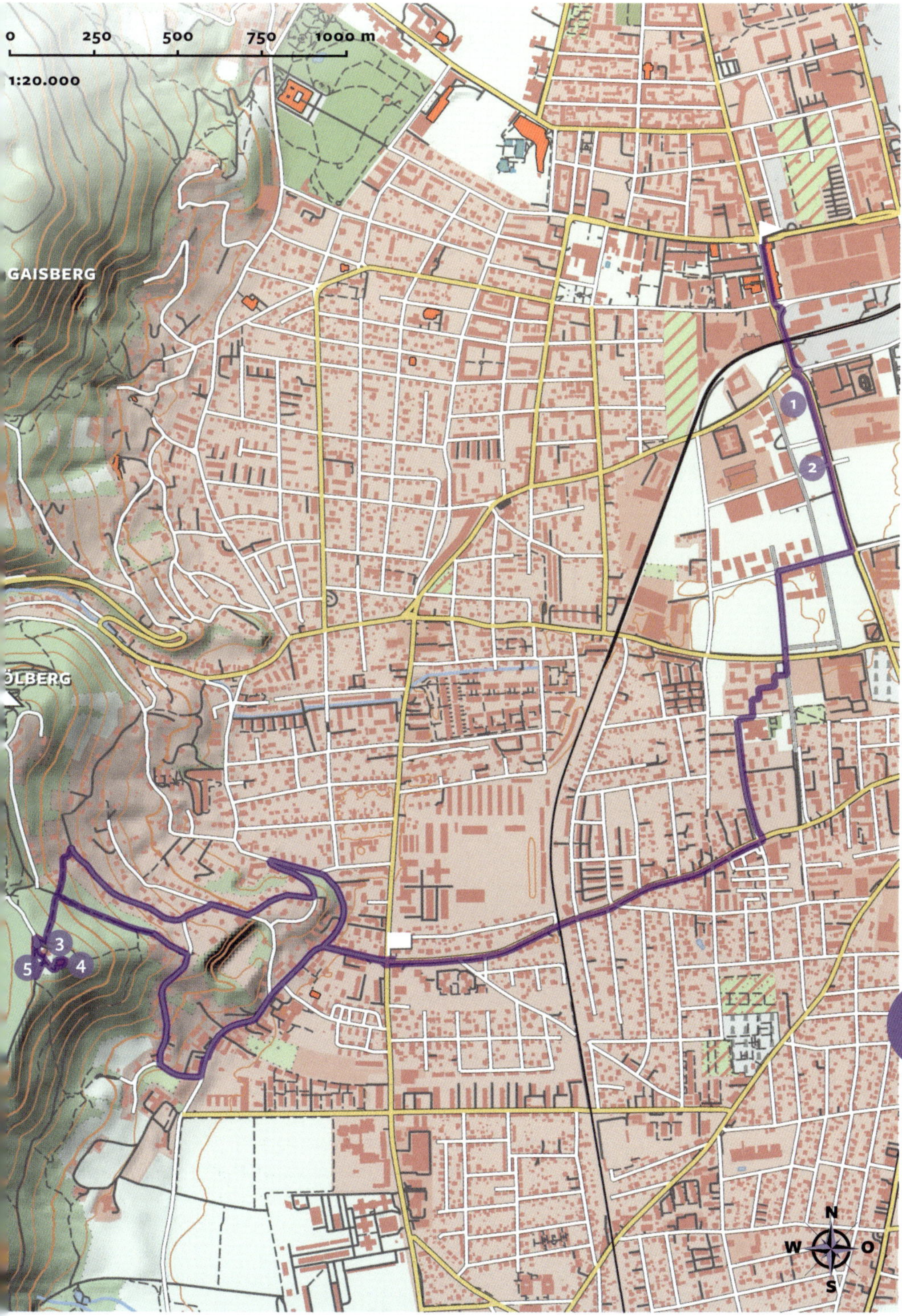

0
250
500
750
1000 m
1:20.000
GAISBERG
ÖLBERG
1
2
3
4
5
N
W
O
S

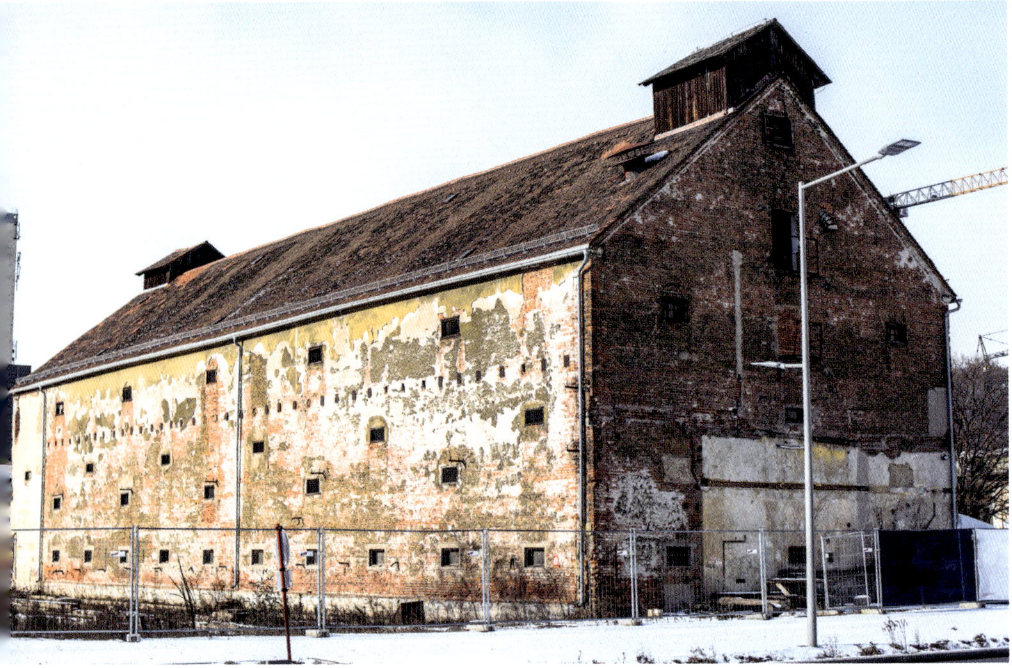

Auf den Reininghausgründen entstehen auf 20 Baufeldern Wohn- und Gewerbeflächen, belebte Sockelzonen, ein Schulcampus und vieles mehr

gründete Johann Peter die Firma „Brüder Reininghaus" und baute die erste dampfbetriebene Brauerei der Steiermark. Legendär waren auch die Büffel, mit denen das Reininghaus-Bier in Graz ausgeliefert wurde. Nach der Stilllegung ist es allerdings auch auf den Gründen stiller geworden.

Noch künden erst wenige neue Gebäude und erste Straßenbahnschienen, dafür aber Bauzäune und Kräne von dem neuen urbanen Leben zwischen Gries, Wetzelsdorf und Eggenberg. Richtung Westen haben wir unser Etappenziel bereits pittoresk im Blick: Zwischen den Baumkronen blitzt das Kirchlein St. Johann und Paul hervor. Der Wald darum herum präsentiert sich im Sommer im üppigen Grün, im Herbst als prächtiges Farbenspiel, in der kalten Jahreszeit mit viel Glück als verschneites Winterwunderland. Der Natur räumt

Tipps

Positiv für die inneren Werte

Was kann Bewegung aus internistischer Sicht für den Körper leisten?
Viele kardiovaskuläre Risikofaktoren werden durch moderates körperliches Training äußerst positiv beeinflusst: Der Blutdruck sinkt nachhaltig, Zucker- und Lipidstoffwechsel werden deutlich verbessert. Die Lungenfunktion wird ebenfalls gestärkt. Einen willkommenen Effekt können die Bewegungseinheiten auch auf unser Immunsystem haben. Damit sinkt die Infekthäufigkeit. Bei Übergewicht kann regelmäßige körperliche Aktivität die Gewichtsreduktion unterstützen.

Warum ist Gehen für Herz und Kreislauf überhaupt so ein effizientes Mittel?
Ausdauerndes Gehen ist deshalb ein optimales Herz-Kreislauf-Training, weil Überforderungen nicht stattfinden. Auch Gelenksbeschwerden sind zumeist kein Problem. Darüber hinaus kann Gehen überall und einfach in Angriff genommen werden.

Von der Prävention bis zur Rehabilitation – wann zielen vorbeugende Maßnahmen und Therapien gezielt auf die Erhöhung der täglichen Schrittzahlen ab?
Im Anschluss etwa an einen Herzinfarkt ist die Bewegung ein absolut essentieller Bestandteil einer kardialen Rehabilitation. Gefäßerkrankungen wie Herzinfarkte und Schlaganfälle, aber auch die Schaufensterkrankheit bei Durchblutungsstörungen der Beine können durch gezieltes Training verhindert werden. Selbst Tumorerkrankungen können positiv beeinflusst werden.

Wie viel an Bewegung braucht es für einen nachweislich positiven Effekt?
Der optimale zeitliche Aufwand für Ausdauertraining beläuft sich auf rund drei Stunden in der Woche.

HERWIG KÖPPEL,
Facharzt für Innere Medizin
Fachgebiete: Angiologie,
Kardiologie

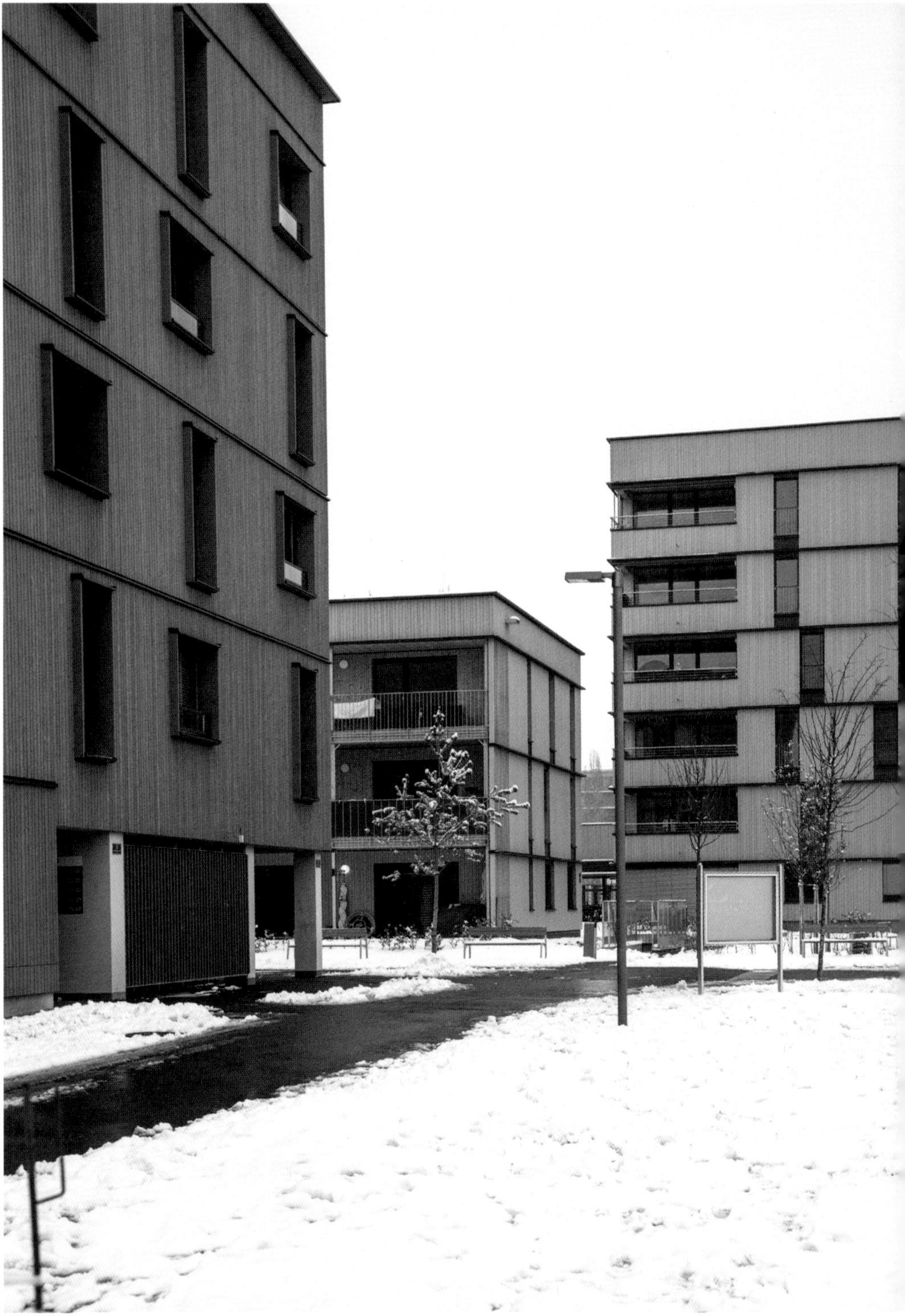

Holz kann's: Das Wohnprojekt auf dem Hummelkasernen-Gelände war zur Zeit seiner Eröffnung der höchste Holzwohnungsbau Österreichs

man auch auf den Reininghausgründen wieder Raum ein. 2022 wird hier ein öffentlicher Park eröffnet, der das Thema „Kühles Nass" nach der Trockenlegung der ursprünglichen Eisteiche mit einer Wasserzeile wieder aufnehmen soll. Die Domenico-dell'Allio-Allee, die vom Park bis zur Wetzelsdorfer Straße führt, fungiert als Grünachse.

Wir bewegen uns allerdings jetzt in die andere Richtung, queren die Wetzelsdorfer Straße und nehmen einfach den Weg mitten durch die Siedlung, in der die Wohnhäuser bereits bezogen sind. Weiter vorne, auf dem ehemaligen Gelände der Hummelkaserne, ist der militärische Alltag spielenden Kindern gewichen. Im Jahr 2016 war ein Wohnprojekt mit vier sechsgeschossigen Bauten der seinerzeit höchste Holzwohnungsbau Österreichs. In der Peter-Rosegger-Straße angekommen biegen wir nun nach rechts ab und folgen dieser bis zur Krottendorfer Straße. Hier passieren wir den Steiermarkhof, die Bildungs- und Tagungsstätte der Landwirtschaftskammer Steiermark, und erreichen dann bald den Neupauerweg. Rechtsum!

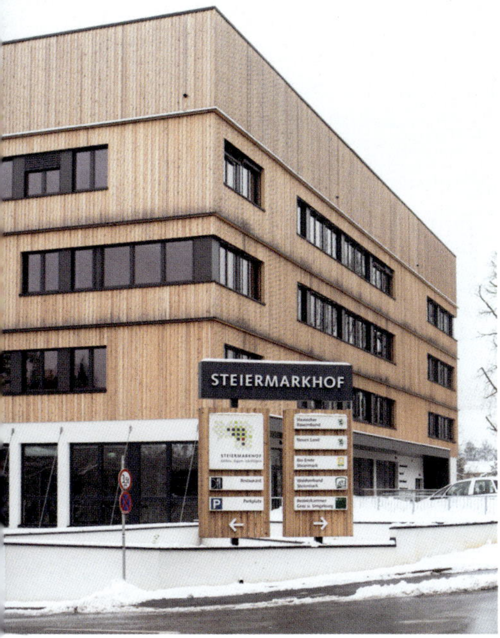

Die urige „Mostschänke Grießner" liegt für etwaige Gelüste nach einer herzhaften Buschenschank-Jause in Sichtweite. Unser Weg führt uns allerdings an dieser Abzweigung vorbei den Hang hinauf. Je mehr Schritte wir tun, desto weiter breitet sich das Grazer Becken vor uns aus. Da die Straße zügig ansteigt, haben wir schon nach kurzem einen wunderbaren Blick über die Stadt – nicht zuletzt auch auf Schloss St. Martin in nicht allzu weiter Ferne. Man könnte es gut über den Winterleitnersteig erreichen und damit die Tour 1 durch die Grazer Stadtweingärten anschließen. An

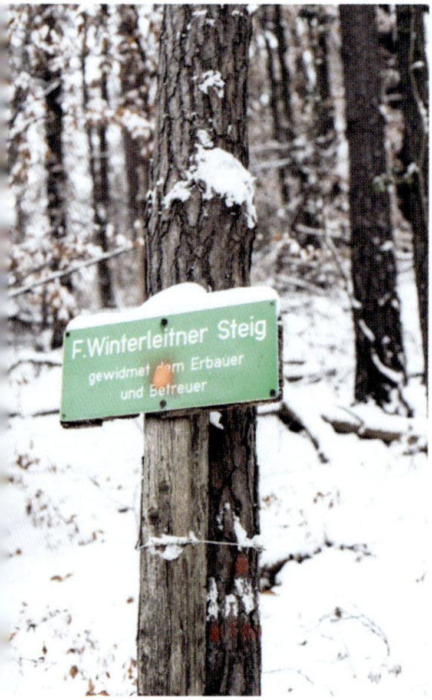

der Abzweigung im Wald wählen wir heute jedoch den Weg Richtung St. Johann und Paul.

Nun ist es nicht mehr weit, schon führen die letzten Stufen aus dem Wald heraus auf die Wiese, hier findet sich auch ein Gasthaus für Ausflügler. Das **KIRCHLEIN ST. JOHANN UND PAUL** **3** hat eine lange Geschichte. Als „Johann am Kögelein" wird es bereits 1507 als Stätte der Wallfahrt genannt. 1589 wurde es auf Engagement Maria Anna von Bayerns, der Frau des Landesfürsten Erzherzog Karl II. renoviert und ausgebaut, wie an einem Aushang an der Kirchenmauer geschrieben steht. 1594 erfolgt die Weihe der Kirche, die unter anderem Szenen aus dem Leben der Heiligen Johann und Paul schmücken. Seit 1996 ist das Kirchlein im Besitz der Stadt Graz und offen für private Feierlichkeiten.

Auf der **AUSSICHTSPLATTFORM** **4** hinter der Kirche hat man – bei guter Wetterlage – einen wirklich sagenhaften Blick über die Stadt und noch weit darüber hinaus. Und: Man hat Zeit zum Innehalten. Eine Denkpause ist den Wandernden ans Herz gelegt. Ja, mehr noch: „Neige deines Herzens Ohr." Die Worte des Heiligen Benedikt stehen nebst anderen gedanklichen Impulsen berühmter Menschen auf jener Tafel geschrieben, die den Angekommenen die Gipfel der Umgebung benennt und Orientierung schafft. Der Blick wandert vom Plabutsch über die Hohe Rannach und den Schöckl bis zur Platte, die Basilika Mariatrost erstrahlt in der Ferne, der Schloßberg detto. Der Panoramablick bestätigt: Graz muss man nicht heimlich lieben, das kann man auch ganz offen tun.

Der Naturerlebnispark Plabutsch-Buchkogel wartet noch mit einer weiteren Besonderheit auf: einer **AUSGRABUNGSSTÄTTE** **5** des Landesmuseums Joanneum. Auf der Wiese neben dem Gasthaus stand nämlich vor mehr als 5.500 Jahren ein Bauernhof, das haben Ausgrabungen in den 2000er-Jahren zutage gebracht. Es sind damit die ältesten dokumentierten Häuser in der Steiermark. Es wurde ein Kinderspiel-

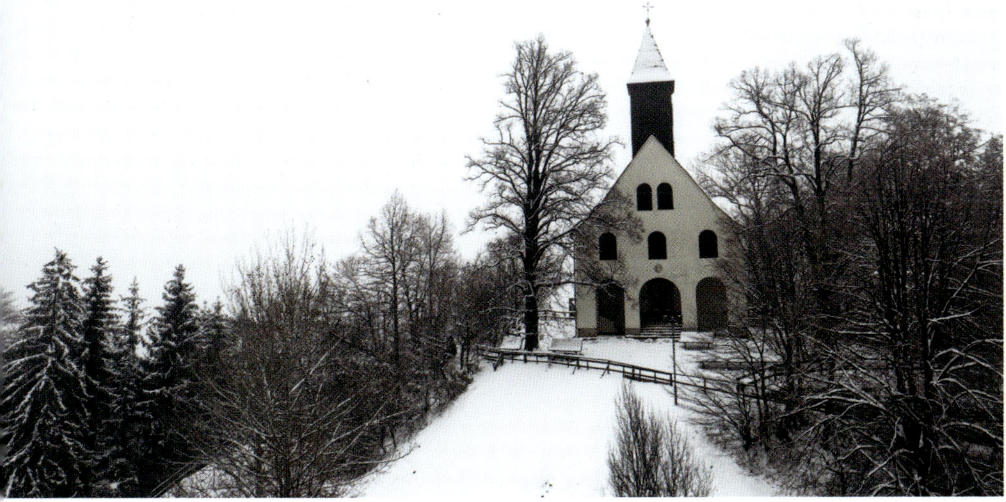

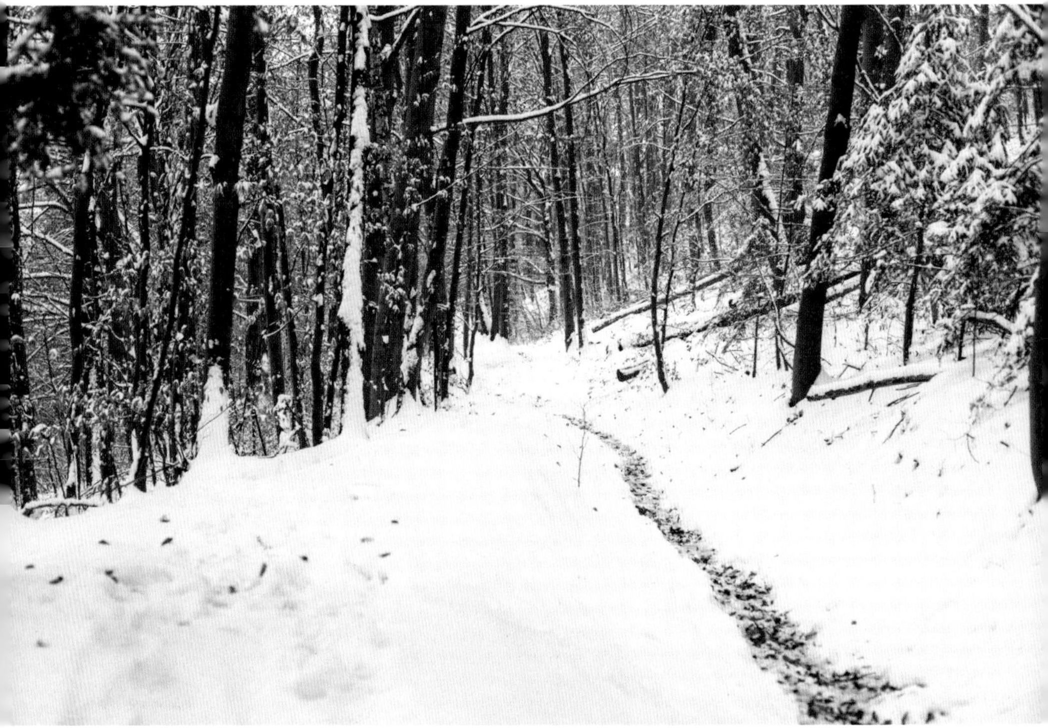

Waldabenteuer: Schloss St. Martin könnte man von hier aus gut über den Winterleitnersteig erreichen

platz errichtet, das Gehöft aus der Jungsteinzeit wurde räumlich nachempfunden. Schautafeln führen vor Augen, wie Menschen damals gelebt und welcher Hilfsmittel sie sich im Alltag bedient haben. Bei den Ausgrabungen kamen Keramikfragmente von Vorratsgefäßen, Stücke von verzierten Schalen, Perlen, Ringe und Tonlöffel zum Vorschein.

Der Platz ist auch ein guter Ausgangspunkt, um den Buchkogel weiter zu erwandern. Oder man tritt wie wir den Rückweg an, folgt dem Hinweisschild Richtung Erdbergweg und landet bald auf selbigem. Noch immer ist die Aussicht reizvoll. Neupauerweg, Ölbergweg, Erdbergweg, Spielbergweg – alle Wege führen in unterschiedlichen Verschlingungen irgendwann zurück auf die Ebene, wo der Autobus schnell in Reichweite ist.

Top 5 auf dieser Route

01.
Reininghausgründe
Es ist eines der größten Stadtentwicklungskonzepte Europas, das Investitionsvolumen beträgt 1 Milliarde Euro und mit dem 76,5 Meter hohen Q-Zwei-Tower entsteht im Herzen des Areals das höchste Gebäude der Stadt – kurzum: Graz-Reininghaus.

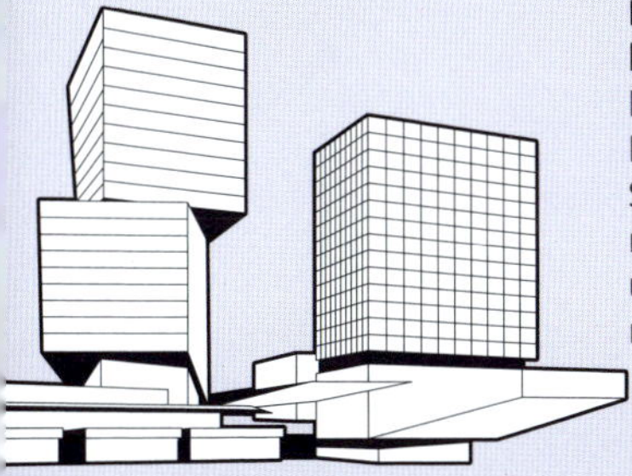

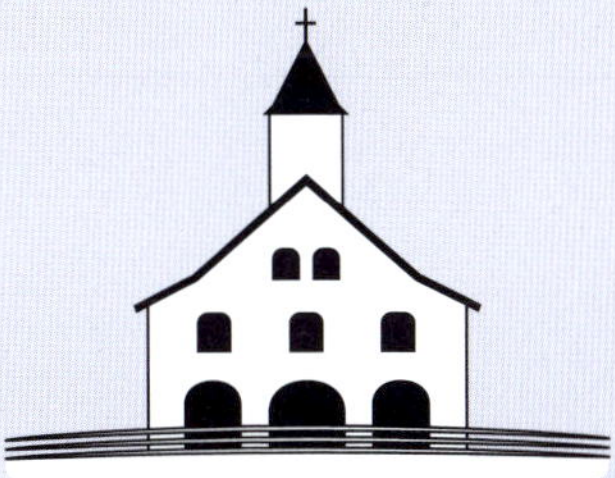

03.
Kirchlein St. Johann und Paul
Die Tauf- und Trauungskapelle befindet sich im Besitz der Stadt Graz. Der Freskenschmuck enthält Szenen aus dem Leben der römischen Brüder, Märtyrer und Kirchenpatrone Johannes und Paulus.

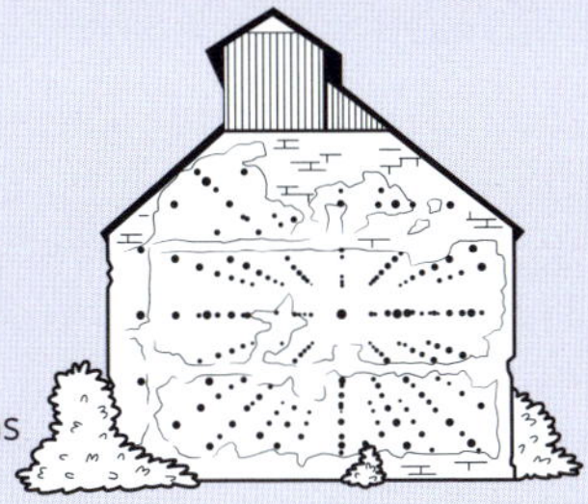

02.
Tennenmälzerei
Die Kunst des Bierbrauens hatte auf dem Areal seit dem 17. Jahrhundert Tradition. Die Tennenmälzerei anno 1888 steht unter Denkmalschutz. Sie besticht durch ihren elfjochigen, dreischiffigen Innenraum mit einer von 48 Pfeilern getragenen Gewölbedecke.

04.
Aussichtsplattform
Von dieser Stelle des Natur Erlebnis Parks Plabutsch Buchkogel blickt man weit ins Land. Die höchsten sichtbaren Gipfel: Hohe Rannach, Gerlerkogel, Niederschöckl, Schöckl, Burgstaller Höhe, Sattelberg, Patschaberg, Zetz, Hohe Zetz und Rabenwaldkogel.

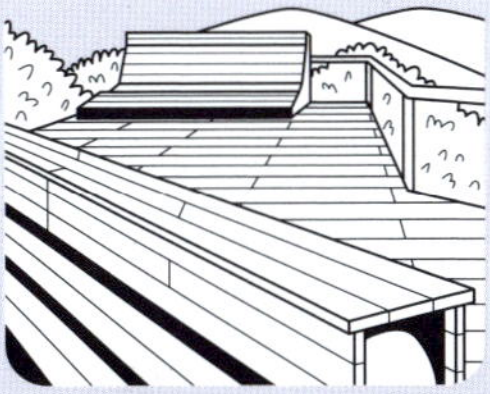

05.
Ausgrabungsstätte
Die Ausgrabungen Johann und Paul förderten die ältesten dokumentierten Häuser der Steiermark zutage: einen Bauernhof, der vor mehr als 5.500 Jahren auf diesem Platz stand. Eine Schautafel informiert über das damalige Leben.

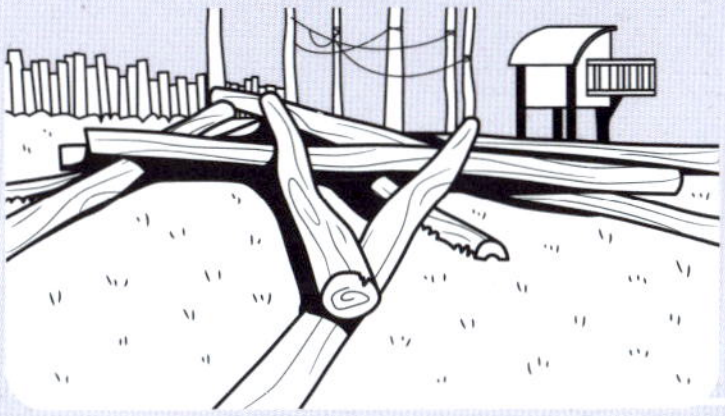

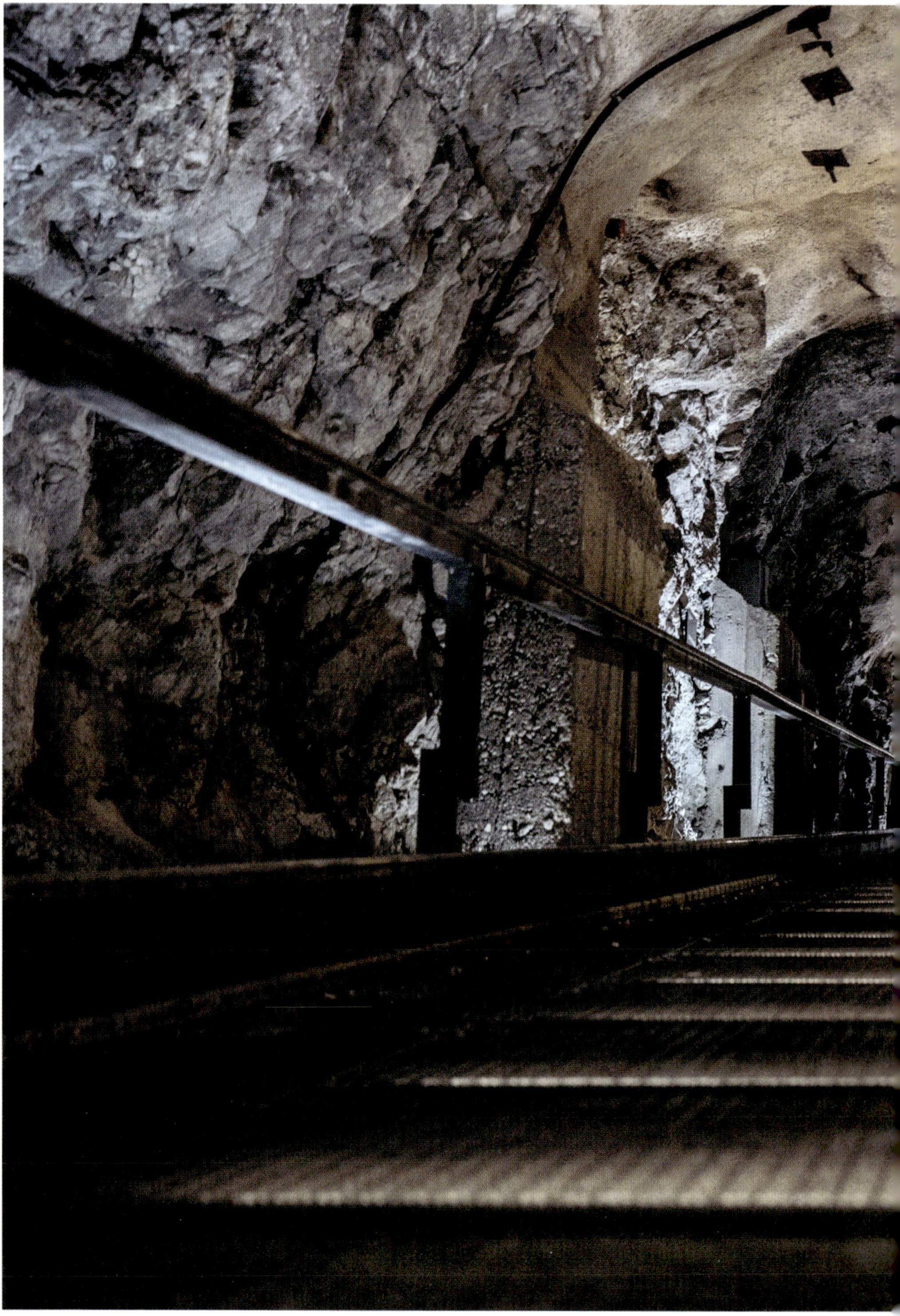

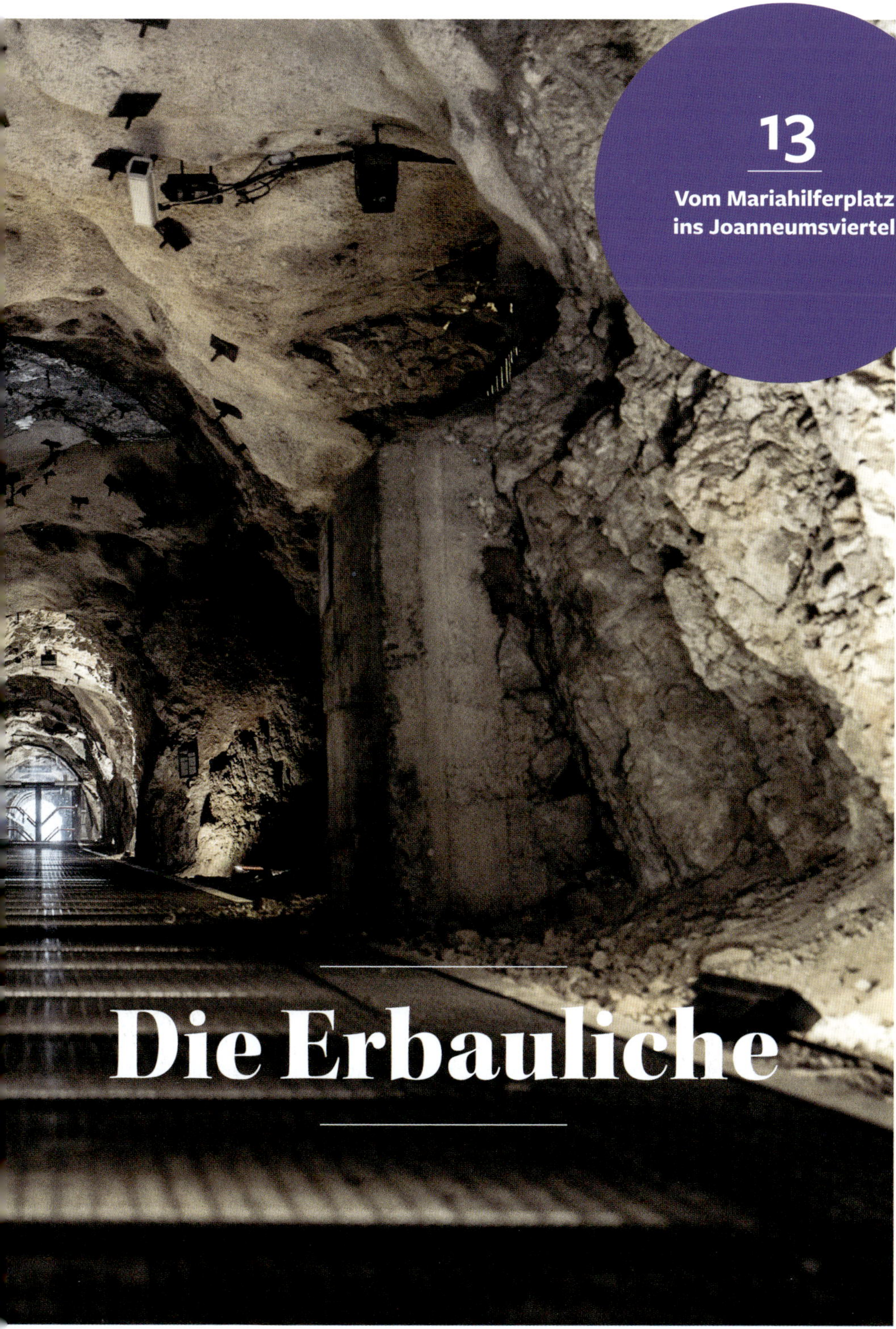

13

Vom Mariahilferplatz ins Joanneumsviertel

Die Erbauliche

13

Insel in Muschelform. Kern mit Botschaft. Bauwerk mit Argusaugen.

Charakter der Tour
An jeder Ecke der Altstadt wartet ein Stück Weltkulturerbe, den Spannungsbogen halten architektonische Wahrzeichen des 21. Jahrhunderts aufrecht. Eine Architektour.

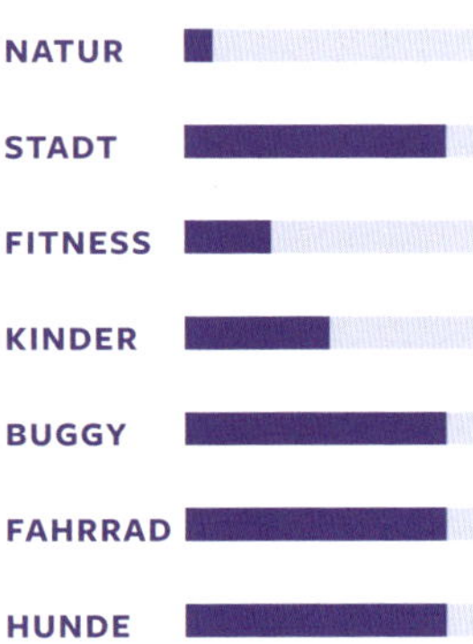

STARTPUNKT
Mariahilferplatz
Bim: Linie 1, 3, 6, 7

Vom Lendwirbel im Frühling bis zum Circus Wonderlend zur Weihnachtszeit ist der Mariahilferplatz Teil einer lebendigen Kultur der Begegnung. Die Mariahilferkirche mit ihrer Doppelturmfassade war einst neben Mariazell der meistbesuchte Wallfahrtsort der Steiermark. Ein Miteinander hat hier Tradition, auch wenn die Motivationen unterschiedliche sein mögen. Es ist ein guter Ort, um eine Tour durch den und zum Kern der Stadt in Angriff zu nehmen. Unser Hilfsmittel, um trockenen Fußes über das kraftvolle Wasser zu kommen, ist dieses Mal die **MURINSEL** ❶. Die Grazerinnen und Grazer möchten sie keinesfalls missen, dennoch ist ihr Inselcharakter dominant geblieben. Nach einer Idee von Robert Punkenhofer wurde das außergewöhnliche Bauwerk, dessen Design aus der Feder des New Yorker Künstlers Vito Acconci stammt, 2003 in der Mur verankert.

Wir legen am Kaiser-Franz-Josef-Kai an und nähern uns über den Schloßbergplatz dem 123 Meter hohen Berg in der Stadt. Wir nehmen aber weder die 260 Stufen noch den Schloßberglift nach oben, sondern dringen über den rechten Eingang in den **SCHLOSSBERGSTOLLEN** ❷ vor. Insgesamt 6.300 Meter Stollen mit 20 verschiedenen Eingängen wurden ab 1943 in den Berg gesprengt, 40.000 Menschen fanden hier Schutz vor Luftangriffen. Heute fungiert die große Halle, der „Dom im Berg", als einzigartiger Veranstaltungsraum. Das System an Gängen wird immer wieder künstlerisch bespielt. Über die ansteigenden Gitterstufen erreichen wir bald das Ende des Durchgangs. Provokantes Graffiti an einer Tür unmittelbar nach dem Ausgang: „Kann das weg oder ist das Kunst?"

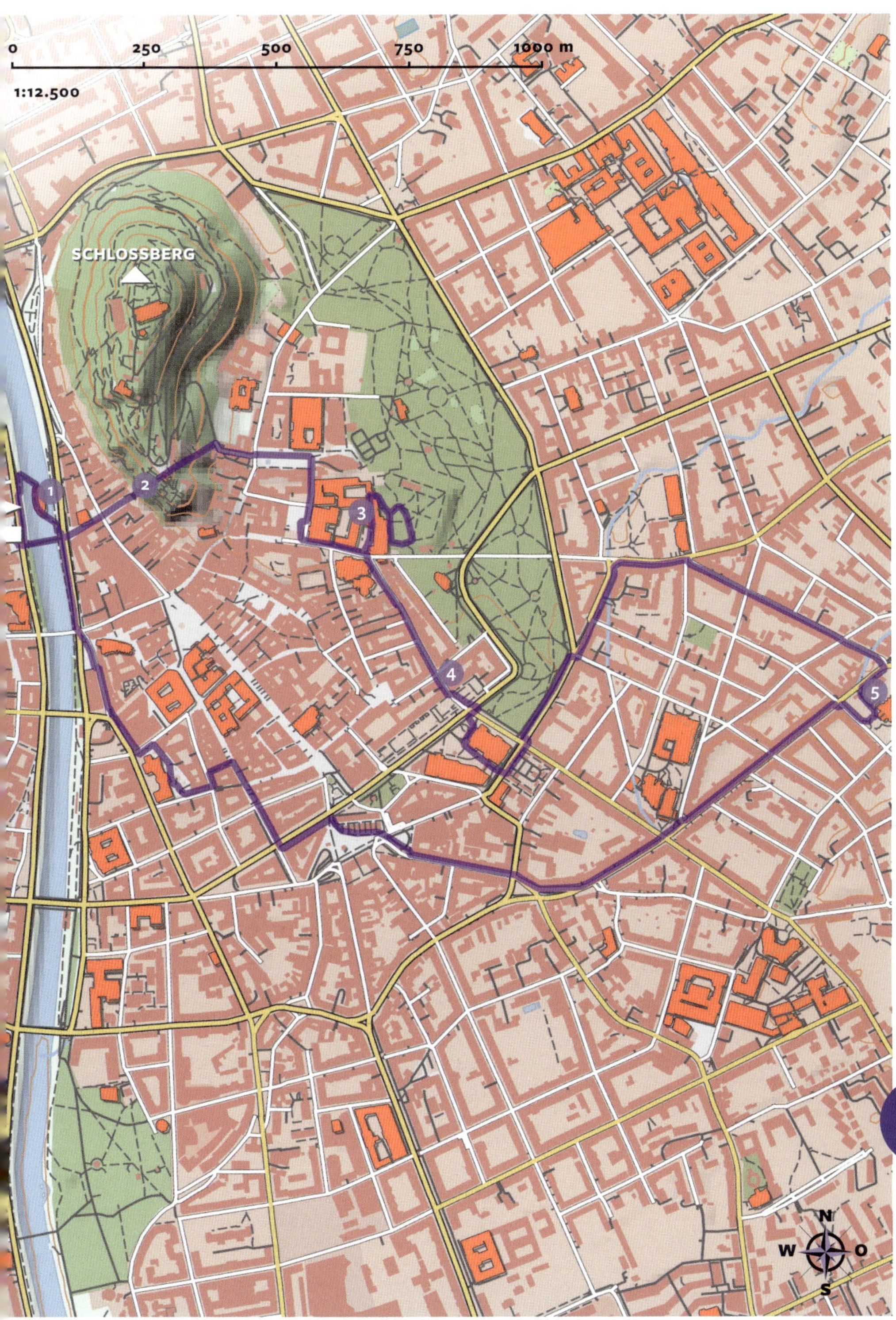

0
250
500
750
1000 m
1:12.500
SCHLOSSBERG
1
2
3
4
5
N
W
O
S

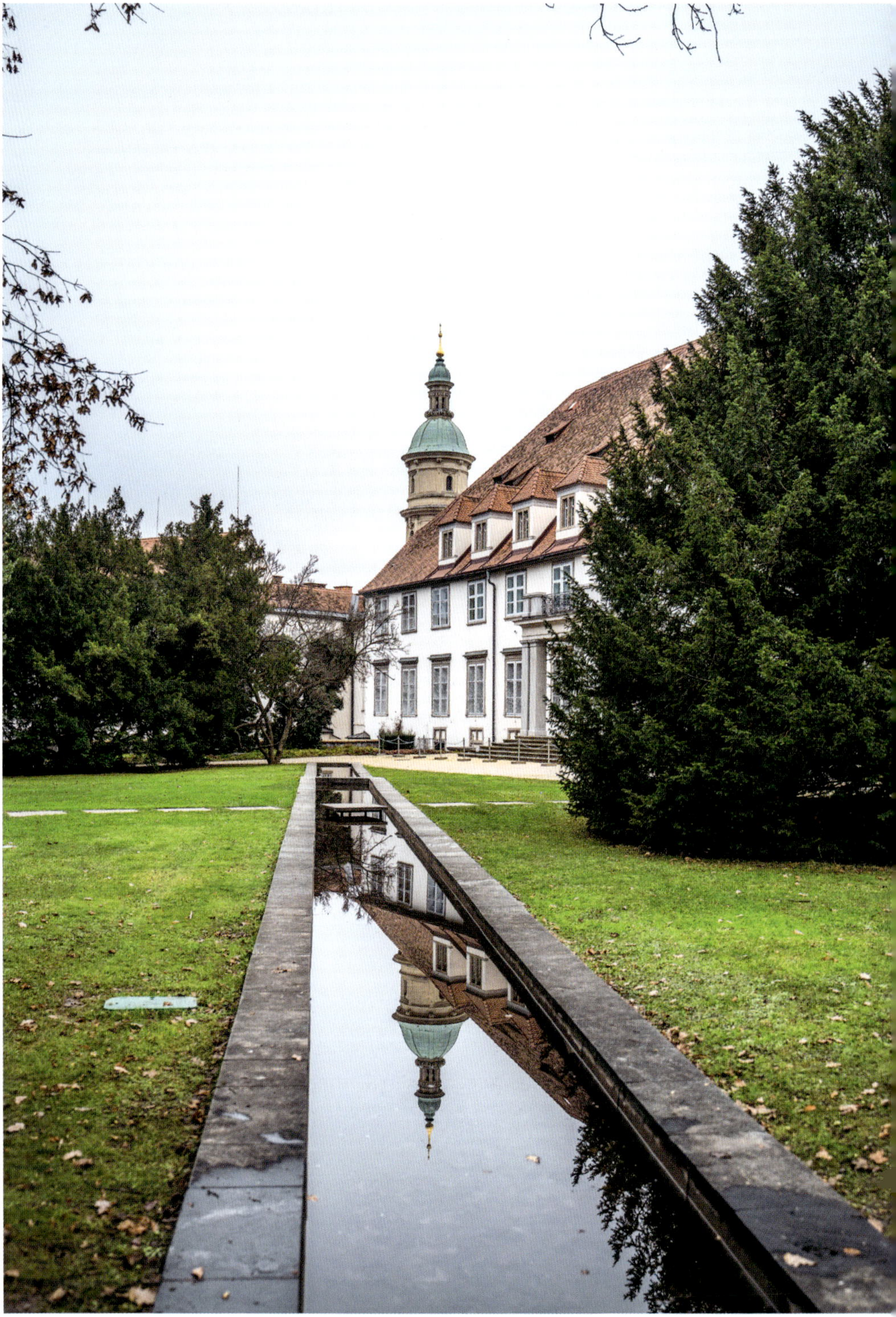

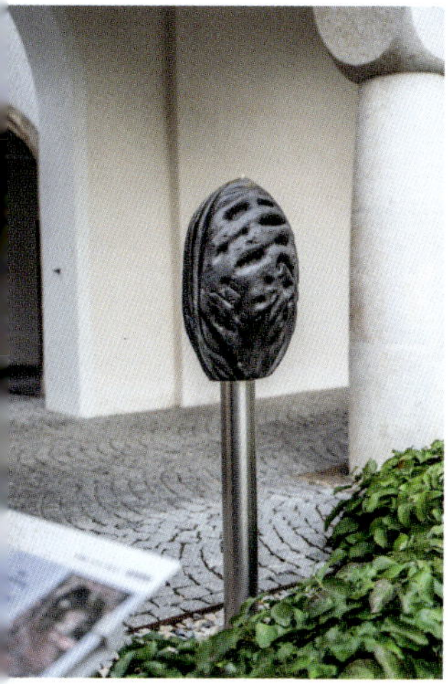

Der Stadtkern, materialisiert als Pfirsichkern

Den Karmeliterplatz überschreiten wir in seiner gesamten Länge. Ein Blick zurück offenbart den Uhrturm in optimaler Position fürs Erinnerungsbild. Die Hartiggasse, in der ein Wandrelief an den Komponisten und Pianisten Guido Peters erinnert, führt zum Freiheitsplatz, über den Kaiser Franz I. in imperatorischer Manier wacht. Am 12. November 1918 wurde hier die Republik Österreich ausgerufen. Wir gehen am Schauspielhaus vorbei, vor uns baut sich der imposante Grazer Dom auf, der in mehreren Abschnitten renoviert wird. Die Buchstabenfolge AEIOU, die Devise Kaiser Friedrichs III. – „Alles Erdreich ist Österreich Untertan" – ist mehrmals am und im Dom angebracht.

Im Burghof gegenüber entdecken wir zweierlei: Zum einen den **MATERIALISIERTEN STADTKERN** ❸ in Gestalt einer Bronze-Skulptur im zweiten Hof der Grazer Burg. Den Worten der Erschaffer Anne und Peter Knoll kann gut und gerne Folge geleistet werden: „Die Berührung des Stadtkerns schafft die Gewissheit, ins Innerste vorgedrungen sein." Zum anderen findet sich im Durchgang auf der rechten Seite die Zwillingswendeltreppe – ein Schaustück spätgotischer Baukunst, das im Volksmund auch als „Versöhnungsstiege" oder „Busserlstiege" Gebrauch gefunden hat. Trennen, Zusammenkommen, Trennen, Zusammenkommen, so lautet das wiederholte Spiel. Im Burggarten kann weiter darüber sinniert werden, denn er gehört zu den idyllischsten in Graz. Wahrhaft ein Kleinod!

Wir verlassen den Garten über die Erzherzog-Johann-Allee, lassen das Burgtor hinter uns und erreichen die Burggasse. Star-Architektin Zaha Hadids spektakuläres Apartmenthaus lugt weiter unten bereits aus der Häuserzeile hervor. Sein Name **ARGOS** ❹ kommt nicht von ungefähr. So heißt das riesige Ungeheuer aus der griechischen Mythologie, das mit unzähligen Augen am ganzen Körper ausgestattet ist. 43 „Bubbles" sind es im Falle von Hadids architektonischer Lösung. Die Grazer Oper ist bereits in Sichtweite, sie trägt die Handschrift der Wiener Theaterarchitekten Ferdinand

Der Burggarten

Er ist ein verstecktes Kleinod hinter dem Sitz der Steiermärkischen Landesregierung. Die ehemalige Orangerie steht für Veranstaltungen und Empfänge bereit.

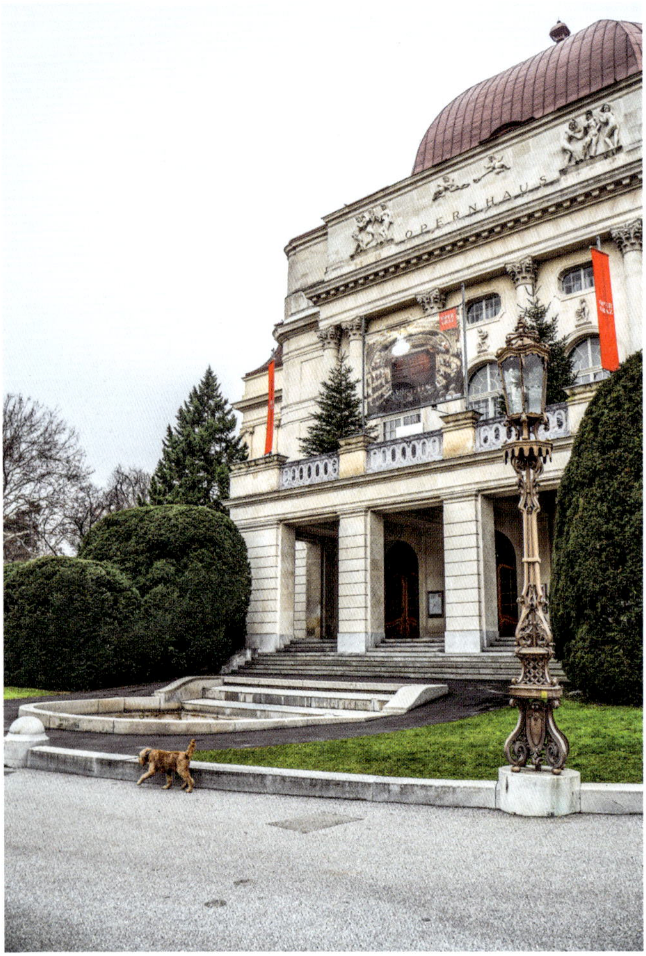

Fellner und Hermann Helmer. Das „Lichtschwert" steht in spannungsreichem Kontrast und mahnt die Wahrung der Menschenrechte ein. Von der Oper gelangen wir zum Kaiser-Josef-Platz mit dem ältesten Bauernmarkt des Landes. Seit 1879 verkaufen Bäuerinnen und Bauern hier bereits ihre Produkte. Zur rechten Zeit, Montag bis Samstag von 6 bis 13 Uhr, kann man sich mit regionalem Proviant versorgen.

Hernach wandeln wir entspannt über ein paar der Stadtparkwege, die Montclair-Allee tut sich in exakter Geometrie vor uns auf. An der Kreuzung von Glacisstraße, Rechbauerstraße und Maiffredygasse biegen wir in letztere ein und gelangen zur Leonhardstraße, die weiter vorne mit hübschen kleinen Geschäften aufwartet. Dank der Tafel an der Wand des Parkhotels folgt die Erkenntnis: In diesem Haus wurde 1911 der steirische Fußballverband als deutsch-alpenländischer Fußballverband gegründet.

Tell zum Start
Die Grazer Oper trägt die Handschrift der Wiener Theaterarchitekten Ferdinand Fellner und Hermann Helmer. 1899 wurde sie als Stadttheater mit Schillers Wilhelm Tell eröffnet.

Linker Hand finden sich Meranpark und Kunstuniversität, mit der Wahl der Schillerstraße tauchen wir in das Herz-Jesu-Viertel ein, das durchaus Labyrinth-Qua-

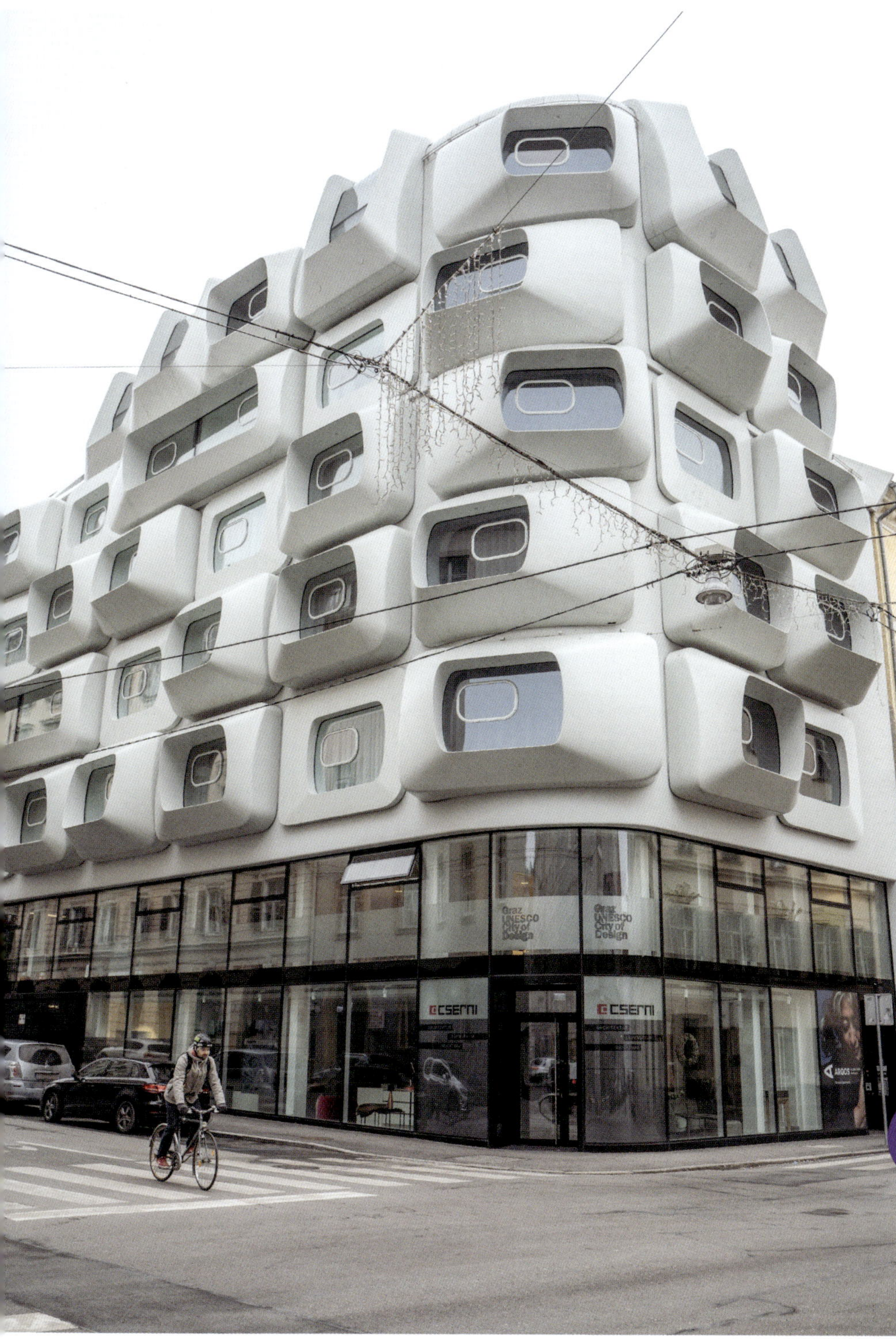
Graz
UNESCO
City of
Design
Graz
UNESCO
City of
Design
CSERNI
CSERNI
ARGOS

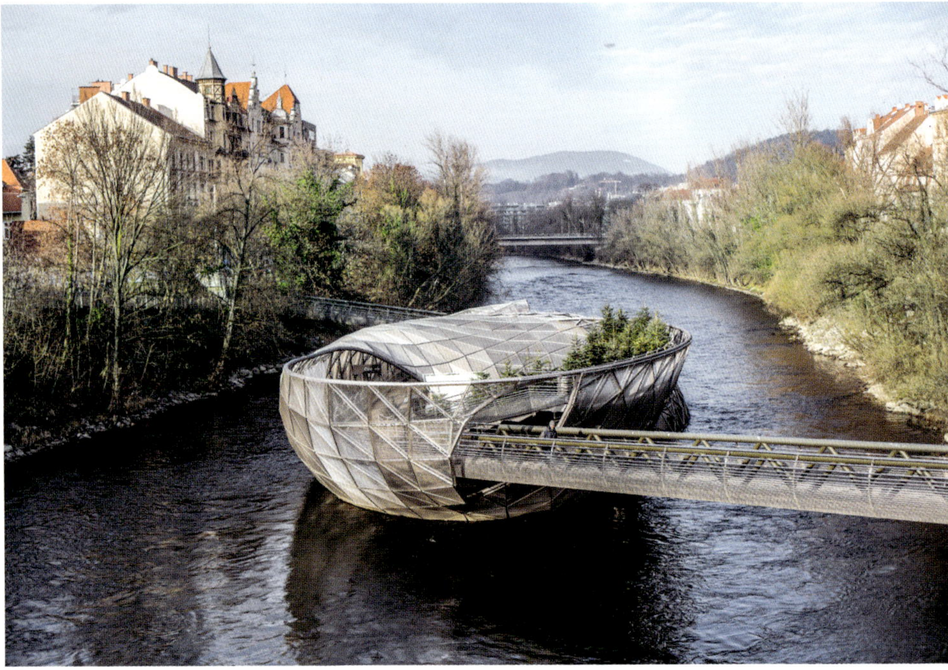

Seit 2003 in der Mur verankert: die von Robert Punkenhofer erdachte und von Vito Acconci designte Murinsel

litäten haben kann, den Weg mit herrlichen Gründerzeithäusern und zarten Ornamenten an stets andersfarbigen Türen aber kurzweilig macht. Schon haben wir die **HERZ-JESU-KIRCHE** **5** in einem parkähnlichen Areal erreicht.

Sie hat mit 109,6 Metern den dritthöchsten Kirchturm Österreichs, ihr Backsteinstil macht sie unverwechselbar. 1887 wurde das Kreuz mit der Darstellung des Herzen Jesu an der Turmspitze aufgesetzt.

Über die Sparbersbachgasse kehren wir langsam in Richtung Zentrum zurück und nehmen uns ein bisschen Zeit, die Vielfalt an individuellen Geschäftsportalen und -ideen zu studieren. Vom Dietrichsteinplatz marschieren wir dann die Reitschulgasse entlang zum Jakominiplatz, dem zentralen Verkehrsknotenpunkt der Innenstadt. Der Joanneumring weist uns den Weg zu unserem letzten Höhepunkt auf dieser Tour:

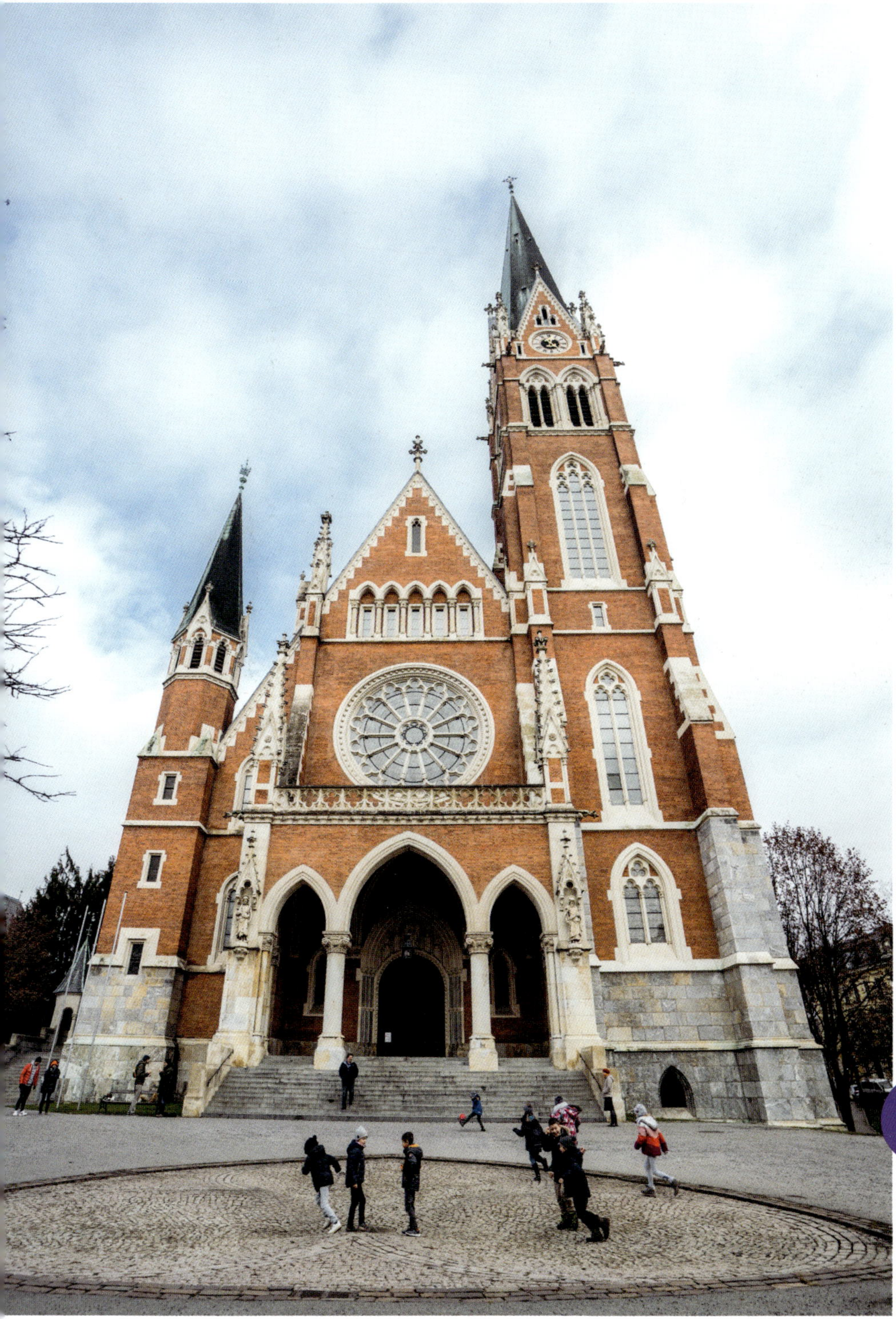

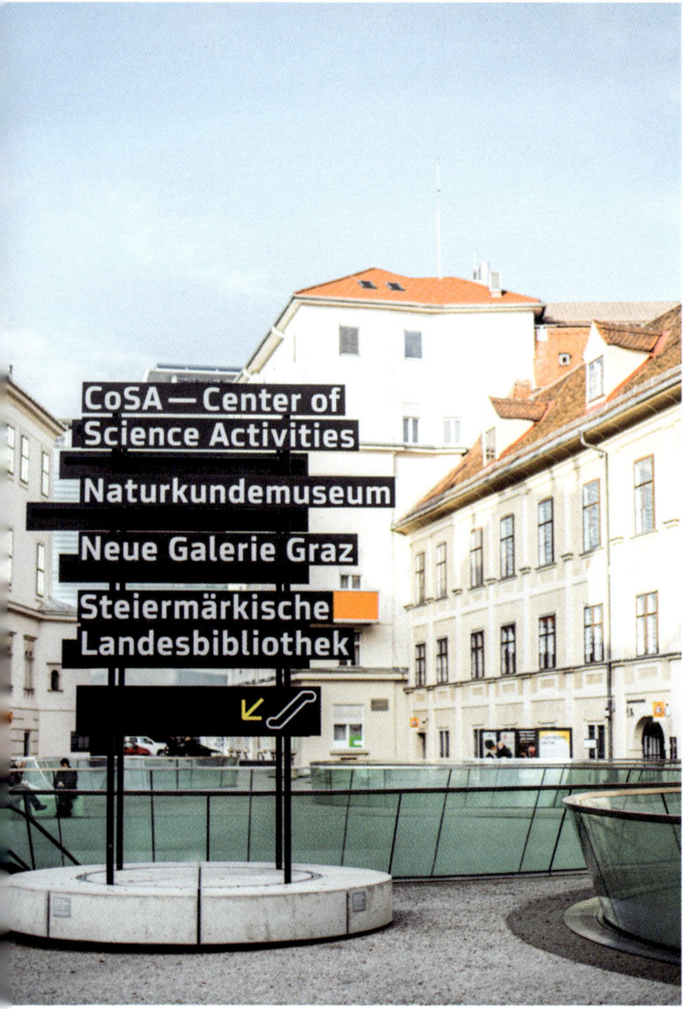

Universell
Das Universalmuseum Joanneum wurde 1811 als erstes öffentliches Museum Österreichs gegründet. Es zählt 13 Standorte und 19 Museen zu Geschichte, Kunst, Kultur- und Naturwissenschaft.

dem Joanneumsviertel. Das Stadtquartier verbindet Geschichte und Gegenwart. Es gibt viel zu sehen: zeitgenössische Kunst in der Neuen Galerie Graz, Schätze der Natur im Naturkundemuseum, Lesestoff in der Steiermärkischen Landesbibliothek und begreifbare Technik im neuen CoSA – Center of Science Activities. Im Winter wird bei Glühwein geplauscht, im Sommer bei Aperol Spritz dem süßen Nichtstun gefrönt. Der Andreas-Hofer-Platz mit seinem rüden Charme ist unser Verbindungsglied zur kleinen Neutorgasse, danach folgen wir dem Kaiser-Franz-Josef-Kai noch bis zum von Günther Domenig und Hermann Eisenköck entworfenen Mursteg, der seit 2003 Erich-Edegger-Steg heißt, benannt nach dem Grazer Radpionier und Lokalpolitiker. Der Slogan der Kulturhauptstadt kommt uns in den Sinn: „Graz. Wer hätte das gedacht."

Top 5 auf dieser Route

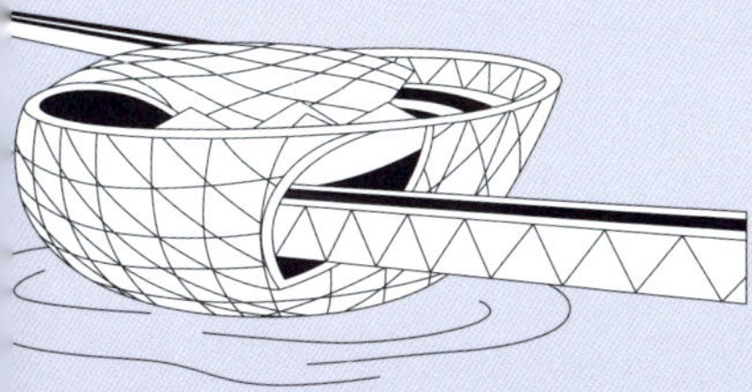

01.
Murinsel
Außergewöhnliches Café, spektakuläre Bühne für Veranstaltungen, Schauraum für die Grazer Kreativszene und Aushängeschild für die „UNESCO City of Design" (den Titel trägt Graz seit 2011): Die Murinsel ankert seit 2003 in der Stadt.

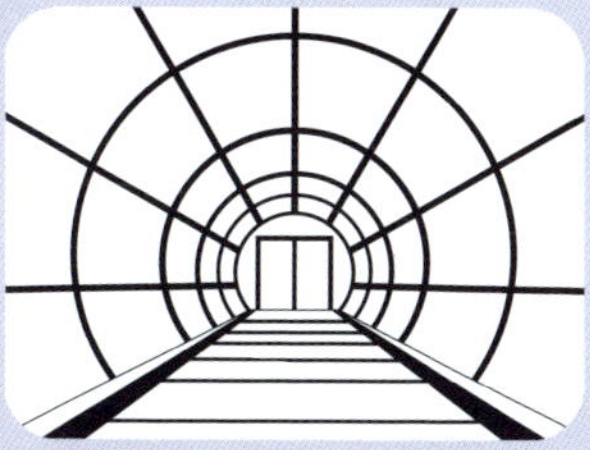

02.
Schloßbergstollen
Das Innere des Berges birgt Schloßberglift, Schloßbergrutsche, Märchenbahn, den 11 Meter hohen „Dom im Berg", das nicht öffentlich zugängliche Montan- und Werksbahnmuseum – und den Gang vom Schloßberg- zum Karmeliterplatz.

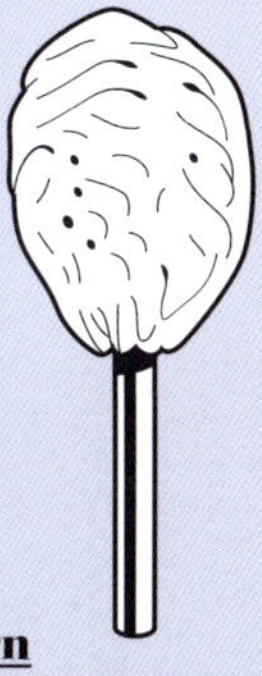

03.
Stadtkern
Das Grazer Stadtvermessungsamt hat den Mittelpunkt von Graz berechnet. Er liegt in einem Hof der Grazer Burg. Hier findet sich die Bronzeskulptur nach einer Idee von Peter und Anne Knoll, die Anleihen an einem Pfirsichkern nimmt.

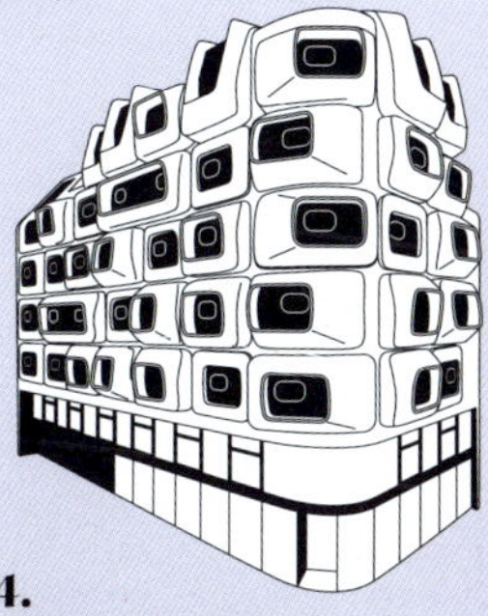

04.
Argos
Wo einst das Kommod-Haus stand, hat nun das „Argos" eine langjährige Lücke geschlossen. 22 servicierte Apartments wurden vom Büro Zaha Hadid Architects als dynamisch geschwungener Bau mit aus der Fassade ragenden Fensterelementen realisiert.

05.
Herz-Jesu-Kirche
Der Grundstein wurde 1881 gelegt, das Kreuz mit der Darstellung des Herzen Jesu 1887 an der Turmspitze aufgesetzt. Zur 100-Jahr-Feier schuf Gustav Troger Altar und Ambo. In der Arkadengalerie stellen jedes Jahr Künstler aus.

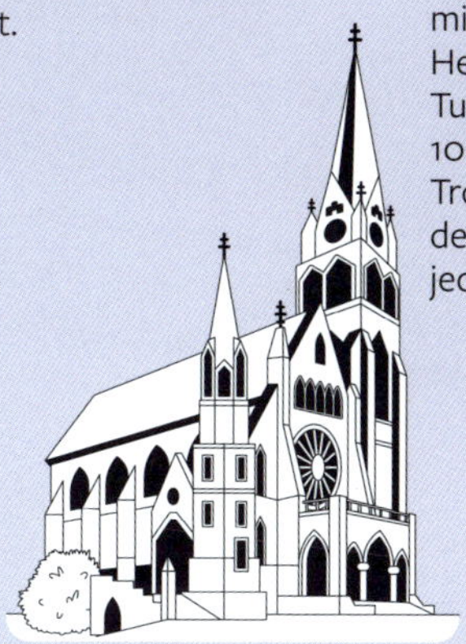

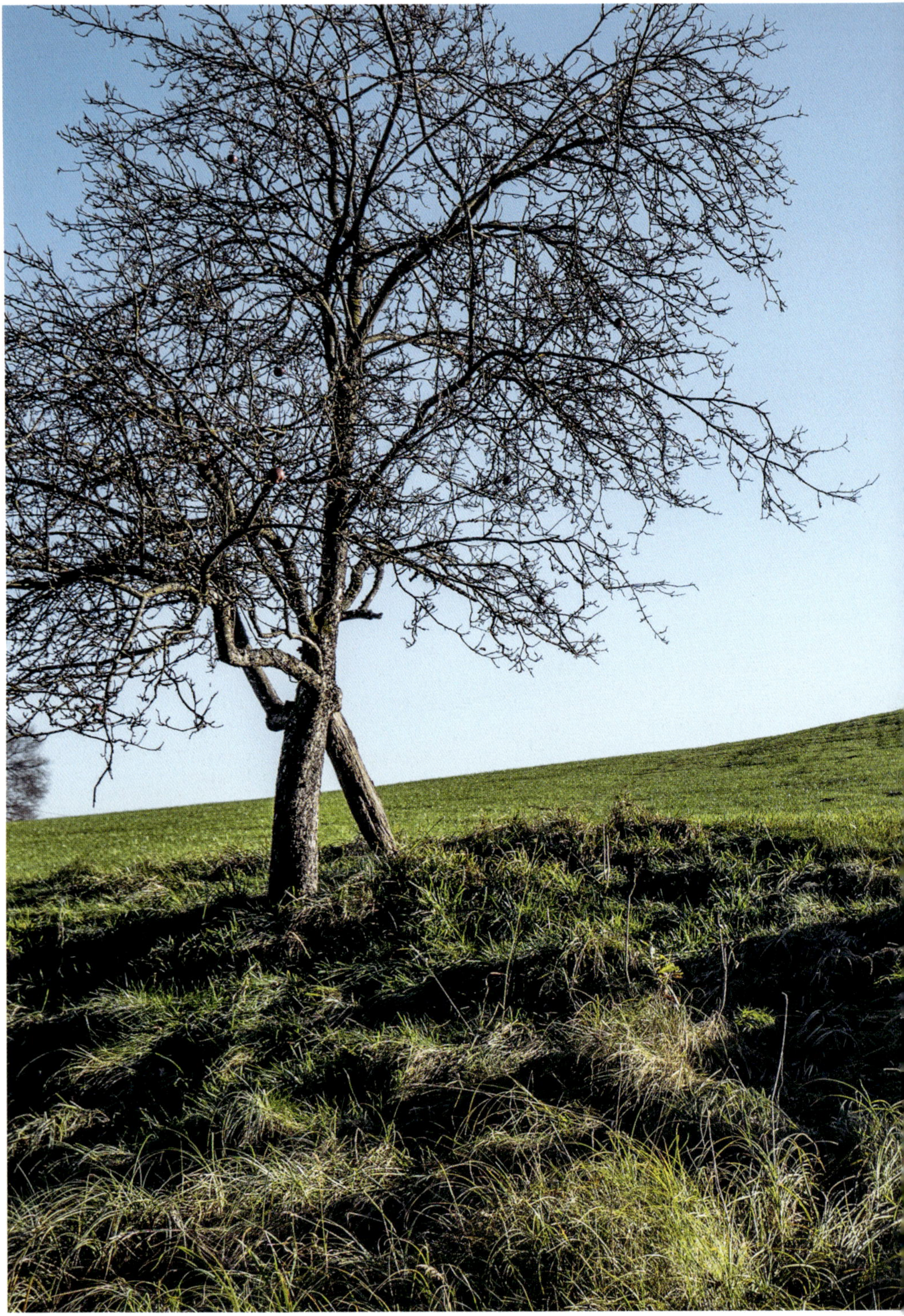

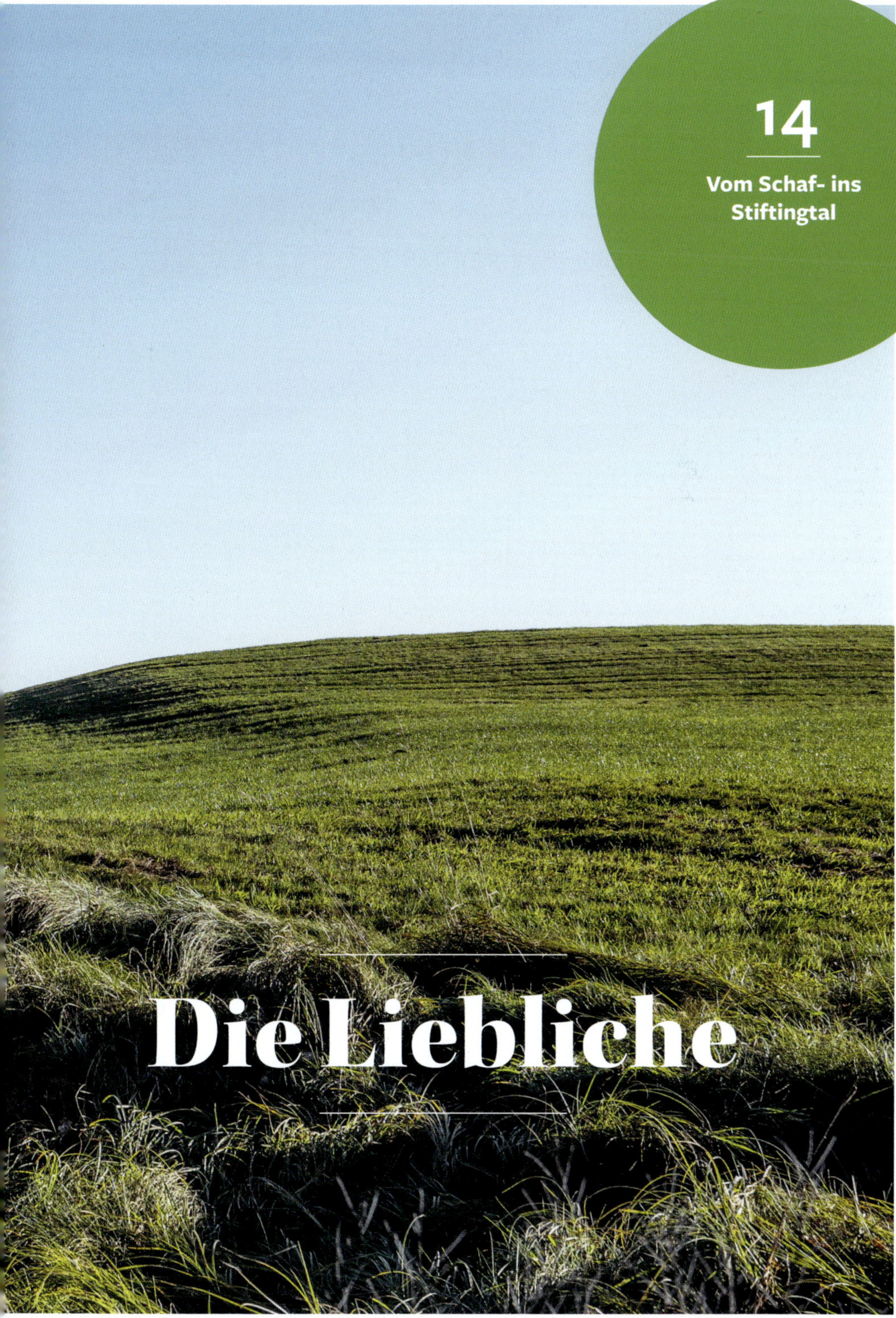

14

Vom Schaf- ins Stiftingtal

Die Liebliche

14

Erinnerungen an Gottschee. Erkundungen im Schaftal. Götter im Studentennest.

Charakter der Tour
Sanfte Hügel, saftige Wiesen, ländliche Umgebung – eine beschauliche Tour über den Schaftalberg bis ins Stiftingtal und zurück in die Urbanität.

NATUR	■■■■■■■■□
STADT	■□□□□□□□□
FITNESS	■■■■■■□□□
KINDER	■■■■■■■□□
BUGGY	■■■■■■■■□
FAHRRAD	■■■■■■■■■
HUNDE	■■■■■■■■■

STARTPUNKT
Haltestelle Mariatrost Tullriegel
Regionalbus: Linie 200

Die Pfarr- und Wallfahrtskirche Mariatrost, die die Handschrift von Baumeister Andreas Stengg trägt, ist mit ihrer großen Kuppel weithin sichtbar. Die mehr als 300 Jahre ihres Bestehens haben ihr zugesetzt, von 2020 bis 2023 wird der Bau generalsaniert. Wir starten unsere Tour heute an der Haltestelle der Regionalbuslinie 200: Mariatrost Tullriegel. Über die ansteigende Purbergstraße erreichen wir bald die Gottscheer Straße. Der Straßenname ist bereits ein erster und eindeutiger Hinweis auf die Gedenkstätte, die uns nur ein kleines Stück weiter vorne erwarten wird. Vorher lohnt sich aber noch ein kurzer Blick Richtung Stadt: Die Aussicht vom Kirchberg offenbart vor allem eine sanfte, dicht bewaldete Hügellandschaft.

Nach wenigen Metern erreichen wir bereits linker Hand die **GOTTSCHEER GEDENKSTÄTTE** (1). Sie wurde 1967 eingeweiht und lässt uns in ein Stück Geschichte eintauchen, das vielen wohl nicht so geläufig ist. Ein Sakral- und Gedenkraum, ein Museum und eine Bauernstube sind der Erinnerung an die deutsche Sprachinsel Gottschee gewidmet. Sie bestand von 1330 bis zum Jahr 1941 im Süden Sloweniens. Um das Zentrum, die Stadt Gottschee, waren laut Schautafel 171 Ortschaften gruppiert. Es waren vor allem Kärntner und Osttiroler gewesen, die im 14. Jahrhundert in dem zuvor unbewohnten Gebiet im Karst angesiedelt worden waren. Sie hatten sich über Jahrhunderte ihren mittelhochdeutschen Dialekt bewahrt. Während des Zweiten Weltkrieges (ab 1941) siedelte man sie in die damalige „Untersteiermark“ um, 1945 mussten sie aus dem wieder zu Jugoslawien gehörenden Gebiet flüch-

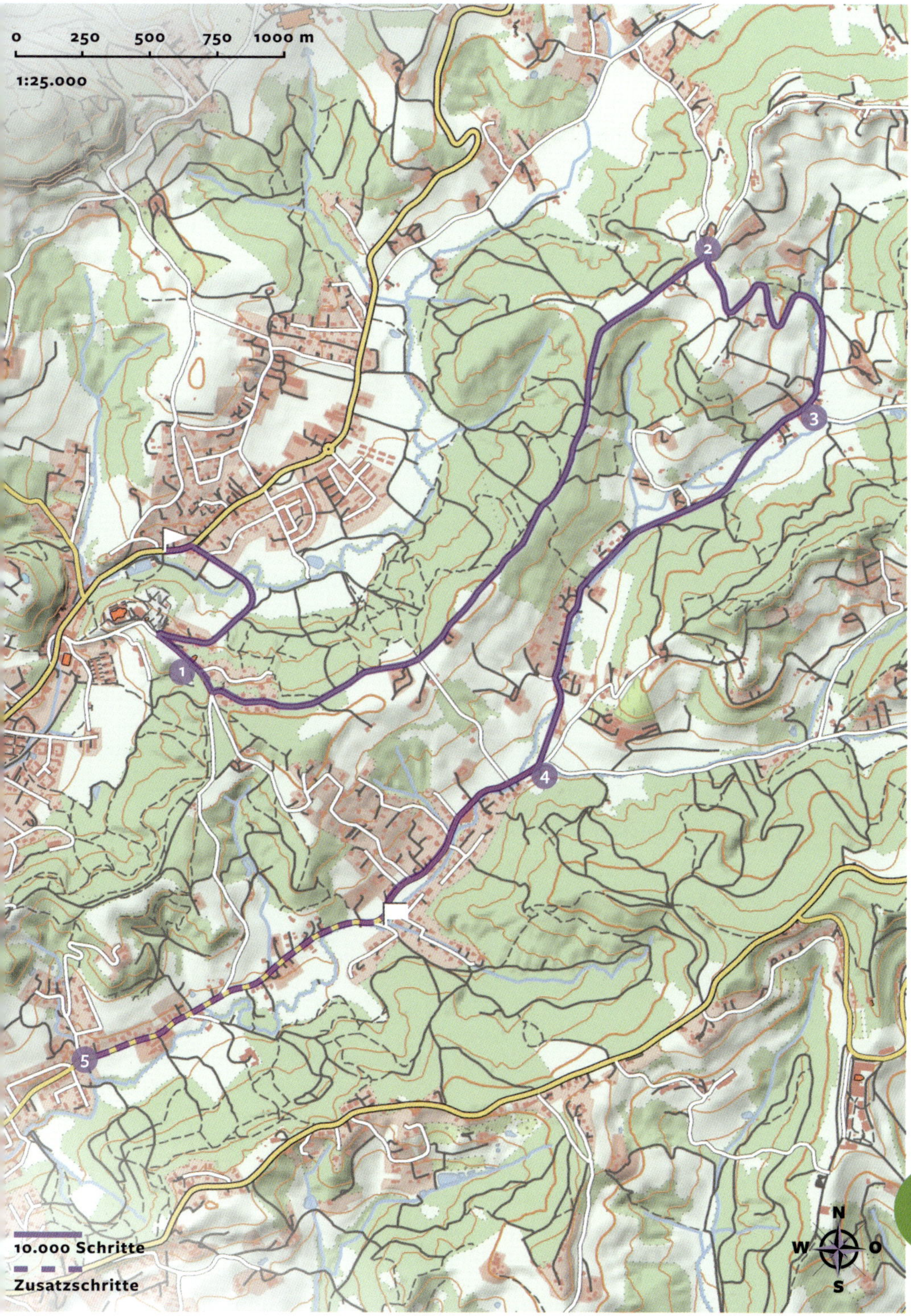
0 250 500 750 1000 m
1:25.000
1
2
3
4
5
10.000 Schritte
Zusatzschritte
N
W
O
S

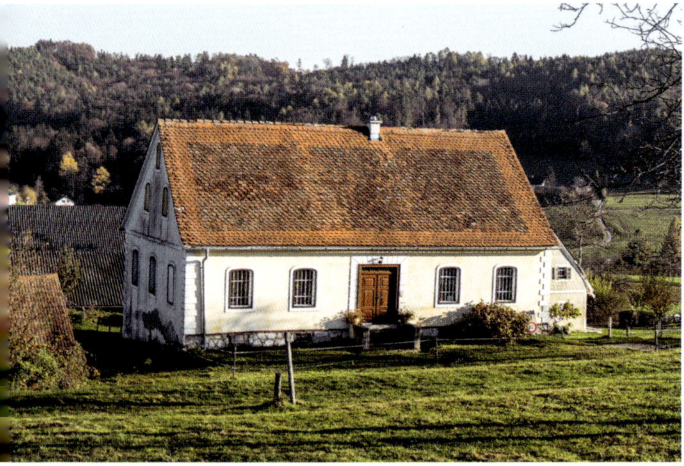

Pedalritter-tauglich
Der Weg eignet sich auch für eine Tour auf dem Drahtesel. An der Kreuzung Roseggerweg/Schaftalberg bietet sich eine Verlängerung an: Folgt man der Straße geradeaus (Schaftalbergrunde), kommt man zudem am Wetterturm vorbei.

Unterwegs im Schaftal: Hirn auslüften, Augen und Ohren entspannen

ten. Viele sind in die USA und nach Kanada ausgewandert oder nach Österreich zurückgekehrt und haben Gedenkstätten errichtet. Volksdichter Karl Morré, dem ein Denkmal im Grazer Volksgartenpark gewidmet ist, stammte übrigens auch aus einer Gottscheer Kaufmannsfamilie.

An der Kreuzung weiter vorne halten wir uns auf dem Roseggerweg links, denn das Schaftal steht auf unserem heutigen Erkundungsprogramm. Würde man nach rechts abbiegen, könnte man auch durch den Leechwald bis zum Hilmteich wandern. Eine Option für einen anderen Tag. Wir folgen allerdings der Kurve nach links und verlassen bald das Grazer Stadtgebiet. Sind Ihnen „houses with faces" geläufig? Auf sozialen Netzwerken wie Twitter und Instagram gibt es dutzende Sammlungen von Gebäuden, deren Anordnung von Fenstern und Türen an menschliche Gesichtszüge erinnert. Auf ein solches treffen wir am Roseggerweg und stellen fest: Auch Stallgebäude sind zu einer Mimik des Erstaunens fähig …

Der Weg Richtung **SCHAFTALBERG** **2** ist Teil der offiziellen Leechwald-Laufstrecke – ein schönes Fleckchen Erde, um die Fitnessschuhe auszupacken.

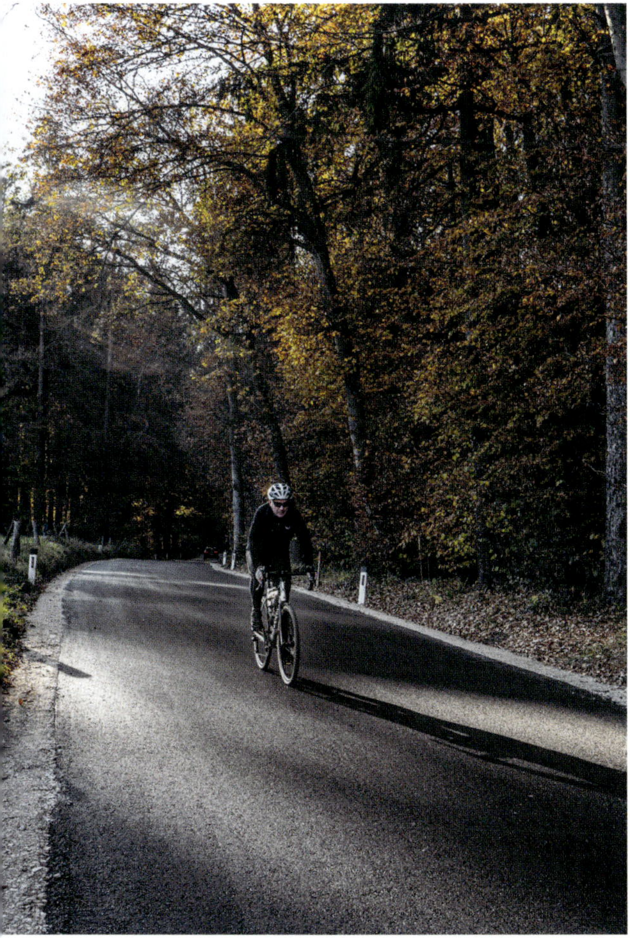

Wir atmen Wald- und Wiesenluft und wandeln mal über Asphalt, dann wieder über Waldboden. Die direkte Linie durchs Unterholz Richtung Gasthaus Griesbauer, die schließlich rechter Hand angepriesen wird, können wir dieses Mal nicht nehmen, da sie aufgrund von Unwetterschäden gesperrt ist.

Dafür klinken wir uns als Nächstes in die Schaftalrunde ein, deren Auf und Ab in einer unaufgeregten, herrlichen Naturkulisse verläuft. Wir nehmen die Abzweigung nach rechts und lassen unseren Blick in die Ferne zur Mariatroster Kirche schweifen, bevor wir den Serpentinen nach unten folgen. Im Herbst lassen sich hier einige Kastanien sammeln. Im Tal angekommen, tut sich eine Möglichkeit zur Rast mit langer Tradition auf. Seit 1924 werden im **GASTHAUS GRIESBAUER** **3** Backhendln und andere bodenständige Klassiker serviert. Junge und Junggebliebene kommen auf dem großen Abenteuerspielplatz im Garten auf ihre Kosten, die Kalorien sind schnell wieder verbrannt.

Die Schaftalstraße führt uns zurück Richtung Stadt. Die erste Möglichkeit, den Bus Nummer 82 nach St. Leonhard zu nehmen, ergreifen wir allerdings nicht. Vielmehr folgen wir der Straße so lang, bis sie in die

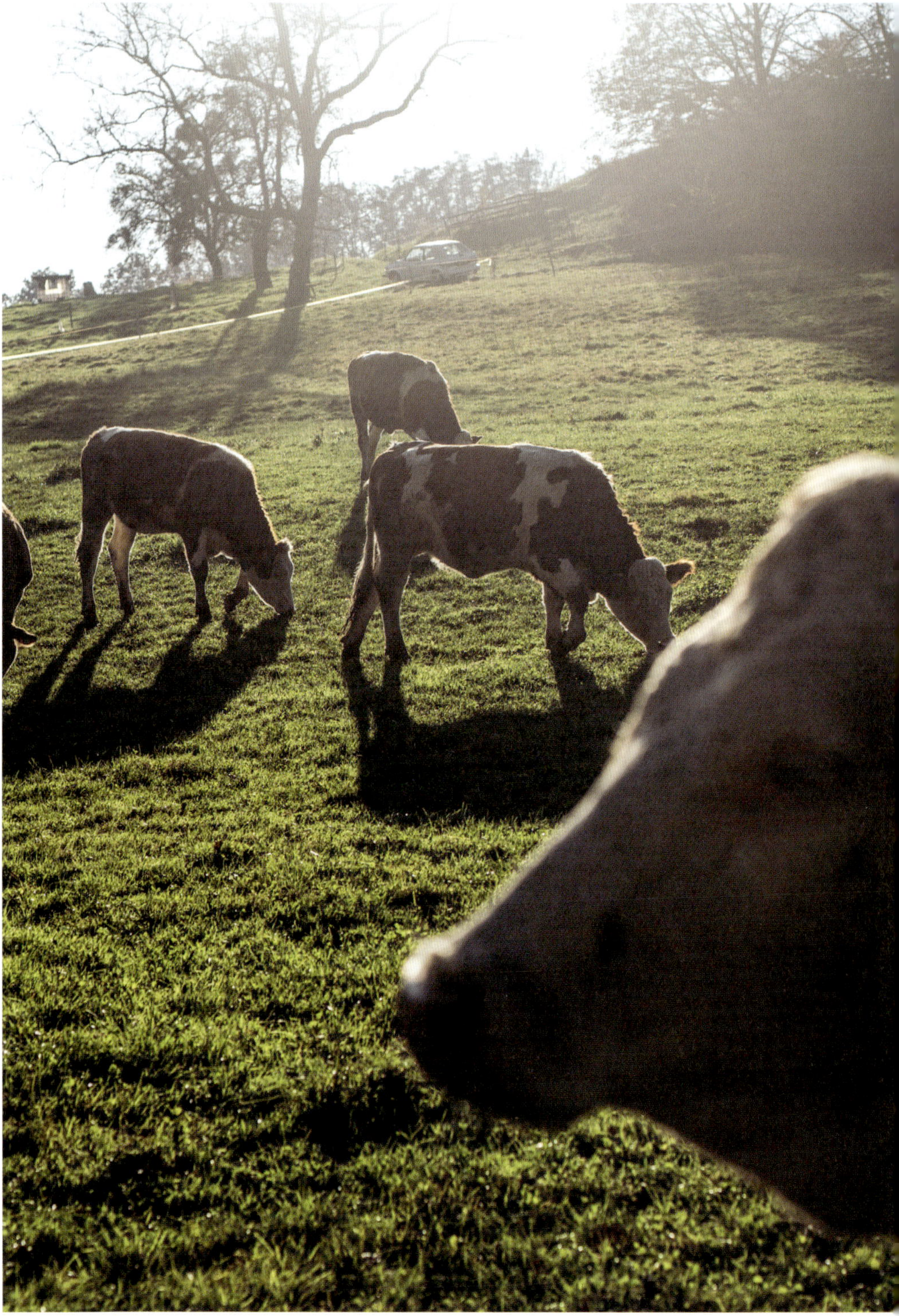

Tipps

Offen sein für neue Wege

Wie wirkt sich ein Mangel an Bewegung auf die Psyche aus?
Bewegungslosigkeit bedeutet Starre. Das ist keine gute Basis für unsere Gesundheit. Wer in Bewegung bleibt, baut Anspannung, Stress, Frust und Aggressionen ab. In einem gesunden Körper wohnt ein gesunder Geist – dieses Sprichwort hat seine Berechtigung.

Welche Vorgänge im Körper werden Schritt für Schritt ausgelöst?
Bewegung wirkt auf die Neurotransmitter, die Nervenbotenstoffe im Gehirn. Serotonin und Noradrenalin werden verstärkt produziert, das führt zu mehr Wohlbefinden. Die Stresshormone Kortisol und Adrenalin werden abgebaut. Durch das Sonnenlicht wird die Vitamin-D-Produktion angeregt. Die frische Luft versorgt den Körper mit Sauerstoff. Unser Immunsystem wird gestärkt.

Was bewirkt der Aufenthalt im Freien bei Verstimmungen oder Überlastung?
Man unterbricht das Kreisen der Gedanken und die Grübelspirale, verändert den Fokus. Naturerlebnisse sind eine wichtige Ressource. Aufenthalte im Wald können Studien zufolge den Abbau von Stress und nachhaltige Entspannung fördern. Es geht dabei um ein achtsames Wahrnehmen der Umgebung – Geräusche, Gerüche, Lichtstimmungen. Wesentlich ist auch der soziale Aspekt, gemeinsam mit anderen unterwegs zu sein.

Ist ein ausgedehnter Spaziergang also auch eine Therapie für die Seele?
Es gibt positive Effekte bei Depressionen, Angststörungen und psychosomatischen Beschwerden. Bewegung ist neben der Psychotherapie und medikamentösen Begleitung immer förderlich in der Behandlung. Laotse sagt: „Eine Reise von tausend Meilen beginnt mit dem ersten Schritt."

SONJA MOSER, Psychotherapeutin
Systemische Familientherapie, Kinder- und Jugendlichenpsychotherapie, Supervision; Psychotherapie für Erwachsene bei Angststörungen, Panikattacken, Depressionen, Erschöpfungserscheinungen

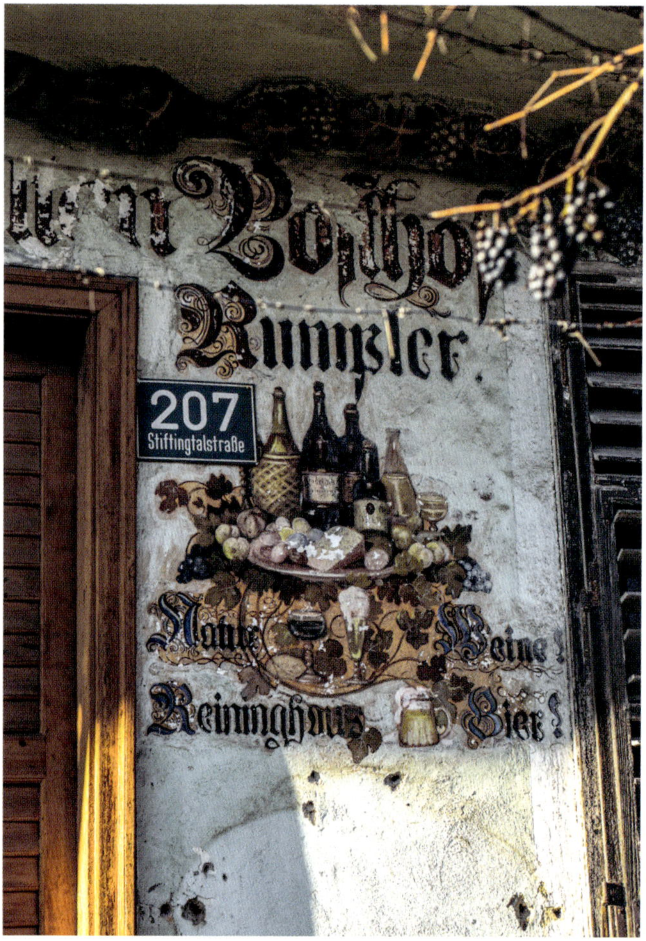

Längst vergangene Tage der Pferdepost: Erinnerungen an den Posthof von anno dazumal

Stiftingtalstraße mündet. An der Kreuzung fällt der Blick auf das griechische Götterpaar Hera und Zeus, das überlebensgroß die Wand eines Hauses ziert. Das Wandgemälde an der Fassade stammt von den Street-Artisten Dinstl Nickl Leitner. Dionysos, Calypso, Kassandra – auch sie sind vertreten und zwar in Gestalt großer Lettern auf den Haustüren. Die Wohneinheiten sind nämlich allesamt nach Figuren der griechischen Mythologie benannt, Studierende haben im Stiftingtal nach Plänen des Bauherrn Hanno Loidl und Architektin Marlies M. Haas ihr **STUDENTENNEST** 4 gefunden.

Wir flanieren weiter durch das Stiftingtal, an der Haltestelle Meichenitsch-Brücke sind mehr als 10.000 Schritte bereits getan, aber wir setzen heute einfach noch ein paar drauf. Schließlich haben wir an jeder kommenden Busstation die komfortable Gelegenheit, unsere Runde zu beenden. An Haus Nummer 207 künden die Worte **GASTWIRTSCHAFT ZUM ALTEN POSTHOF** 5 von längst vergangenen Tagen der Pferdepost. Felix und Anna Rumpler haben hier einst Gäste bewirtet, davon zeugen auch die Überbleibsel üppiger Malereien neben der Eingangstür. Es ist ein steinernes Zeitdokument,

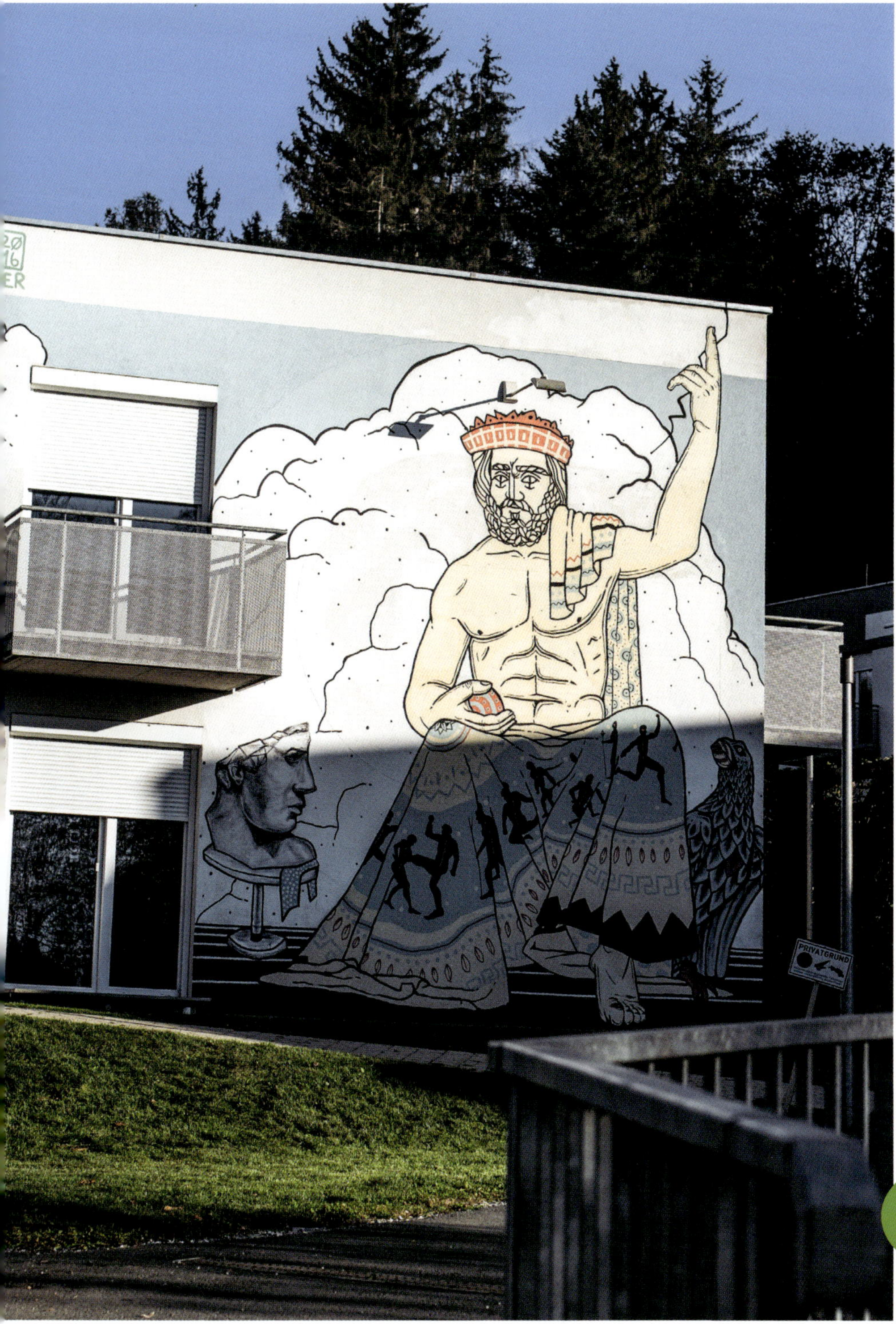
PRIVATGRUND

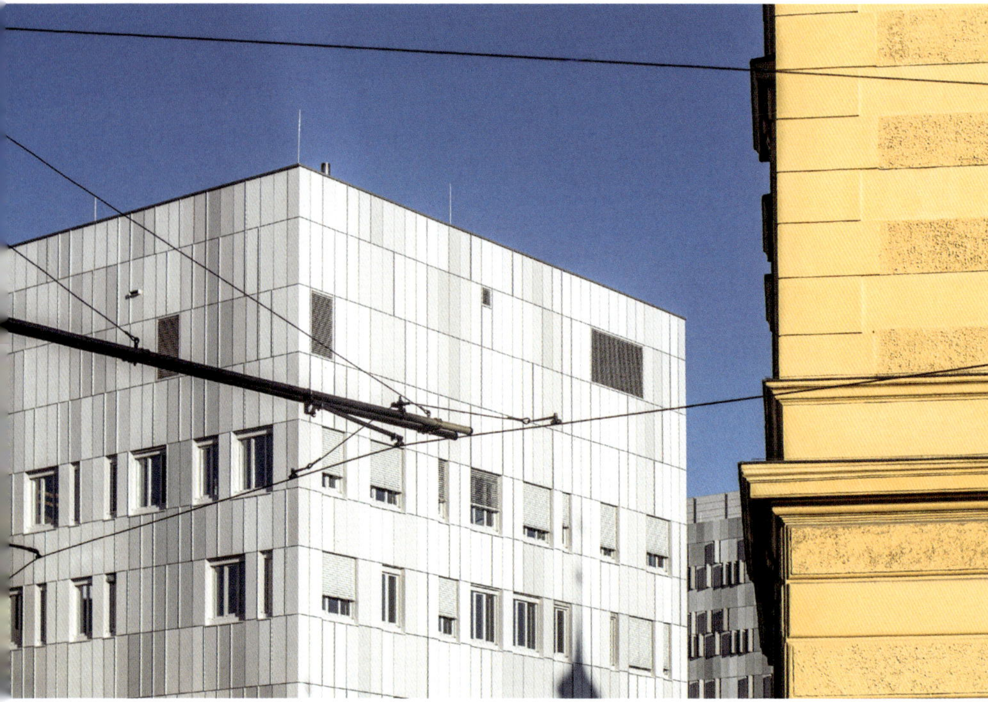

Im Zeichen der Gesundheit

Wer die gesamte Stiftingtalstraße durchwandert, der erreicht das LKH-Universitätsklinikum Graz. Mit einer Fläche von 60 Hektar und fast 10 Kilometer Straßen ist es das größte Klinikum Europas.

das sich ein paar Momente des Verweilens verdient hat. Sofern uns unsere Füße leichten Schrittes weitertragen, können wir die in ihrer Länge durchaus beachtliche Stiftingtalstraße bis zur letzten Hausnummer absolvieren und unseren Weg erst – nachdem wir noch die Kapelle der Vorauer Schwestern passiert haben – am Gelände des LKH-Universitätsklinikums Graz beenden. Chapeau.

Top 5 auf dieser Route

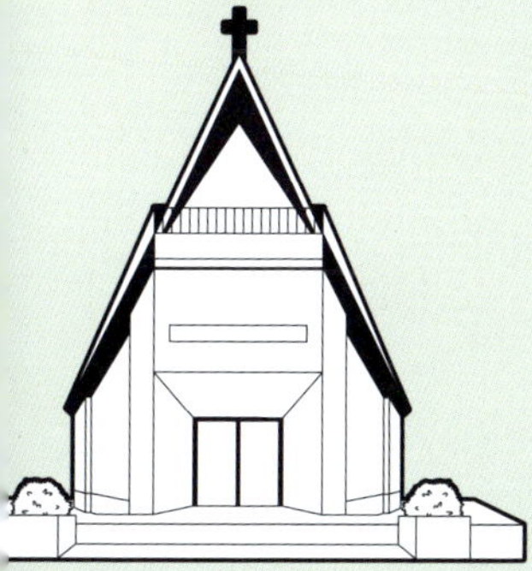

01.
Gottscheer Gedenkstätte
Am Weg von Laibach zur Adria, südlich des Gurkflusses und nördlicher der Kulpa liegt das Gottscheer Hochland. Hier befand sich bis zum Jahr 1941 eine deutsche Sprachinsel. Die Gedenkstätte erinnert daran.

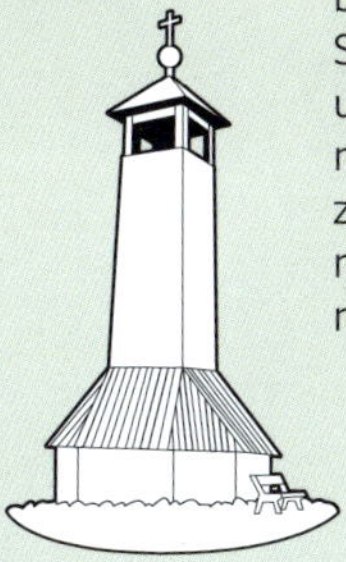

02.
Schaftalberg
Das romantische Schaftal kann auf einer eigenen Schaftalbergrunde entdeckt werden. Diese führt in ihrer Langversion am Wetterturm Schaftalberg vorbei. Ein originalgetreuer Nachbau steht übrigens im Freilichtmuseum Stübing.

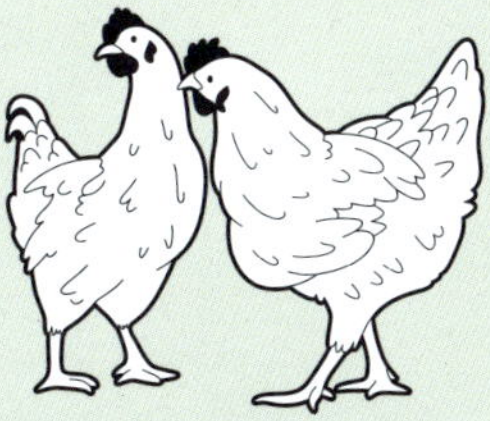

03.
Gasthaus Griesbauer
Seit 1924 ist das Gasthaus Griesbauer in Familienbesitz, Backhendln sind die Spezialität. Der Gastgarten umfasst auch einen Erlebnisspielplatz, dessen Fläche zuletzt verdreifacht und mit neuen hölzernen Attraktionen ausgestattet wurde.

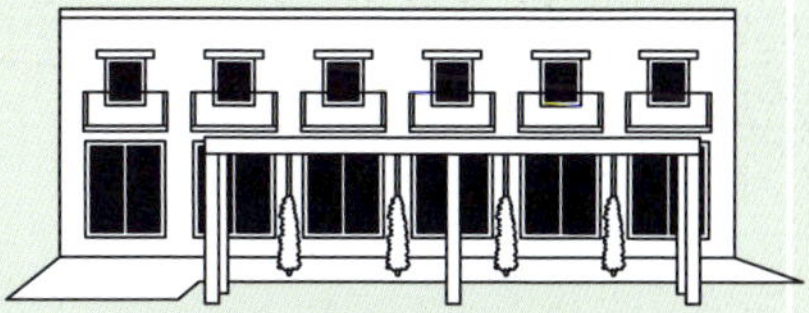

04.
Studentennest
Der griechischen Mythologie liegt das Gestaltungskonzept eines Studierendenheims im Stiftingtal zugrunde. Zeus und Hera zieren die Hauswand. Das Studentennest verfügt über 5 Häuser, 22 Wohnungen, 88 Zimmer – und ein Partyhaus.

05.
Gastwirtschaft zum Alten Posthof
Üppig bemalt ist die Fassade des Hauses Stiftingtalstraße Nummer 207. Die Überreste kann man im Vorbeigehen studieren. Felix und Anna Rumpler bewirteten in der „Gastwirtschaft zum Alten Posthof" einst die Gäste.

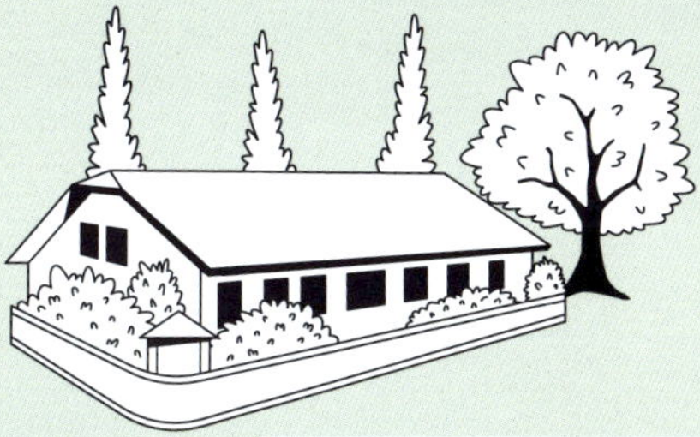

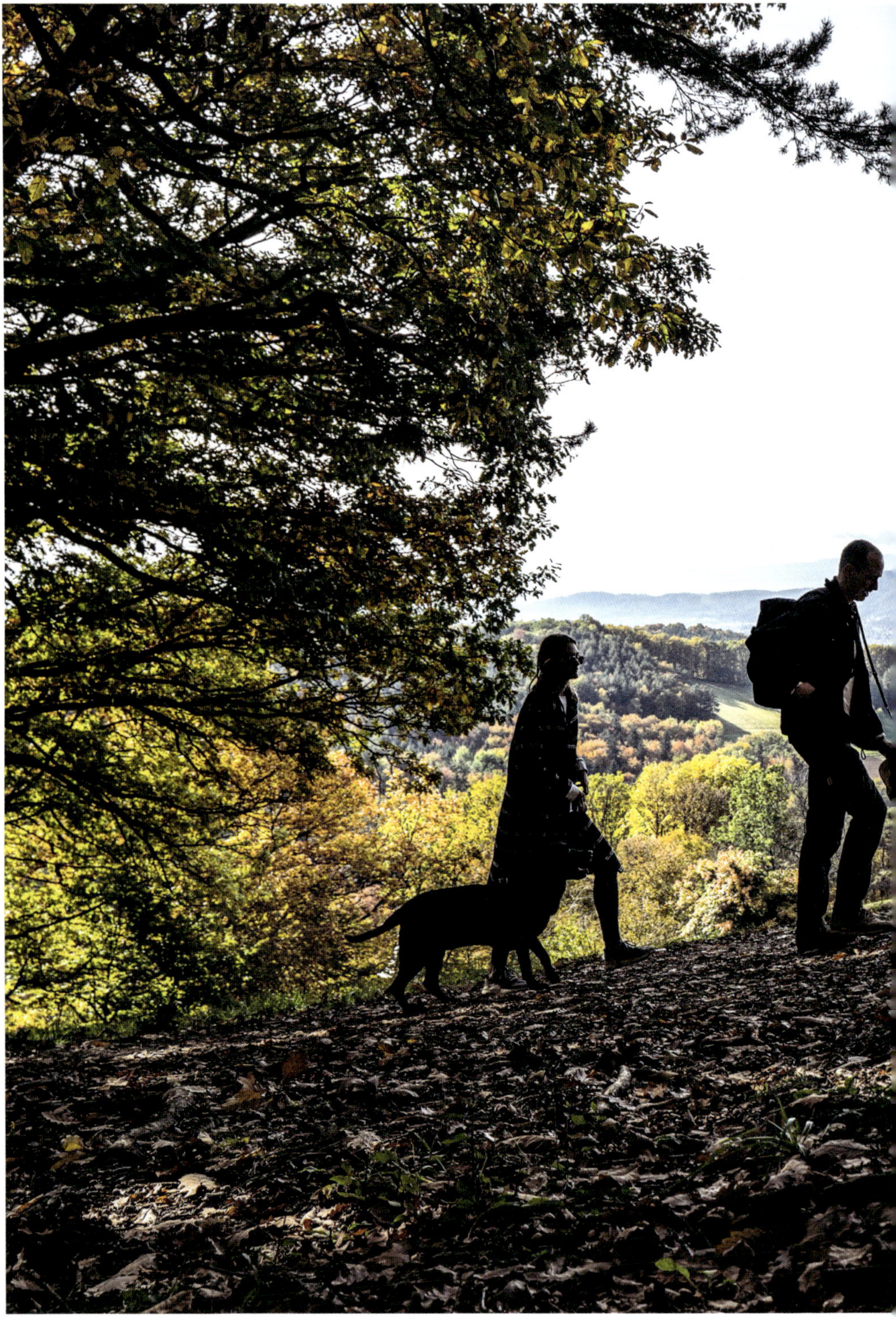

15

Von Andritz zur Stephanienwarte

Die Aussichtsreiche

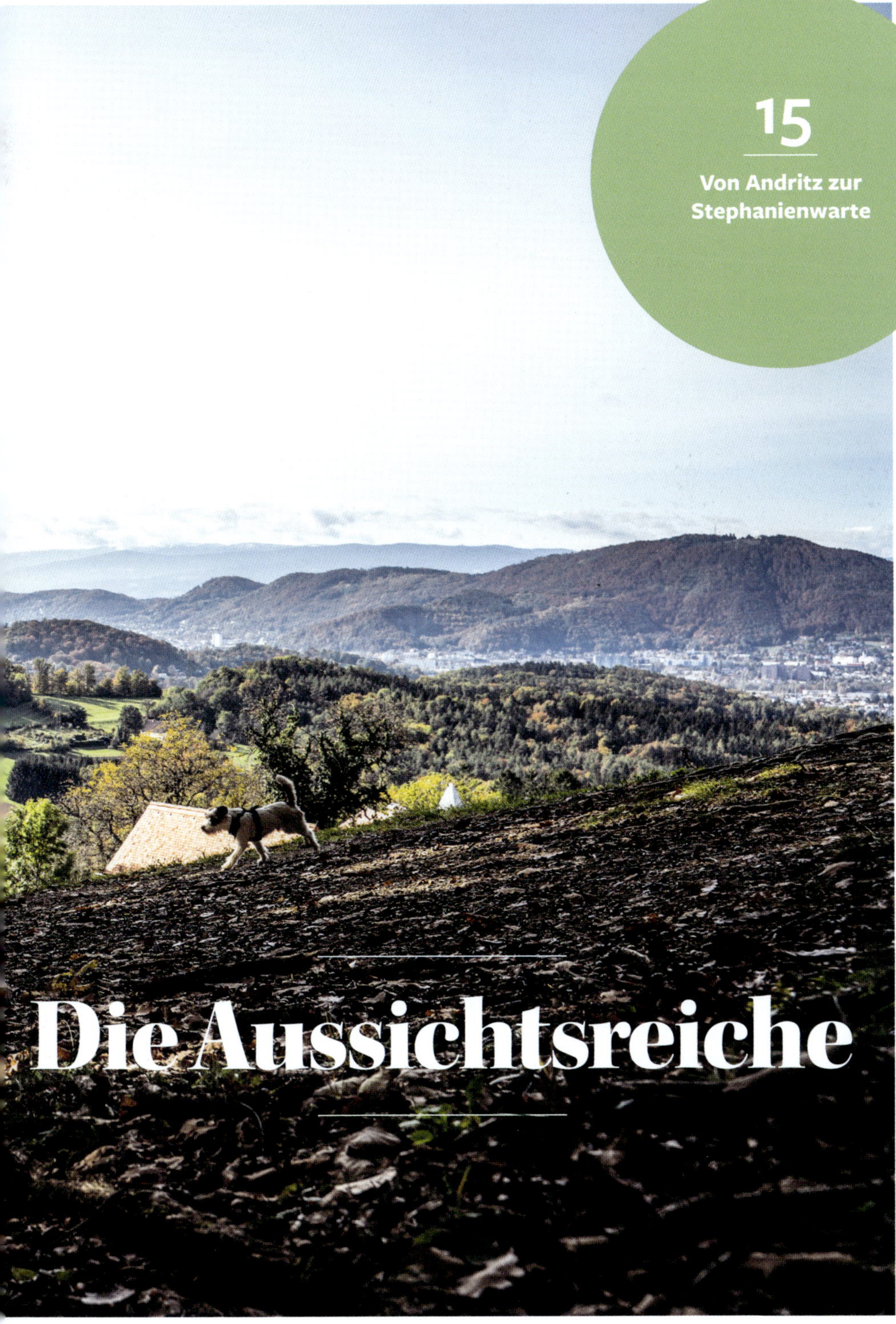

15

Waldpfade für Erkundungsfreudige. Panoramaplätze für Schaulustige. Aussichtswarte für Höhenhungrige.

Charakter der Tour
Wald- und Wiesenwege in einer wohltuenden, unaufgeregten Wiederholung: eine aussichtsreiche Tour auf die Platte.

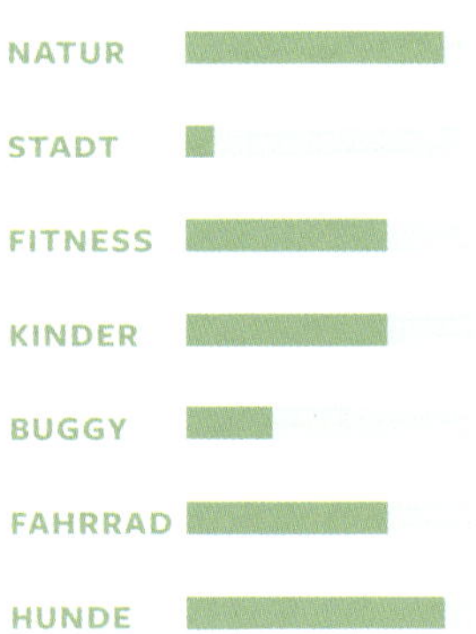

STARTPUNKT
Haltestelle Rotmoosweg
Bus: Linie 41

Wir starten an der Bushaltestelle Rotmoosweg in Graz-Andritz, folgen für ein kurzes Stück der Radegunder Straße stadtauswärts und biegen dann in den Pfanghofweg ein. Sobald wir den Wald auf der rechten Seite erreicht haben, tauchen wir ins Baumgrün ein. Schnell wird klar: Gerade in den wärmeren Monaten sind wir hier nicht allein unterwegs. Davon zeugen erste Spuren, die man allerdings schnell lesen kann: Auch Mountainbiker finden (erlaubten) Gefallen an diesem Waldstück. Es kann also durchaus vorkommen, dass man diese bei etwaigen – auch waghalsigeren – Downhill-Stunts beobachten kann. Gegenseitige Rücksichtnahme im Sinne eines guten Miteinanders sind Programm.

Es gibt auf der heutigen Strecke weniger markante Wegpunkte, aber genau das ist es, was das Wesen unserer unterschiedlichen Fußmärsche ausmacht: Abwechslung erleben, gehen um des Gehens willen, nicht um eine Distanz von A nach B schnellstmöglich zu überwinden oder eine Attraktion auf kürzestem Weg zu erreichen. Wir streben jedenfalls weiter bergwärts und gelangen aus dem Wald heraus auf den Rotmoosweg. Weiter oben am **PFANGBERG** (1) haben sich einige Grazerinnen und Grazer aussichtsreiche Plätze zum Wohnen gesichert. Wir verlassen die asphaltierte Straße allerdings bald wieder und nehmen den

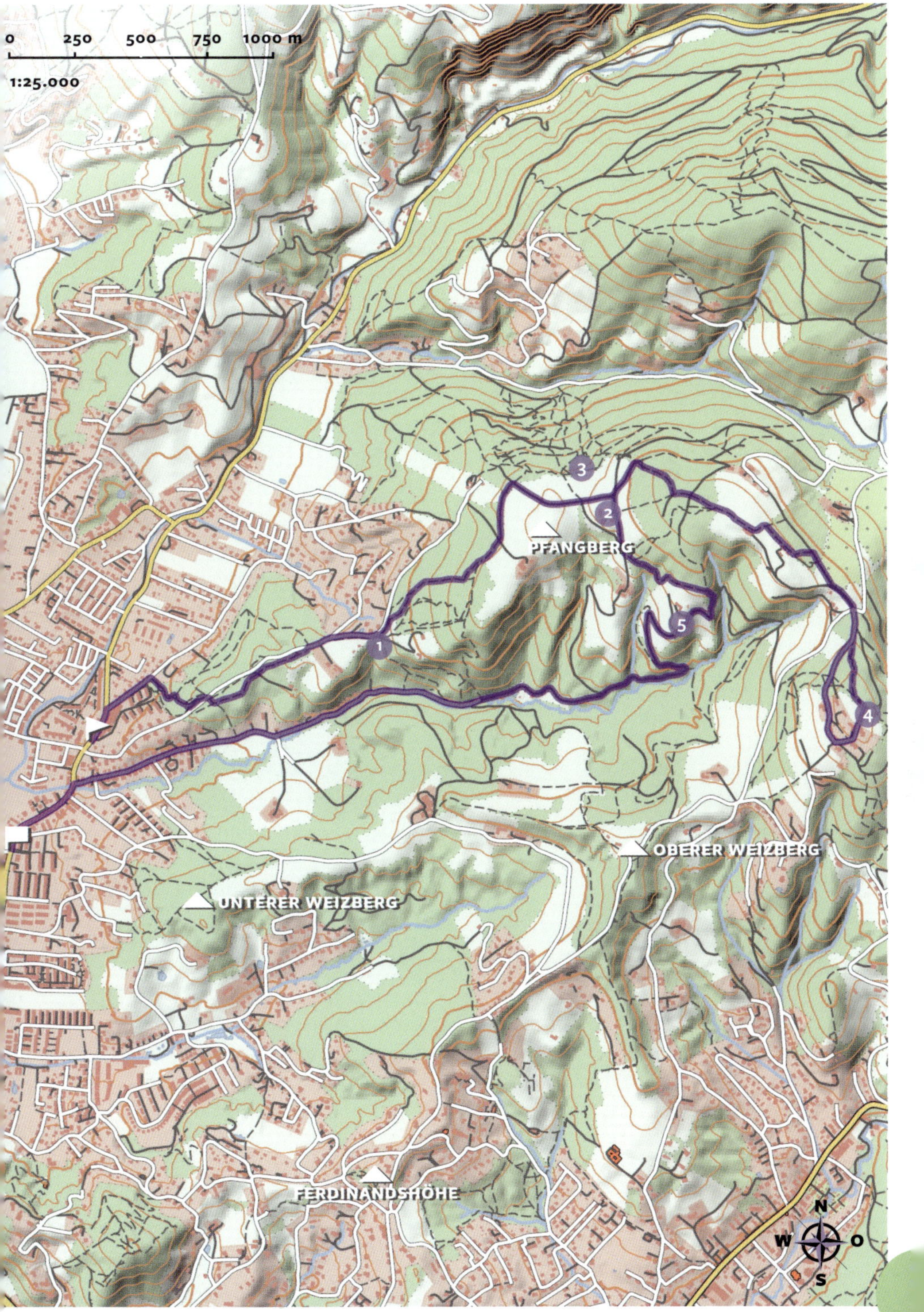
0 250 500 750 1000 m
1:25.000
PFANGBERG
OBERER WEIZBERG
UNTERER WEIZBERG
FERDINANDSHÖHE
1
2
3
4
5
N
W
O
S

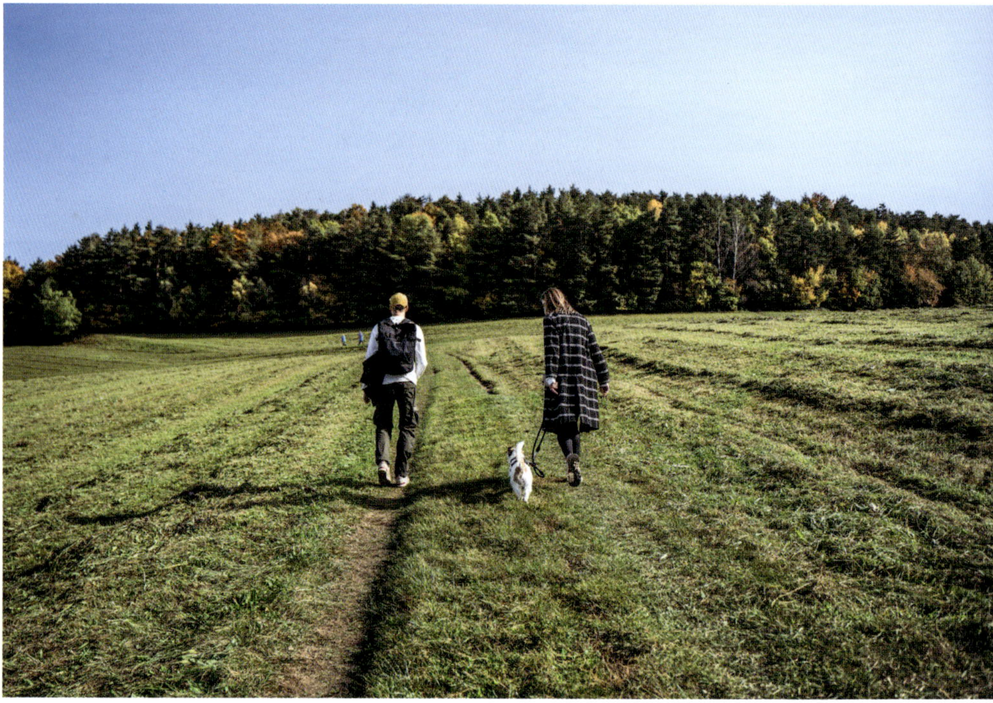

Glück auf der Wiese
Von der Panoramawiese aus erblickt man auch den Grazer Hausberg. Er ist die Heimat der Schöcklhexe. Es bringt Glück, wenn man ein Hagelkorn samt eingeschlossenem Haar findet.

schmalen Pfad, der über ein kleines Wiesenstück nach links führt.

Zurück im Forst treffen wir immer wieder auf Läufer und auf Spaziergänger, Zweibeiner wie Vierbeiner. Diese Ecke im 12. Grazer Stadtbezirk ist aufgrund des weitläufigen Waldgeländes, der großflächigen Wiesen und der vielen Variationsmöglichkeiten an Wegen überaus beliebt. Die Eckpfeiler unserer Tour manifestieren sich in charmanter Unaufgeregtheit: Wald, Weg, Wiese, Wiederholung. An der Einfahrt zum Haus Pfangberg 20 folgen wir der rot-weiß-roten Markierung auf dem Baum und halten uns links.

Die gelbe Wegtafel macht uns sicher: Der Wanderweg 85a wird uns auf die Platte führen, ein Hochplateau, das an den Pfangberg angrenzt. Wir erreichen schließlich die **PANORAMAWIESE** (2), die sich ihren

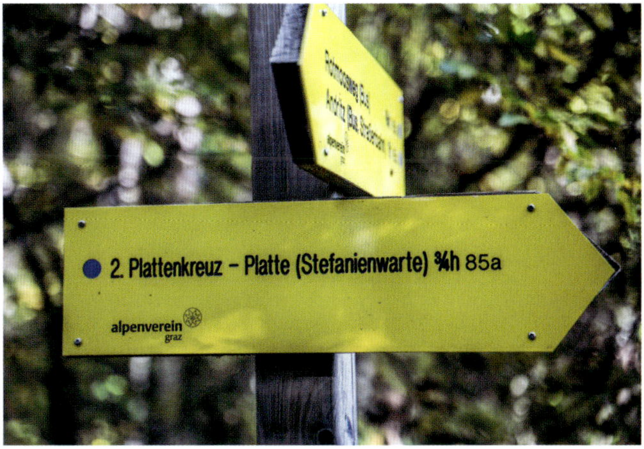

Der Wanderweg 85a führt auf die Platte, ein beliebtes und weitläufiges Naherholungsziel

Namen wirklich verdient hat. Ein Rundumblick in die Ferne lässt uns über das Grazer Becken und darüber hinaus blicken, im Westen begrenzt unter anderem der Plabutsch, im Norden der 1.445 Meter hohe **SCHÖCKL** 3 die Perspektive. Die Murstädter nehmen die Bezeichnung „Grazer Hausberg" ziemlich wörtlich und bevölkern die Almlandschaft recht zahlreich, der Aufstieg belohnt auch im Winter häufig mit strahlendem Sonnenschein, während sich über Graz hartnäckig eine dichte Nebeldecke hält.

Für das Wetter mitverantwortlich ist übrigens die Schöcklhexe – zumindest der Sage nach. Sie gilt sie als Verursacherin von Unwettern. Ihr Wolkenwagen wird von Fledermäusen gezogen, so heißt es, das Wetter braut sie im „Großen Wetterloch" zusammen. Will man ihr bei ihren Machenschaften Einhalt gebieten, muss man Mistgabeln, Besen und ähnliche Gerätschaften schimpfend zur Haus- und Stalltür hinauswerfen. Der Schöcklhexe wird aber nicht allein Unheil zugeschrieben: Es ist ein Zeichen des Glücks, wenn man nach einem heftigen Wolkenbruch ein Hagelkorn mit einem eingeschlossenen Haar findet.

Wir widmen uns nun aber wieder mit allen Sinnen dem Idyll, das uns gerade zu Füßen liegt. Es ist

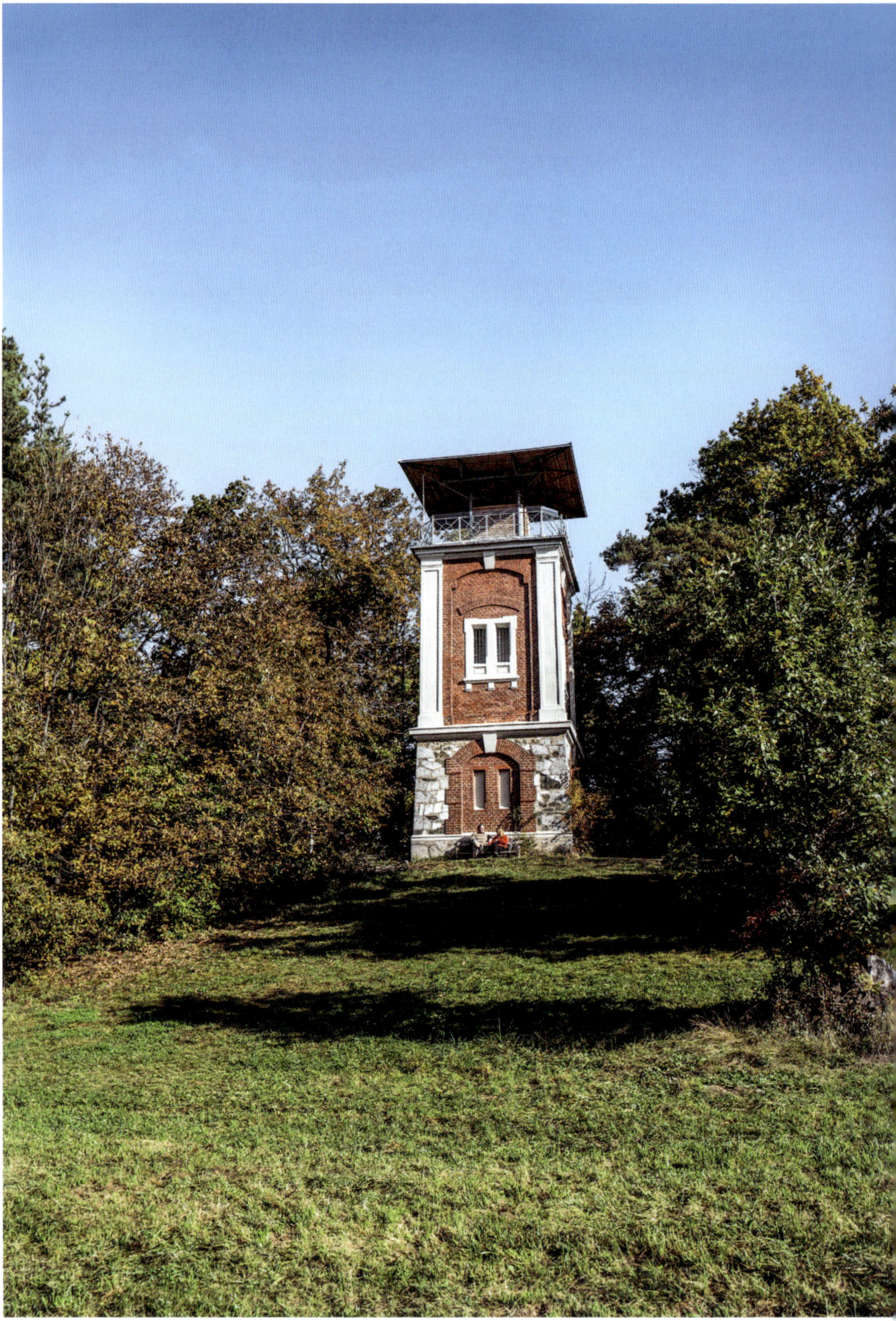

Von der 18 Meter hohen Stephanienwarte bietet sich ein grandioser Blick in die Landschaft. Unten: Skulptur „We are tree"

wahrhaft eine Wiese, wie sie im Bilderbuch steht. Und es gilt: Zum Durchatmen braucht es nicht unbedingt gebirgige Höhenluft und nicht notwendigerweise die höchsten Gipfel im Umland, dafür reichen schon rund 600 Meter Seehöhe. Zeit zum Innehalten darf sein. Wenn es die Jahreszeit erlaubt: Einfach oben an der Waldlichtung auf die Wiese setzen und in die Landschaft schauen. Funktioniert winters auch im Stehen. Die Atmung ruhig werden lassen, die Muskeln entspannen, die Herzfrequenz runterkurbeln, den Kopf vom Ballast befreien, den Moment genießen.

Weil wir unseren Bewegungsapparat ja geschmeidig halten wollen, geht es hernach zügigen Schrittes weiter voran. Wir folgen wieder dem Wanderweg 85a, der uns über den Hinteren Plattenweg zur **STEPHANIENWARTE** **4** führt.

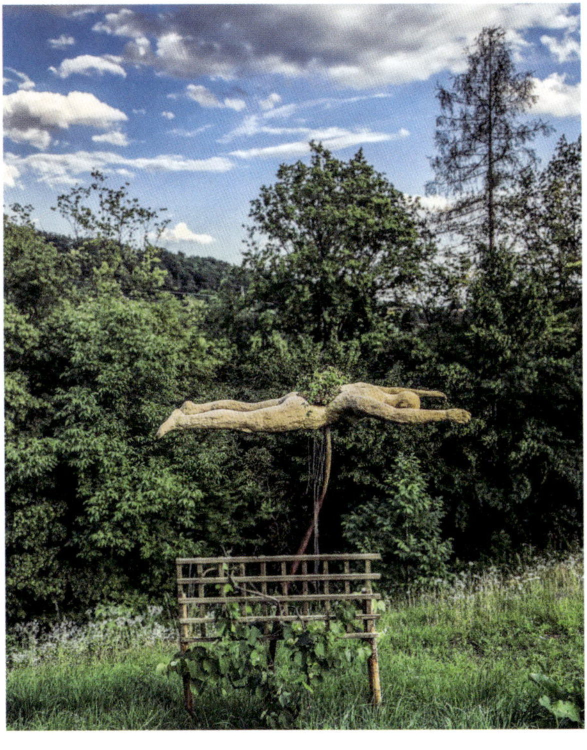

Zur Terrasse des 18 Meter hohen Backsteinbaus hat man freien Zugang. 59 Stufen leiten zur überdachten Plattform. Erbaut wurde der Turm vom Steirischen Gebirgsverein im Jahr 1880, die erste Holzplattform aus dem Jahr 1839 war da bereits verfallen gewesen. Benannt wurde die Warte übrigens nach Stephanie Clotilde Louise Hermine Marie Charlotte von Belgien, die 1881 im Alter von 16 Jahren mit Kronprinz Rudolf verheiratet worden war. In den 1950er-Jahren sorgte noch ein Turmaufseher für Ordnung.

Übrigens: Man kann den Weg zur Stephanienwarte, die sich heute im

”

Aussicht und Einsicht,
Nähe und Weite,
Stadt und Land
im Vorbeigehen.

“

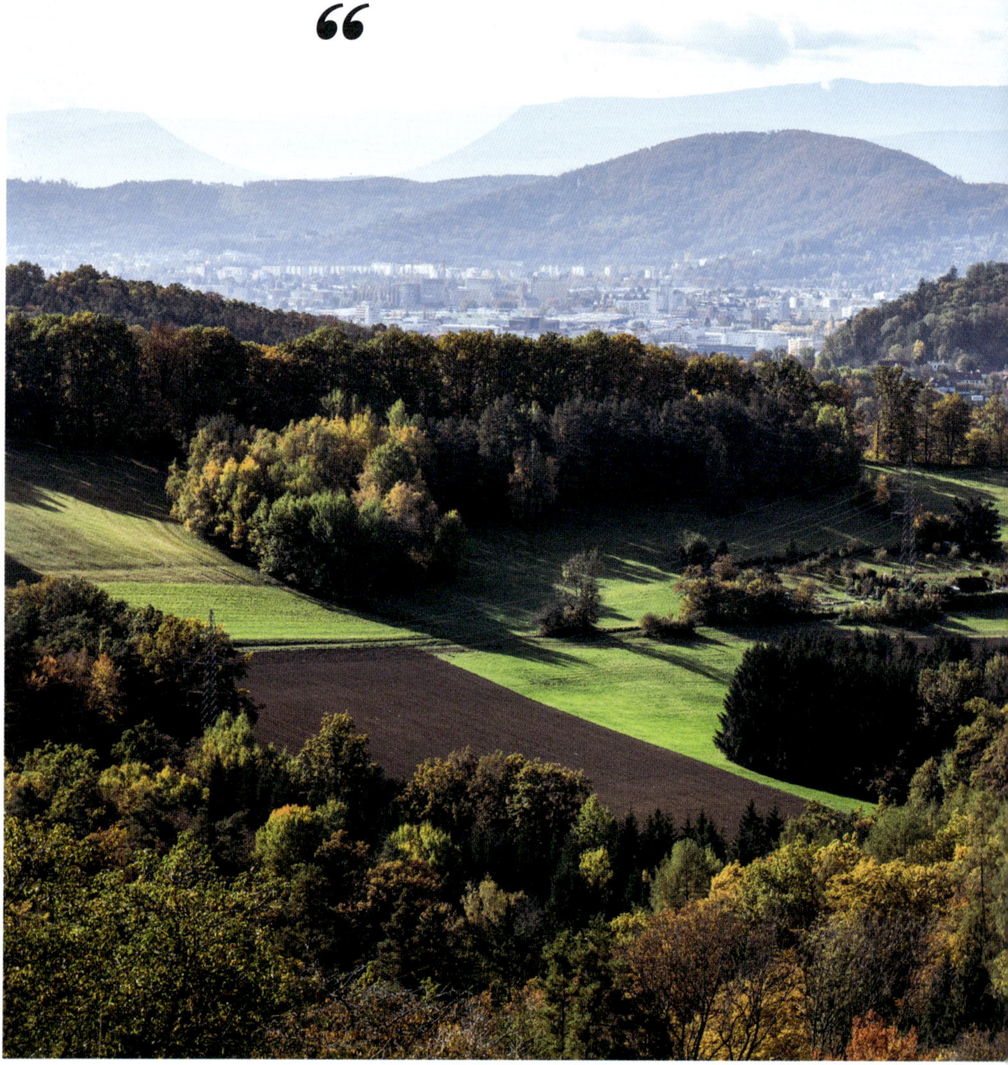

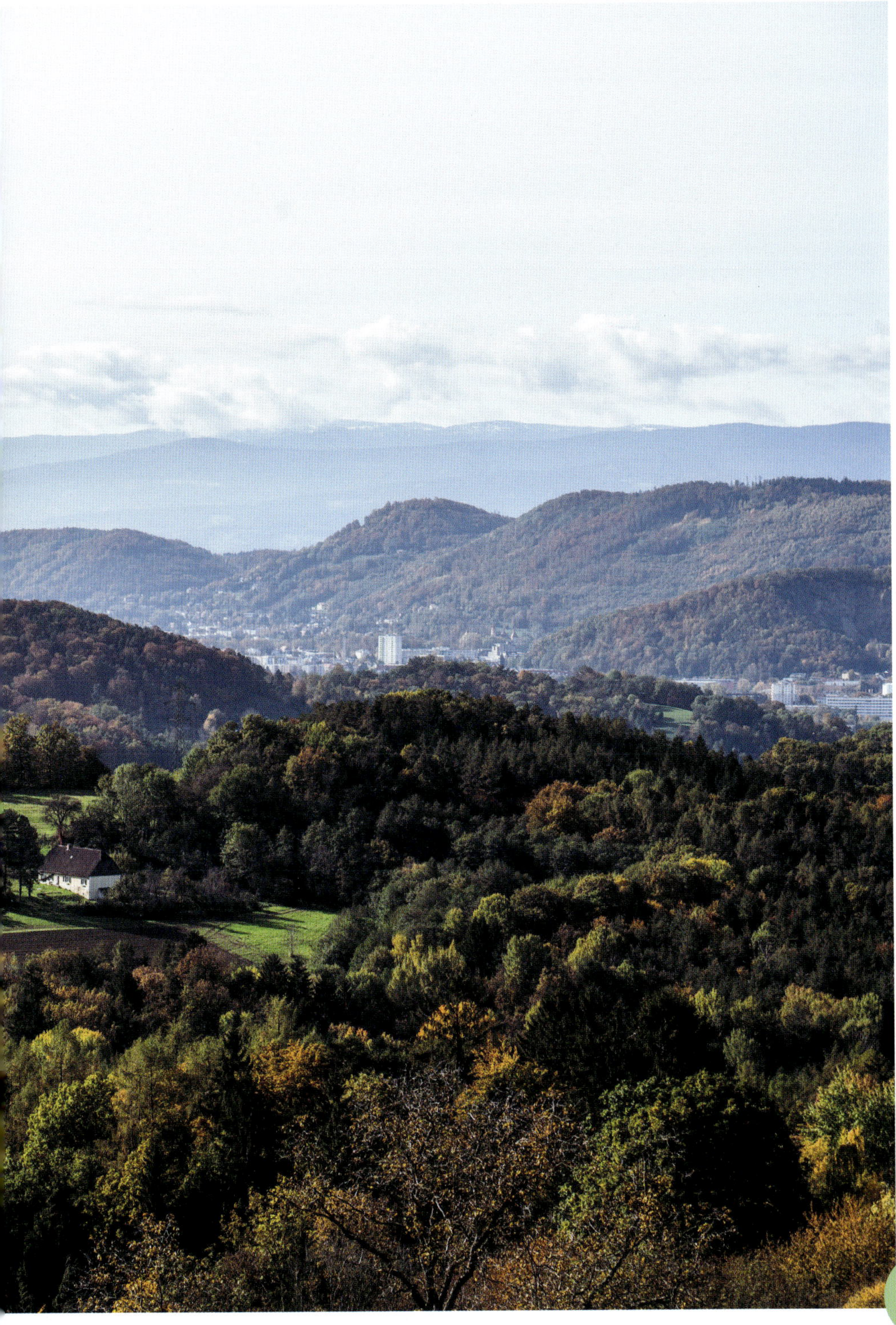

Besitz der Sektion Graz des Österreichischen Alpenvereins befindet, auch in Mariatrost starten und über die Rettenbachklamm gehen. Ein anderes Mal! Dieses Mal treten wir langsam den Rückweg Richtung Ebene an. Querfeldein geht es nun auf den Wegen bergab, Hauptsache die Richtung stimmt: der Weizbachweg soll uns wieder zurück zur Radegunder Straße führen. Unübersehbar am Wegesrand: die **SKULPTUR 5** „We are tree" von Künstler ILA. Christian Rieger macht den Menschen als Teil der Natur und ihres Wandlungsprozesses sichtbar. Wir bleiben der Linie treu, bis die ersten Postkästen am Wegesrand untrügliches Zeichen dafür sind, dass wir uns den pulsierenden Andritzer Verkehrsadern nähern. Zurück im urbanen Alltag, gestärkt mit einer Portion Frischluft, Freigeist und Freude.

Waldeskraft
Wer in den Wald geht, spürt instinktiv: Wald tut gut. Ein Waldspaziergang baut Stress ab. Und: Waldluft enthält 90 Prozent weniger Staubteilchen als Stadtluft.

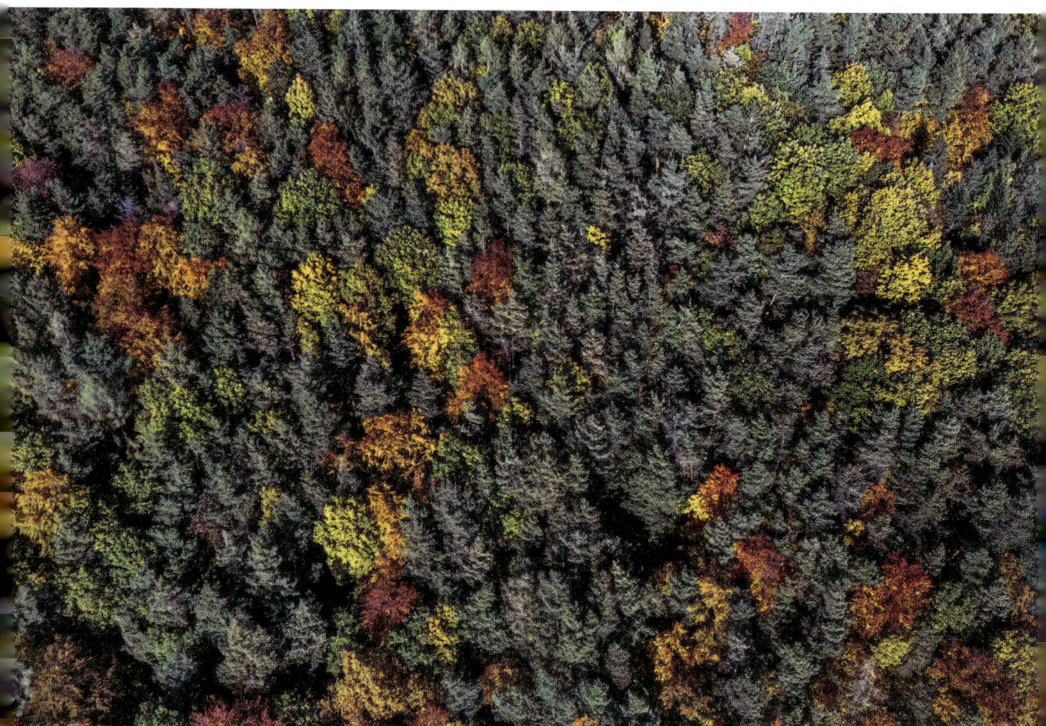

Top 5 auf dieser Route

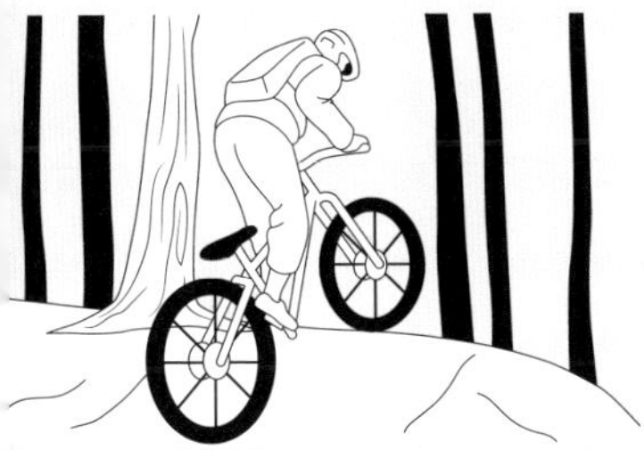

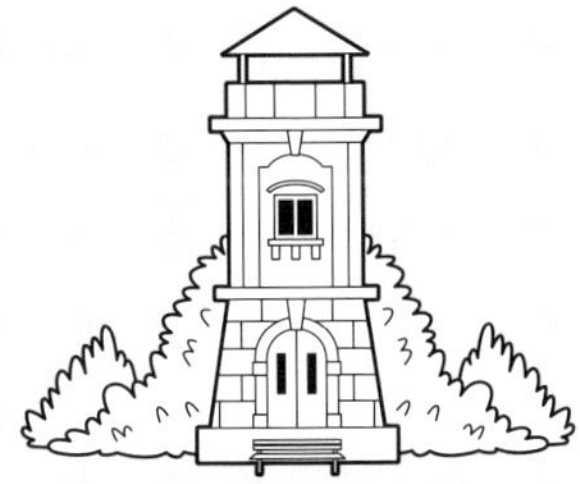

01.
Pfangberg
Der Wanderweg 85a führt über den Pfangberg – vorbei an vielen modernen Einfamilienhäusern in Aussichtslage – auf die Platte.

02.
Panoramawiese
Über den Pfangberg erreicht man eine weitläufige Wiesenfläche, die zum Durchatmen, zum Sinnieren, zum Innehalten, zum Pausieren einlädt und durch ihre Fernsicht überzeugt. Manchmal ist weniger einfach mehr.

03.
Schöckl
Der sagenumwobene 1.145 Meter hohe Schöckl ist in der Ferne sichtbar. Eine Vielzahl von Almwanderwegen führt hinauf, die Anfahrt ist aber auch mit der Seilbahn möglich – und zwar vom Luftkurort St. Radegund aus.

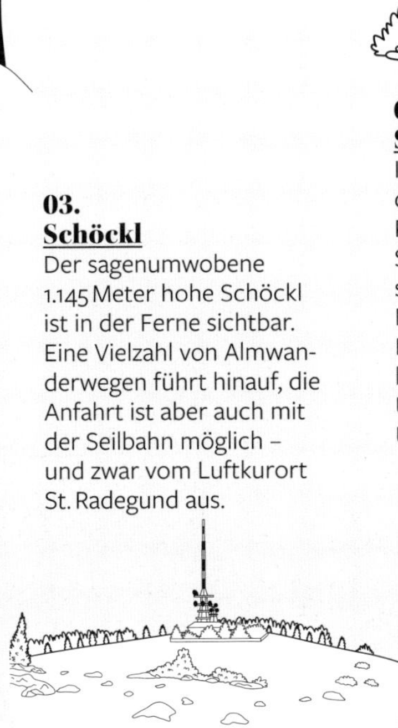

04.
Stephanienwarte
In 18 Meter Höhe eröffnet die Stephanienwarte einen Panoramablick über das Stadtgebiet. Benannt wurde sie nach Stephanie von Belgien, der Ehefrau von Kronprinz Rudolf. Heute befindet sich am Turm eine Umwelt- und Luftgüte-Überwachungsanlage.

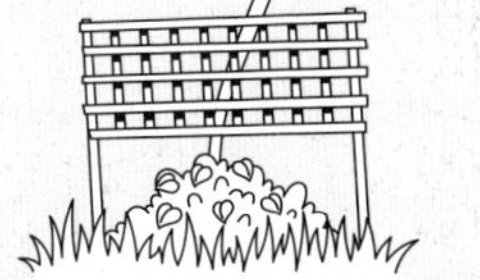

05.
Skulptur am Weizbachweg
Ursprünglich hatte das Kunstwerk „We are tree" von Künstler ILA in Marburg einen temporären Platz – im Wasser der Drau schwebend. Nun hat es hier eine neue Heimat gefunden und macht Leben als Entwicklung und Transformation zum Thema.

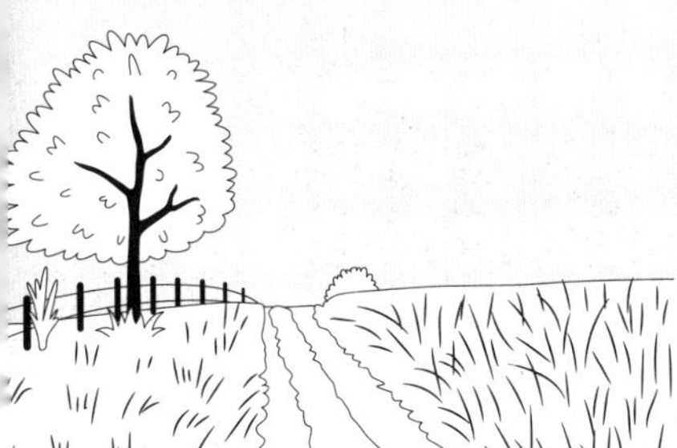

Quellen

TOUR 1

Schloss St. Martin:
https://www.verwaltung.steiermark.at/cms/ziel/156915650/DE/
Stadtwein:
https://www.falterego.at
Greifgrube:
http://www.sagen.at/texte/sagen/oesterreich/steiermark/div/Greifengrube_Strassgang.html

TOUR 2

Schloss St. Gotthard:
https://www.grazerbe.at/Andritzer_Reichsstraße_160
Alpengarten Rannach:
https://www.zobodat.at/pdf/JoanBot_05_0009-0021.pdf

TOUR 3

Himmelreich:
https://www.historischerverein-stmk.at/wp-content/uploads/B_Jg44_Fritz-LOCHNER-HÜTTENBACH-Himmelreich.pdf
Basilika Mariatrost:
https://mariatrost.graz-seckau.at
Tramway Museum Graz:
https://www.tramway-museum-graz.at

TOUR 4

Eustacchio-Gründe:
https://diglib.tugraz.at/download.php?id=4eb7edbfce215&location=browse
https://www.bauforum.at/architektur-bauforum/die-real-gewordene-utopie-66629
https://www.grazwiki.at/Ziegelwerk_Eustacchio_(Graz)#cite_note-1
GiovannisGarden:
http://www.giovannisgarden.at

TOUR 5

Kraftwerk Gössendorf:
https://www.verbund.com/de-at/ueber-verbund/kraftwerke/unsere-kraftwerke/goessendorf
https://austria-forum.org/af/Biographien/Kaplan%2C_Viktor

Mur:
https://www.museum-joanneum.at/kulturgeschichte-online/die-mur-eine-kulturgeschichte

---

TOUR 6

Schloss Lustbühel:
http://www.burgen-austria.com/archive.php?id=1600
Observatorium:
https://www.iwf.oeaw.ac.at/forschung/forschungsgruppen/satellite-laser-ranging/
https://physik.uni-graz.at/de/igam/forschen/mess-stationen/observatorium-lustbuehel/geschichte-des-observatoriums/

TOUR 7

Lendplatz:
https://www.museum-joanneum.at/kulturgeschichte-online/graz-ein-streifzug-durch-die-landeshauptstadt/4-bezirk-lend
Friedensstupa:
http://www.shedrupling.at/de/unsere-zentren/sdl/stupa.php
Esperantoplatz:
http://www.annenpost.at/2013/06/10/gratzelkunde-esperantoplatz/
Schloss Eggenberg:
https://www.museum-joanneum.at/schloss-eggenberg-prunkraeume-und-gaerten/ihr-besuch/oeffnungszeiten

---

TOUR 8

Schloss Gösting:
http://www.burgen-austria.com/archive.php?id=370
Thalersee:
https://www.museum-joanneum.at/kulturgeschichte-online/die-steiermark-geht-baden/badesee

---

TOUR 9

Schubertstraße:
Tour-Teil DieGrazGuides, „Villen und Gärten im Trend. Wie man im Geidorfviertel lebt(e), arbeitet(e) und lernt(e)."

TOUR 10

Universitätsbibliothek:
https://www.diepresse.com/5692962/graz-alte-universitatsbibliothek-in-neuem-glanz
Sommerrefektorium:
https://www.kleinezeitung.at/steiermark/graz/5907717/Am-Grazer-Rosenhain_Jetzt-wird-das-verfallene-Jesuitenrefektorium

Hochbehälter/Wasser:
https://blog.holding-graz.at/ein-neuer-behaelter-fuer-unser-top-wasser/

TOUR 11

Kunsthaus:
https://www.museum-joanneum.at/kunsthaus-graz/architektur
Gemaltes Haus:
https://www.graztourismus.at/de/sehen-und-erleben/sightseeing/sehenswuerdigkeiten/gemaltes-haus_sh-1231
Synagoge:
https://www.juedischegemeinde-graz.at/synagoge/neue-synagoge

TOUR 12

Reininghausgründe:
https://reininghausgründe.at
https://www.grazwiki.at/Reininghausstraße_1_-_7
http://www.arch-urb.at/wp-content/uploads/Zeittafel-und-Baubestand_Graz-Reininghaus.pdf

---

TOUR 13

Schloßbergstollen:
http://montanmuseum.at/die-schlossbergstollen/
Stadtkern:
https://www.graz.at/cms/beitrag/10267704/7776101/Der_Mittelpunkt_von_Graz.html

---

TOR 14

Gottscheer:
https://de.wikipedia.org/wiki/Gottscheer
https://sciencev2.orf.at/stories/1629853/index.html
Studentennest:
https://www.kleinezeitung.at/zuhause/homestory/5322565/Wohnportraet_Alte-Goetter-und-junges-Wohnen

---

TOUR 15

Schöckl:
http://www.sagen.at/texte/sagen/oesterreich/steiermark/div/Wetterhexe_Schoeckl.html

---

ALLGEMEINE INFORMATIONEN:

www.graz.at
www.graztourismus.at
www.burgen-austria.com

Zeit für ein herzliches Danke ...

meinem Mann Erich für die Tourbegleitung auf den vielen, vielen 10.000 erkenntnisreichen Schritten in und um Graz. Danke meinen Kindern Marie und Nils fürs Verzichten auf Mama und Papa in ebendiesen Zeiten. Danke an Jasmin Parapatits für die stets positiv motivierende Begleitung und das hartnäckige Einfordern aller Details. Danke an Inge Fasan für die immer konstruktiven Inputs und das stete Wahren des Überblicks. Danke an Anna Haerdtl für den stilvollen Rahmen und den besonnenen Austausch.

Danke an Melitta Ranner für die Impulse und Danke an alle Auskunftgeberinnen und Auskunftgeber – besonders an Gabriele Blaschitz, Ferdinand Köberl und Sibylle Gauby.

Liebe Leserin, lieber Leser,

hat Ihnen dieses Buch gefallen? Dann freuen wir uns über Ihre Weiterempfehlung!
Erzählen Sie in Ihrem Freundeskreis davon, in Ihrer Buchhandlung oder bewerten Sie das Buch online.

Wollen Sie weitere Informationen zum Thema?
Möchten Sie mit der Autorin in Kontakt treten?

Wir freuen uns auf Austausch und Anregung unter
leserstimme@styriabooks.at

Inspiration, Geschenkideen und gute Geschichten finden Sie auf
www.styriabooks.at

in der Verlagsgruppe Styria GmbH & Co KG
Wien – Graz

ISBN 978-3-7088-0799-7

Bücher aus der Verlagsgruppe Styria gibt es in jeder Buchhandlung und im Online-Shop
www.styriabooks.at

In Kooperation mit der Stadt Graz

Covergestaltung: Anna Haerdtl, Bureau A/O
Layout: Anna Haerdtl, Bureau A/O
Fotos: Lukas Elsneg
Coverfoto: Tom Lamm
Bildnachweis: S. 66: wolfganghummer.com/ Flughafen Graz
Illustrationen: Ish Galizdo
Datengrundlage Karten:
Situation: OpenStreetMap,
© OpenStreetMap-Mitwirkende (www.openstreetmap.org)
Höhendaten: Digitales Geländemodell (DGM) Österreich, Geoland.at (www.geoland.at)
Kartengestaltung: Gernot Hollinger
Lektorat: Inge Fasan
Projektleitung: Jasmin Parapatits

Druck und Bindung: DZS Grafik
Printed in the EU
7 6 5 4 3 2 1